Rugby à charges

PIERRE BALLESTER

Rugby à charges

**Éditions
de La Martinière**

ISBN 978-2-7324-6756-6

Connectez-vous sur :
www.editionsdelamartiniere.fr

« Un peuple qui oublie son passé se condamne à le revivre. »

Winston Churchill, pilier anglais

INTRODUCTION

XV ans après

« Moi, mon dopage, c'est le foie gras et le magret de canard ! » Combien de joueurs, pour dissiper tout début d'ambiguïté, ont-ils évacué sur un ton rigolard ce qui se cachait peut-être sous leur assiette ? Dans le registre des idées reçues, dopage et rugby ne sont pas compatibles. Ce sport serait trop convivial, trop festif, trop rabelaisien pour s'acoquiner avec de la nourriture chimique ; trop charnel pour accepter le froid des seringues ; trop orgueilleux pour capituler devant cette faiblesse ; trop collectif pour que ce soit concevable.

Dans la conscience populaire, rugby et cyclisme ne sont pas plus comparables. Quand l'un, catalogué sport individuel, traîne depuis près de vingt ans ses boulets de révélations et de discrédits, l'autre, collectif, avance dans ses bottes de sept lieues sans lever d'inquiétude. Le cyclisme est cloué au pilori et le rugby porté au pinacle. Il est commode et caricatural de penser que le dopage appartient au Tour de France, que le Tournoi des VI Nations n'est qu'un temple de ferveur populaire et le Top 14 [1] un féroce combat des chefs.

1. Championnat de France de l'élite professionnelle comprenant quatorze clubs.

Le cyclisme a été paravent, paratonnerre, devenu parano aussi à force d'être stigmatisé comme le seul mouton noir du troupeau. Pourtant, ces trajectoires empruntent des voies similaires, en dehors de la troublante activité d'un médecin qui a relié les deux disciplines.

Avant que l'affaire Festina n'éclate au grand jour en juillet 1998, le vélo vivait de mensonges, de dénis, d'expressions légères ou imagées pour dématérialiser une activité inavouable. On parlait de « préparation » pour dire « dopage », quand le rugby emploie aujourd'hui le terme « récupération ». L'*omertà* est du même ordre. Quand on utilise délibérément le mot « dopage » face à un acteur du monde du rugby, comme on a pu le faire dernièrement au cours de huit mois d'enquête, on revoit les cyclistes des années 1990 : embarras, phrases élusives, des yeux fuyants parfois, puis des « juré-craché, sur la tête de mes enfants » – comme l'avaient fait en leur temps les Armstrong, Virenque ou Jalabert, avant de jeter un regard goguenard vers un pays voisin – ou vers l'hémisphère sud, sur lequel « il y aurait, là, beaucoup à dire ».

Et si d'aventure une voix s'élève pour faire part d'une déduction, d'un ressenti pas joli-joli, elle est aussitôt étouffée par des dénégations emportées et indignées. Le premier à avoir manifesté ouvertement « la réalité du dopage dans notre championnat » s'appelle Pierre Berbizier. C'était en 2001. Une mêlée rageuse, composée de « pardessus » qui se tiennent chaud, l'avait enseveli sous terre. L'ancien capitaine et sélectionneur du XV de France ne l'a plus ramené depuis.

Douze ans plus tard, en 2013, un ancien pilier international, Laurent Bénézech, a été plus explicite dans ses observations, qui reposaient en partie sur son propre vécu. Non seulement l'Ariégeois s'est pris raffut sur raffut mais un pan du petit monde de l'Ovalie l'a assigné en justice après l'avoir entendu, mais sans daigner l'écouter. En leur temps, Jérôme Chiotti[1] et Christophe Bassons furent des lanceurs d'alerte ; tel est Bénézech aujourd'hui, à ceci près que l'Ariégeois n'a personnellement rien admis ni rien dénoncé quand il jouait.

Le rugby du haut niveau a tout de même appris de la terrible expérience du cyclisme. S'il a encore du mal à prononcer le mot « dopage » et parle plutôt de « trucs » ou de « saloperies », il concède collégialement « ne pas être à l'abri » ou « faire preuve de vigilance » pour montrer patte blanche. Et lorsqu'une couture craque, qu'un fait de dopage survient, le rugby d'en haut parle d'un acte isolé, d'une péripétie ou d'un passé révolu, comme le déclamaient en leur temps Hein Verbruggen, Jean-Claude Killy ou Jean-Marie Leblanc[2].

À quinze ans de distance, les postures sont les mêmes. On conteste, on fulmine, on ironise, on crie à l'imposture. La réalité du jeu contemporain induit des vérités qu'on ne veut pas voir, du moins pour le moment. On préfère en rester aux images rassurantes du rugby d'antan, celles qui constituent son capital sympathie. Le « ruuugby », c'est le

1. Quadruple champion de France et champion du monde de vélo tout terrain (1996), professionnel de 1994 à 2001, le cycliste Jérôme Chiotti a été le premier sportif de haut niveau – et le seul – à avoir avoué délibérément s'être dopé.

2. Respectivement président de l'UCI – la fédération internationale de cyclisme –, président d'Amaury Sport Organisation, la société organisatrice du Tour de France, et directeur du Tour de France en 1998.

banquet des fins d'albums d'Astérix et Obélix, quand le sanglier au miel dégouline des bouches grasses, rieuses et chantantes ; quand la « troisième mi-temps » s'avère aussi importante que les deux premières. On ripaille, on charcutaille, on boustifaille sous les lumignons et au son des chopines qui trinquent. On applaudit l'essai en coin comme la repartie grivoise.

Le rugby, c'est le combat obscur dans la tortue opaque des mêlées – l'école de la vie, comme le soulignait l'un des premiers slogans de la fédération –, au point que la complexité de ses règles, au lieu d'être un verrou, constitue l'un de ses charmes énigmatiques aux yeux d'un public moins averti. C'est l'éloge de la force et de la bravoure, l'héroïsme du corps presque à nu, une fresque exaltée de gladiateurs surgis d'un péplum dans notre environnement contemporain policé.

Le rugby, c'est la table revisitée des dix commandements, « les valeurs du rugby ». Respect, solidarité, humilité, dépassement de soi, convivialité, combativité, authenticité, fraternité, maîtrise de soi, devoir de mémoire… Des attitudes nobles, élevées, universelles. En tout cela, la France du rugby ressemble à la France de son histoire.

Le rugby, c'est un jeu de facettes aux multiples miroirs, prenant délibérément le contre-pied d'une lisibilité trop académique, à la manière de celui à qui la légende attribue sa paternité : le jeune collégien anglais William Webb Ellis, qui décida de se saisir à pleines mains d'un ballon rond lors d'un match de football disputé à… Rugby en 1823. Premier pied de nez à l'ordre établi.

C'est, selon l'adage, « un sport de voyous pratiqué par

des gentlemen », puisque l'aristocratie britannique s'envoyait insultes et bourre-pifs sur un terrain de boue en toute légalité arbitrale. Oui, un sport iconoclaste, et même anachronique, qui ne répond à rien de convenu et de convenable, des interdits refoulés mais qui peuvent se libérer : un ballon pointu aux rebonds injustes, qui doit passer par l'arrière pour aller de l'avant, qui se nourrit en chemin de chairs tuméfiées et d'os qui craquent avant d'étancher ses soifs dans une beuverie entre vainqueurs et perdants ; un jeu d'oppositions qui allie force animale et esprit génial, tactile suintant et subtil cérébral. Un échiquier vert entre quatre pans de gradins bariolés, un mélange de jeu d'échecs et de guerre de tranchées, sur lequel le cheval peut se faire cravater, la reine se faire trousser et le roi blackbouler en toute impunité.

Ce rugby-là existe encore et toujours. Sport dit régional, du temps de l'ORTF et du « Allez les petits » de Roger Couderc, sport dit cassoulet, du temps où l'Occitanie en était l'épicentre et ses joueurs phares de bons vivants. De nos jours, le jeu païen a colonisé d'autres terres, converti d'autres âmes, telle une religion portée par des missionnaires agnostiques, la majorité de ses messagers s'exilant au gré des mutations dans la fonction publique. Il a essaimé sur tout notre territoire, au point désormais qu'on recense plus de joueurs dans sa moitié nord que dans le sud. Son expansion ferait envie à n'importe quel opérateur de téléphonie mobile : l'armée du rugby amateur couvre 99,997 % du territoire national, qu'il faut comparer aux 0,003 % licenciés de son secteur professionnel. Ce jeu a bientôt cent cinquante ans d'existence en France alors que le professionnalisme n'en a pas vingt.

Lancée en 1998, cette nouvelle avancée a été préparée par des pionniers conquérants, ceux de la ligue professionnelle. Au début du troisième millénaire, le jeu de rugby a poussé comme un lierre dévorant un mur. L'exposition télévisuelle a créé un effet de… chaîne irrésistible : le mécène accort a peu à peu laissé place au businessman investisseur ; les premières délocalisations au Stade de France du visionnaire président du Stade Français Max Guazzini ont lancé une tendance ; la Coupe du monde organisée en 2007 en France, sommet d'une réussite festive, a parachevé la popularité du jeu ; et les coups d'éclat du XV de France et son *french flair* ont fait décoller sa notoriété quand les footballeurs se réfugiaient dans un bus ou sous un casque audio.

À la fin des années 1990, le rugby jouait des coudes avec le basket dans sa course à la reconnaissance ; il est aujourd'hui le deuxième sport le plus attractif. Car tout est allé à l'avenant : audiences, partenariats économiques, budgets des clubs, salaires, afflux des meilleurs joueurs mondiaux, licenciés, merchandising… En quinze ans, tout a été multiplié par cinq, par dix, par vingt. Et l'on voudrait nous faire croire que les joueurs n'ont pas cherché aussi à se surpasser.

Le sport à quinze est finalement celui qui s'est le plus approché de tout ce qu'il a toujours exécré chez son grand frère à onze. Huit des quatorze clubs de l'élite sont aujourd'hui propriété de membres appartenant aux trois cent cinquante plus grosses fortunes de France. La valeur inestimable du rugby a maintenant son prix affiché au quintal avec son championnat le plus relevé au monde. Le jeu a désormais son tarif, ses codes ont leurs cotes, ses statistiques leurs barèmes.

Et ses « valeurs » sont devenues marchandes, fil rouge d'un business florissant. Le monde de l'entreprise ne s'y est pas trompé en plaquant ces vertus – collectives, festives, culturelles, civiques, pédagogiques – aux siennes pour souder le moral de ses équipes. Pour un Benzema (LCL), on a vu fleurir la barbe de Chabal et ses petits poucets (Michalak, Mermoz, Papé...).

Le rugby cassoulet et auberge forestière festoie toujours autour de sa tireuse à bière. Il a juste enfanté un rugby caviar et cinq étoiles. Le premier parle toujours de « pignes » ou de « marrons », mais le second d'« impact » et même de « collision » ; le premier négocie encore avec des enveloppes cachetées cachées sous la table, le second en millions d'euros. L'esprit frondeur d'origine est devenu une marque déposée, un label qui s'est inventé graduellement une autre table des lois, un autre vocabulaire, d'autres commandements : business plan, lutte de pouvoir, mercantilisme, folie des grandeurs, obligation de résultats, cadences infernales, individualisation, contrats, langage de com'.

Cette course à l'armement épouse son temps. Elle s'accompagne de tentations, de dérapages, de dérives. Et le rugby ne peut pas dire qu'il ne savait pas. À la rigueur, qu'il ne voulait pas savoir. Il nous revient en mémoire une conversation avec le docteur Marc Bichon, qui fut entre autres médecin et préparateur du XV de France de 1991 à 1995, puis du Castres Olympique jusqu'en 1998. Pour lui, comme pour d'autres de ses confrères qui s'appuient sur des études de physiologie et de psychologie sportives, ces parcours d'athlètes – et un joueur de rugby devient de plus en plus un athlète – ne sont pas des phantasmes : « Cinq avenues à largeur égale mènent à la réussite sportive», explique-t-il d'entrée dans une métaphore éclairante: «Le geste technique, le physique, l'intelligence stratégique, le mental et l'aspect environnemental du joueur. Le patrimoine génétique se répartit sur les trois premiers volets tandis que l'hygiène de vie englobe l'ensemble. Le processus est connu: une fois ces équilibres atteints, le sportif va buter sur un plateau, puis entamer physiologiquement une descente à mesure de l'âge. Pour tenter de la repousser, ou simplement de se maintenir à ce plateau, la plupart des sportifs "naturels" vont alors entrer dans une phase de surentraînement. Mais la carrosserie ne suivra pas: les lourdes charges de travail qu'ils s'infligent vont irrémédiablement provoquer une baisse des performances et l'organisme ne pourra plus encaisser les exercices, d'où une succession de blessures, puis de doutes, sur sa propre valeur intrinsèque. Si le joueur n'a pas l'intelligence de s'auto-analyser, de pouvoir se situer, alors, oui, c'est une porte ouverte au dopage[1].»

Au vu des exigences du rugby contemporain, des aléas endurés tout au long d'une carrière professionnelle, des blessures à répétition, de la vulnérabilité, voire de la détresse qu'elles engendrent, comment peut-on imaginer que le joueur professionnel échappe à cette réalité?

L'ironie du s(p)ort veut que l'avènement du professionnalisme en France – avec la création de la Ligue nationale de rugby – ait été acté le 24 juillet 1998, soit lors de la douzième étape du Tour de France cycliste qui traversait

1. Sauf mention contraire, les citations sont extraites d'entretiens avec l'auteur.

la plus noire période de son histoire séculaire. Le rugby ne peut pas oublier, ne peut plus devenir autiste. Lui qui se voit grandir toujours plus haut, plus grand, plus fort – c'est désormais sa quête après sa conquête.

Si le rugby amateur a encore ses « fourchettes », le rugby pro a aujourd'hui ses casseroles. Qu'ils soient médecins, éducateurs, dirigeants, observateurs attentifs et même joueurs, quelques-uns pointent la ligne jaune, allument les feux orange, agitent le chiffon rouge. L'intensité et la fréquence des matchs, la pression des enjeux, les stratégies de l'affrontement plutôt que l'évitement, la violence des chocs, l'évolution morphologique des joueurs, l'augmentation et l'apparition de nouvelles blessures, l'embouteillage des calendriers, le doublement du jeu effectif en l'espace d'une décennie, font déjà de sales dégâts dans les rangs. Mais puisqu'il n'est plus question que de courir derrière l'absolu, puisque le pli est pris, cette course-poursuite devient l'escalade d'un sommet qui recule à mesure que le rugby grimpe, et que tout invite, incite même, aux déviances.

À la lecture de ce qui suit, des voix s'élèveront, des détracteurs se lèveront. Libres à eux. Libres à eux d'être toujours les prisonniers d'une fuite en avant qu'ils ont si largement facilitée.

CHAPITRE I

L'effet papillon

Tout est parti d'une erreur d'appréciation sur les contrôles positifs du rugby français en 2012, suivie de la réaction pateline d'un consultant à la retraite et du ressenti d'un ancien joueur. Trois lames successives non concertées qui fragilisèrent la respectabilité d'un sport et de ses institutions. En l'espace de huit jours, au printemps 2013, le monde du rugby français était déshabillé du regard.

Ce fut tout d'abord la directrice du laboratoire antidopage de Châtenay-Malabry qui annonça que « le sport qui donne le plus fort pourcentage de positifs est le rugby ». Quatre jours plus tard, le 31 mars, c'était Jean-Pierre Elissalde, l'ancien international rochelais et entraîneur de l'Aviron Bayonnais, qui reconnaissait en toute bonhomie s'être « dopé deux fois en tout et pour tout dans sa carrière, ce n'est pas extraordinaire », sur France Bleu La Rochelle. Enfin, le 4 avril, dans les colonnes du quotidien *Le Monde*, un autre international, l'ancien pilier Laurent Bénézech, enfonçait le clou du spectacle en évoquant « une forme organisée de dopage dans le rugby » qui se retrouve « dans la situation du cyclisme avant l'affaire Festina ».

Trois lames – un constat tronqué, un simili aveu, une conviction non étayée – et une levée de boucliers.

L'esclandre débute au matin du 27 mars. Françoise Lasne, directrice du département des analyses du laboratoire de Châtenay-Malabry, lui-même placé sous la tutelle de l'Agence française de lutte contre le dopage (AFLD), est appelée à témoigner devant les représentants de la commission d'enquête sénatoriale qui auditionnent depuis deux semaines des personnalités sur le thème de l'efficacité de la lutte contre le dopage. Cette initiative, née des mille pages du rapport de l'Agence américaine antidopage (USADA) qui avaient confondu l'Américain Lance Armstrong en octobre 2012, entendait établir une sorte d'audit du sport français sur cette problématique.

Il est 9 h 30 passées ce mercredi quand Mme Lasne, après avoir prêté serment, entame son propos liminaire, un exposé d'environ dix minutes, avant de se prêter au jeu des questions. Répondant à Jean-Claude Carle, sénateur UMP de Haute-Savoie, elle explique alors que « le cyclisme est le sport le plus contrôlé mais, si l'on ramène le nombre d'échantillons positifs au nombre de contrôles effectués, le cyclisme ne vient toutefois pas en tête ». Le sénateur rebondit : « Quel sport vient en tête ? » Françoise Lasne n'a pas attendu la fin de la question pour enchaîner : « Attendez, si vous voulez, je vais vous le dire… » Et de chausser ses lunettes pour consulter son dossier.

Pendant qu'elle recherche ses notes, la salle est suspendue à ses lèvres. Les sénateurs s'interrogent du regard, trépignent même sur leurs chaises, et les quelques journalistes présents se frottent les mains : un « hit-parade *made in France* » est sur le point d'égayer leur matinée.

Mme Lasne entame alors un décompte inaudible avant de se rapprocher du micro : « [...] je me suis intéressée aux sports pour lesquels nous avions plus de quatre cents analyses, certains sportifs pouvant avoir été testés plusieurs fois. Huit disciplines correspondent à ce minimum de quatre cents échantillons analysés. Si l'on tient compte de toutes les substances qui figurent sur la liste des produits interdits par l'AMA [Agence mondiale antidopage], le sport qui donne le plus fort pourcentage de positifs est le rugby [...]. Cependant, la substance dopante la plus rencontrée est le cannabis. » Des murmures surgissent dans la salle quand elle reprend le fil de ses constatations : « J'ai également fait le calcul des pourcentages de positivité hors cannabis et... »

Le rapporteur de la commission, Jean-Jacques Lozach, l'interrompt :

« Pourrez-vous nous transmettre ces chiffres ?

– Bien sûr ! Si l'on ne tient pas compte du cannabis, on trouve le rugby en tête de liste. Viennent ensuite l'athlétisme et le triathlon, puis le cyclisme. »

Jean-Claude Carle reprend alors la parole :

« Pourquoi retirer le cannabis ?

– C'est un dopant indirect, dans la mesure où il désinhibe [...]. Cela n'améliore pas directement la performance. »

Est-il besoin d'écrire que le monde du rugby va tomber sur le dos de Françoise Lasne comme une mêlée sur un ballon ovale... Tout éminente qu'elle soit, elle se fait étriller le lendemain par les institutions de ce sport. Dans un communiqué conjoint, la FFR, la LNR et Provale[1] se disent « choqués » par « les amalgames », ajoutant que, « sur un sujet aussi grave, tous les acteurs se doivent d'adopter une communication précise, qui ne jette pas de façon injustifiée la suspicion sur un sport ».

Mais au-delà du groupe des « pardessus » qui emmitouflent toujours ces instances, les hommes de terrain manient plutôt l'ironie pour discréditer l'effrontée. Président de Provale et consultant pour la station de radio RMC Sport, Serge Simon se déclare « abasourdi par les chiffres de cette directrice » car « ça ne correspond pas aux chiffres officiels qu'on a » : « Si on est le sport le plus touché avec vingt-deux cas anormaux en 2012, ce qui ne veut pas dire vingt-deux sportifs dopés, loin de là, c'est une très bonne nouvelle pour le sport français[2]. » Sur un ton sarcastique et reconnaissable entre tous, le président du RC Toulonnais, Mourad Boudjellal, se fait plus cinglant : « On parle de cannabis. Ceux qui prennent du cannabis savent qu'on ne peut pas ensuite traverser un terrain avec ça. J'encourage donc cette dame à prendre du cannabis pour savoir de quoi elle parle. » Et d'ajouter, pour mettre les rieurs dans sa poche : « Oui, le rugby est le sport le plus dopé, derrière le reggae[3]. »

Quant aux acteurs du jeu, ceux qui sont interrogés adoptent une autre stratégie, moins hâbleuse et plutôt portée sur l'effet de surprise. Ils se retrouvent dans la réaction de Fabien Galthié, qui porte alors une triple casquette

1. Fédération française de rugby, Ligue nationale du rugby ; Provale est le syndicat des joueurs professionnels.
2. RMC Sport, 28 mars 2013.
3. *20 minutes*, 28 mars 2013.

d'entraîneur (Montpellier Hérault SC), de consultant télé (France 2) et de chroniqueur (*L'Équipe*) : « La première fois que j'ai lu ça, j'ai cru à une blague [...], j'apprends que c'est le sport où il y a le plus de cas de dopage et je tombe du ciel. Franchement, je tombe du ciel[1]... » Ou bien encore dans celle de l'international Jonathan Wisniewski, alors demi d'ouverture au Racing Métro 92 : « Honnêtement, je ne sais pas d'où ils sortent ça [...]. Il y a tellement de contrôles ! Les produits sont dans les casiers. Ils peuvent venir voir. Il n'y a que des protéines. Personne ne s'enferme avec des seringues dans les toilettes[2]. »

Le tollé provoqué par les propos de Françoise Lasne commence à peine à s'aplanir quand Jean-Pierre Elissalde sort de sa boîte à l'insu de son plein gré. Trublion revendiqué et assumé de la planète ovale, l'ancien demi de mêlée international rochelais coule une retraite heureuse à Saint-Étienne-de-Baïgorry, d'où il sort pour son rôle de consultant sur Canal Plus, où sa prise de parole libérée est appréciée. Il nous raconte : « J'étais en train de disputer un petit match de basket dans les Landes quand mon portable a sonné. Au bout du fil, France Bleu La Rochelle. À ce moment-là, je n'étais même pas au parfum du ramdam. Je réponds que le rugby est plus propre aujourd'hui qu'il y a vingt ans et qu'il ne faut pas confondre trois pétards dans un centre de formation avec du dopage. Puis on m'a demandé si je m'étais un jour dopé. Alors j'ai raconté que j'avais commencé ma carrière à 19 ans, que je l'avais terminée à 36 ans en ayant

1. lequipe.fr, 28 mars 2013.
2. *Le Parisien*, 29 mars 2013.

fréquenté deux clubs[1] et en ayant connu un peu le XV de France, que j'étais ensuite devenu éducateur, entraîneur et qu'au milieu de tout ça j'avais pris deux fois du Captagon[2] sur cinq cents matches. »

Patatras ! Les réactions en chaîne ne manquent pas, et principalement celles de médias qui coupent au plus court en parlant d'« aveux », de repentance, d'*omertà* qui se brise… « J'étais bien loin de tout ça », sourit aujourd'hui le grand fautif. « Simplement, quand on me pose une question, je réponds ; j'ai été éduqué comme ça. » Le monde du rugby lui est-il tombé également sur le dos ? « Franchement, non. Il y a bien eu Serge Simon qui a réagi, je crois, et voilà tout. Ah si ! Mon fils Jean-Ba aussi[3]. Il m'a juste dit : "Papaaaa…" » Et ensuite ? « Ensuite ? On m'a d'autant plus fichu la paix que Bénézech a ouvert la bouche ! »

En effet, quatre jours plus tard, l'ancien pilier international (quinze sélections en 1994 et 1995) s'épanche pleine page dans le quotidien *Le Monde* en dénonçant en substance « la complicité des organismes du rugby, notamment des clubs, au travers de la pratique des autorisations d'usage à des fins thérapeutiques, l'évidence d'hormones de croissance pour expliquer l'évolution de leur mâchoire [celle des joueurs] », ou encore « certaines dérives, comme la prise trop importante de corticoïdes ».

1. Le Stade Rochelais et l'Aviron Bayonnais.

2. Une amphétamine – aux effets euphorisants et qui insensibilise la douleur – inscrite sur la liste des produits dopants.

3. Jean-Baptiste Elissalde, actuellement entraîneur au Stade Toulousain. Sébastien Chabal avait également réagi : « Il [Elissalde] veut faire le buzz. »

Là où Elissalde avait évoqué sa propre expérience tout en restant évasif sur l'environnement global, Bénézech attaque frontalement la grande famille du rugby, parlant même de « complicité des organismes ».

Le retour de bâton va être à la hauteur : « lâche, ridicule » pour Bernard Laporte, « dégradant et inacceptable » pour le syndicat Provale et des commentaires peu amènes sur les forums des sites en ligne spécialisés.

Oui, tout est parti d'un amalgame puisque Françoise Lasne a agrégé dans ses statistiques les contrôles positifs et les résultats recensés dans la catégorie des « anormaux ». « Son intervention a été malheureuse », se souvient Michel Rieu, l'ex-conseiller scientifique de l'AFLD. « Elle a en outre mélangé le national et l'international, lorsque l'Agence intervient sur les équipes étrangères qui viennent notamment disputer des matches de Coupe d'Europe. Alors, le monde du rugby ne l'a pas loupée. » Quant à Bruno Genevois, le président de ladite AFLD, il avait alors tenté de calmer les ardeurs en rédigeant sur le moment un communiqué tout en rondeurs. Un an plus tard, dans son bureau parisien du boulevard Saint-Germain, ce spécialiste émérite de droit public rappelle à mots pesés que « le communiqué invitait à regarder avec pondération les statistiques sans extrapoler une période. Madame Lasne s'est basée sur l'activité du laboratoire [de Châtenay-Malabry], y compris des échantillons provenant dc tiers. Les rapports "anormaux" ne signifient pas nécessairement qu'il y a eu dopage s'ils font état d'une justification thérapeutique. Pour ma part, je n'ai ni accablé ni dédouané la discipline. Disons que c'était un malentendu ».

Un malentendu qui, passés les ruades et les coups de gueule de personnalités du rugby, s'évanouit deux jours plus tard quand l'actualité sportive déplaça le curseur sur des vérités autrement plus importantes : les 6 et 7 avril, l'ASM Clermont Auvergne et le RC Toulonnais disputaient leur quart de finale de la Coupe d'Europe. En somme, Françoise Lasne avait été houspillée, Jean-Pierre Elissalde moqué, Laurent Bénézech décrié, mais l'ASM et le RCT qualifiés. L'honneur était sauf.

Commotions cérébrales au Sénat

Le rugby aurait donc été injustement montré du doigt. À se demander même pourquoi il apparaissait au beau milieu des soixante et onze auditions faites sous serment dans l'une des salles du sous-sol du palais du Luxembourg, entre le 14 mars et le 12 juin 2013, devant une commission sénatoriale. Ce scanner du sport, qui devait s'apparenter à un nouveau dépeçage en règle du cyclisme dans le sillage des semi-aveux de Lance Armstrong, s'avéra mine de rien plus équilibré qu'en apparence. Le rugby, avec ses sept personnalités interrogées[1], eut le même temps de parole que celui dévolu au cyclisme (22 % chacun), en tête des treize disciplines passées

1. MM. Laurent Bénézech (ancien joueur international), Pierre Berbizier (ancien joueur et entraîneur du XV de France), Marc Bichon (médecin du XV de France de 1991 à 1995), Felipe Contepomi (ancien joueur international argentin du Stade Français), Bernard Lapasset (ancien président de la FFR, actuel président de World Rugby, l'ex-International Rugby Board), Bernard Laporte (ancien entraîneur du XV de France, actuel entraîneur du RC Toulonnais), Serge Simon (ancien joueur, ancien président du syndicat Provale).

au tamis[1]. Avec quel résultat ? Hors Bénézech – et pour cause –, une épaisse langue de bois. Ensuite, une probable commotion cérébrale qui déclencha une amnésie quasi collective ; un déni, des litotes, de l'embarras, des glottes qui déglutissent, des omissions, de gros mensonges (sous serment, redisons-le) et quelques réactions burlesques pour finir. « J'ai le sentiment que tout n'a pas été dit », résumait sobrement douze mois plus tard le sénateur Jean-Jacques Lozach, le rapporteur de la commission qui nous confirma que « les propos tenus par Françoise Lasne avaient été l'élément déclenchant » de l'intérêt porté au rugby par les sénateurs. « On peut imaginer que ceux qui étaient aux manettes de cette discipline ont joué l'autocensure. Ils ont été pris de vitesse et dépassés par le phénomène », ajouta-t-il en termes choisis.

Dans le détail, on eut droit à toutes les postures, comme si chacun endossait un rôle prédéterminé. Bernard Laporte joua Bernie le dingue, Felipe Contepomi le timide tout plein, Bernard Lapasset le penseur un peu gêné aux entournures, Serge Simon le fort des Halles et en gueule, et enfin le tandem Berbizier-Bichon la poupée qui dit non-non-non.

Par ordre d'apparition à l'image, Bernard Laporte avait ouvert le bal le 10 avril, avec cette gouaille qui vous emballe une côte de bœuf quand vous n'avez demandé que du mou pour le chat. Basket aux pieds et blazer RCT sur les épaules,

1. Le rugby et le cyclisme ont monopolisé 44 % des échanges, largement devant la natation et l'athlétisme (9 %), le basket et le biathlon (5 %), puis l'escrime, le football, le handisport, le judo, le patinage, le ski et le tennis (4 % chacun).

l'ancien entraîneur du Stade Français et du XV de France fut aussi à l'aise devant les sénateurs que face aux micros des journalistes. Le dopage, quel dopage ? « Je n'ai jamais eu affaire à un partenaire ni entraîné un joueur qui se dopait [...]. Je ne connais pas un entraîneur de club français de rugby qui serait susceptible d'accepter ou d'être au courant qu'un joueur soit dopé [...]. Jamais je n'ai connu de joueurs dopés dans le rugby. » Les propos de Bénézech ? « Dire des choses comme ça, c'est grave [...]. Ce qu'il dit n'existe pas. C'est facile de faire l'intéressant. » Les deux joueurs toulonnais, Steffon Armitage et Eifion Lewis-Robert, contrôlés positifs en 2012 avant d'être blanchis ? « Le docteur Grisoli avait donné aux joueurs de la codéine, parfaitement autorisée, mais qui produit des substances interdites en se dégradant dans l'organisme si on en prend trop. » Le cas suspect du préparateur individuel Alain Camborde, qui sera d'ailleurs condamné à trois mois de prison avec sursis huit semaines plus tard par le tribunal de Pau ? « À ma connaissance, aucun joueur ne va voir ailleurs, mais cela peut arriver [...]. J'en ai eu en équipe de France [des joueurs suivis par Alain Camborde]. Je leur disais qu'il y avait des suspicions ; ils me répondaient qu'il n'y en avait aucune, qu'ils faisaient avec lui des exercices qu'ils ne faisaient pas ailleurs. C'était un rapport de confiance. »

Le grand numéro d'esbroufe rappelait ceux réalisés dans le cyclisme des années 2000. Questionné sur l'affaire Pieter de Villiers, ce joueur du Stade Français et du XV de France déclaré positif en 2003 après un contrôle inopiné à l'ecstasy et à la cocaïne avant d'être blanchi pour une lacune procédurale, Bernard Laporte nous servit même un numéro à la Richard Virenque mâtiné de Richard Gasquet[1]. Mais un Virenque qui aurait été secrétaire d'État chargé des sports pendant vingt mois… « Ce joueur avait subi ce qui arrivait à l'époque dans certaines boîtes de Paris où on vous mettait des cachets dans le verre […]. Le problème pour nous était surtout qu'il se trouvait en boîte de nuit à 5 heures du matin ! Les joueurs doivent montrer l'exemple. C'est pourquoi il a été suspendu. »

De cabrioles en gaudrioles, le one-man-show de Bernard Laporte dura quarante-neuf minutes. Il fit même passer par la rigolade un aveu qu'il désamorça ainsi : « À l'époque [la sienne], il y a vingt-cinq ans, on prenait des cachets, du Captagon, mais on ne savait pas que c'était interdit ! Le jour où on l'a su, tout le monde a arrêté. Tout le monde en prenait. » Si on le suit bien, « tout le monde » prenait des amphétamines et « tout le monde » a arrêté après avoir réalisé que c'était interdit. Bernie en représentation, un sketch de Foresti Gump.

Mais, tant qu'à jouer de la trompette, autant réunir le philharmonique. Serge Simon s'est imposé ici en homme-orchestre. Appelé à participer à une table ronde organisée par cette même commission sénatoriale sur le thème de « dopage et libertés publiques », le joueur-médecin-auteur-

1. Déclaré positif à la cocaïne en mai 2009 en amont des Masters de Miami, le tennisman français et ses avocats avaient avancé deux explications : un baiser échangé dans une boîte de nuit avec une fille qui en avait consommé, ou bien l'absorption involontaire d'un verre contaminé… Après sept mois de procédure, le Biterrois fut finalement… blanchi.

peintre-conseiller municipal-réalisateur de documentaires-consultant-animateur radio et président de Provale embouchait les cuivres… « La lutte contre le dopage est nécessaire mais […] se concentrer sur les raisons sanitaires, c'est faire fausse route […]. L'inefficacité des procédés à supprimer le fléau [le dopage] crée une surenchère. L'impérieux besoin d'agir ne répond pas à un souci d'efficacité mais sert à démontrer la détermination […]. Je suis opposé à la pénalisation de l'usage de produits dopants tant que la lutte antidopage ne s'appuiera pas sur des données et des méthodes solides […]. La lutte antidopage doit rendre des comptes sur son efficacité, elle ne peut pas s'exonérer de son devoir […]. Sortons du dogmatisme, appuyons-nous sur des faits et libérons la parole. »

La parole, justement, Serge Simon l'avait libérée quatorze ans plus tôt, au détour d'un livre qui traversa les âges pour la grosse bourde qu'il contient[1]. Parmi cinq témoignages figurait celui d'un rugbyman néo-zélandais qui, sous couvert d'anonymat cependant, s'épanchait sur ses cures de stéroïdes et de testostérone, ses prises d'anabolisants et d'amphétamines pendant qu'il jouait en Afrique du Sud. Serge Simon pouvait dès lors parler en connaissance de cause des affres du dopage, mais il préféra dénigrer en rafales les échecs des contrôles. Dans son livre, l'ancien pilier libérait aussi sa propre parole, enfin, du bout des dents, limitant son expérience personnelle à une prise de Captagon vers 17 ans

1. *Paroles de dopés*, avec Yves Bordenave, Paris, Lattès, 2000. Les auteurs évoquaient un athlète, le perchiste Jean Galfione, champion olympique en 1996, passant par une fenêtre pour échapper à un contrôle antidopage. En fait, il s'agissait d'un autre sportif… rugbyman celui-là.

et de corticoïdes sur ses 30 ans[1]. Deux minuscules prises, tenez, comme Jean-Pierre Elissalde. L'attitude rappelle celle de ces premiers spectateurs des films pornographiques dans les années 1970 qui, questionnés à leur sortie, bredouillaient s'être trompés de salle...

Initié aux subtilités des mêlées, membre des « Rapetou » et de la fameuse première ligne de la tortue béglaise des années 1990 avant de rejoindre son ancien demi de mêlée Bernard Laporte au Stade Français en 1997, Serge Simon a connu plusieurs vies : le joueur incontrôlable – ce qui lui valut d'être bouté hors du XV de France après sa deuxième sélection et une sévère engueulade avec Bernard Lapasset, alors président de la FFR – est devenu un comédien qui en impose sur la scène théâtrale du rugby. Brillant orateur, intellectualisant à l'envi les atouts du sport, agitateur d'idées et de décibels, défenseur de ses frères d'armes, fondateur du Centre d'accompagnement et de prévention pour les sportifs au Centre hospitalier universitaire de Bordeaux,

1. « Il m'est arrivé de me soigner avec des médicaments que je savais interdits et qui, en cas de contrôle, m'auraient fait condamner. La cortisone par exemple, un anti-inflammatoire très efficace. [...] Il y a quatre ou cinq ans [donc en 1995 ou 1996], j'ai été victime d'un de ces lumbagos qui vous clouent sur place [...]. C'était avant un match sans grande importance mais je voulais tenir mon poste coûte que coûte [...]. Je dus prendre de la cortisone par voie orale. » (*Ibid.*, p. 11.) Appréciez au passage le « je dus » pour un médecin de formation. « La seule fois où je me suis vraiment dopé remonte à 1985. J'avais 17 ans. Je venais d'intégrer l'équipe de Nice. Mes débuts en première division. [...] Un "ancien" me proposa un comprimé de Captagon, une amphétamine très en vogue dans le rugby de l'époque [...]. Pour être franc, je ne me souviens même pas des effets sur mon organisme. [...] Et que dire des dérivés cannabiques qu'il m'est arrivé de fumer dans un cadre purement festif ? » (*Ibid.*, p. 12.)

le Niçois volontiers grinçant souffle sur les braises[1], mais garde la tête froide au-dessus du foyer. Dès 2001, en réaction aux propos de Pierre Berbizier qui estimait que « le dopage est une réalité dans le championnat[2] », Serge Simon minimisa la chose tout en évoquant la fragilité psychologique de l'ancien entraîneur du XV de France[3]. En 2013, il monta d'un cran puisqu'au nom de Provale il assigna en justice Laurent Bénézech pour diffamation[4], tout en agitant les mêmes ficelles que celles utilisées pour décrédibiliser Pierre Berbizier douze ans plus tôt[5]. Le provocateur s'estimait sans doute provoqué. Que la frontière est large entre défendre une corporation et la protéger…

Il ne fallait guère s'attendre à des révélations quand Felipe Contepomi s'assit face aux sénateurs de la commission d'enquête, le 18 avril 2013. L'international argentin[6], qui

1. « Toutes les conditions sont réunies pour l'arrivée du dopage, pour que certains joueurs utilisent des produits illicites afin d'améliorer leurs performances » (*Le Parisien*, 8 janvier 2001).

2. *L'Équipe Magazine*, 6 janvier 2001.

3. « Il n'y a rien de concret et je trouve ça dommage. Il n'avance que des généralités et cela manque forcément de précisions. Je lui demande de nous dire tout ce qu'il sait. C'est un sujet qui nous intéresse tous. Ses déclarations arrivent dans un contexte difficile pour lui [Pierre Berbizier venait de quitter son poste d'entraîneur au RC Narbonne] et j'espère que cela n'intervient pas dans le débat. » (*Le Parisien*, 8 janvier 2001.)

4. Laurent Bénézech fut finalement relaxé des accusations de diffamation par la 17e chambre correctionnelle du tribunal de grande instance de Paris le 26 septembre 2014, la justice estimant que la plainte déposée par Provale était irrecevable.

5. « S'il nous avait amené des preuves, nous aurions été prêts à aller de son côté, mais il n'en a pas […]. C'est décevant et pathétique. Ses motivations sont sûrement de l'ordre du buzz ou de la pub. » (RMC Sport, 18 avril 2013.)

6. Quatre-vingt-six sélections entre 1998 et 2011.

achevait sa carrière au Stade Français après être passé par Toulon, l'Irlande (Leinster) et l'Angleterre (Bristol), se présentait en qualité de membre du comité des sportifs de l'AMA. Après une mise en cause polie de l'efficacité du dopage[1], il fit montre d'une touchante candeur, teintée de légers paradoxes : « Moi, je suis de la vieille école, je n'ai jamais rien pris [...]. On ne m'a jamais proposé de substances dopantes [...]. Le dopage est moins présent que dans les années 1990 [...], les années stéroïdes sont derrière nous. » Et de conclure en beauté : « Dans le sport collectif, le dopage est un mot qui ne parle pas. » Même s'il fait beaucoup parler. Bref, pour résumer, le dopage dans le rugby est inexistant, bien qu'ayant existé, et ce qui ne s'est jamais produit est maintenant derrière nous... Tout juste ce chirurgien orthopédique de formation évoqua-t-il « une prise d'anabolisants courante » en Argentine dans les années 1980-1990, avant de mettre le doigt sur ces « supplémentations, amenées par les Anglo-Saxons, qui ne sont pas nécessaires, sauf pendant les périodes de préparation en pré-saison ». Ces compléments alimentaires sont-ils nocifs ? « La surdose de protéines peut entraîner des problèmes rénaux ou digestifs [...], on n'a pas de recul suffisant par rapport aux risques engendrés par la prise de compléments alimentaires. » On allait en rester là, le fessier entre deux chaises, quand une dernière question lui fut posée par Jean-Jacques Lozach. Le rapporteur de la commission lui demanda innocemment s'il avait rencontré le préparateur palois Alain Camborde, connu pour sa présence

1. « On trouve environ 1 % de [joueurs] positifs dans tous les contrôles ; les vrais tricheurs, on ne les trouve pas [...], ce sont des exceptions. »

au côté de l'équipe nationale d'Argentine pendant la préparation à la Coupe du monde de 2007, qu'il disputa lui-même. Dans un premier temps, Felipe Contepomi prétendit ne pas être au courant – « à ma connaissance, notre entraînement a été assuré uniquement par des préparateurs américains [1] » – avant de se raviser : « Oui, Alain, ça me dit quelque chose. Mais il n'était certainement pas de manière officielle avec l'équipe d'Argentine. » Excusez du peu, comme on va le voir.

Joueur et parfois capitaine, l'ancien demi d'ouverture des Pumas était pourtant réputé pour son sens de l'attaque plutôt que pour son jeu défensif.

On espérait en apprendre plus, beaucoup plus, avec les convocations conjointes de Pierre Berbizier et du médecin Marc Bichon, le 12 juin 2013. Douze ans plus tôt, l'ancien demi de mêlée du XV de France des années 1980 [2], connu pour sa pondération, son sens de la réflexion et un zeste de rigidité, était pourtant sorti de sa boîte lors d'un entretien accordé à *L'Équipe Magazine* en janvier 2001 [3]. Comme de

1. Dans un centre dit de réathlétisation, Athlete's Performance, situé à Pensacola, en Floride, où séjournent régulièrement de nombreux joueurs de football américain gonflés aux stéroïdes, ce qui n'a pas manqué d'interpeller. Ce site floridien a également piloté les remises sur pied après blessure de Vincent Clerc et de Dimitri Szarzewski.

2. Cinquante-six sélections (dont treize capitanats) entre 1981 et 1991, finaliste de la Coupe du monde de 1987 et auteur en 1981 et 1987 de deux grands chelems – qui consistent pour le vainqueur à remporter tous les matches d'un même tournoi.

3. « [Le dopage est] une réalité dans le championnat [...]. On vient de vivre en France deux saisons pleines et successives. Douze mois sur douze. C'est complètement aberrant. On crée les conditions idéales du dopage [...]. Le dopage, c'est prendre aujourd'hui des produits qui dépassent la créatine et qui permettent de tenir les cadences infernales imposées [...]. En France, on pratique une politique de l'autruche [qui] montre du doigt l'hémisphère sud alors qu'il faudrait plutôt balayer

bien entendu, les trois instances majeures du rugby français lui tombèrent aussitôt sur le râble en des termes pincés (Lapasset) ou emportés (Simon, Blanco, alors président de la LNR). En somme, Pierre Berbizier avait été un Laurent Bénézech avant l'heure, et avant… de rentrer la tête dans les épaules.

Par un malicieux retour des choses, c'est en raison des propos accusatoires de Laurent Bénézech, tenus dans les mêmes murs deux semaines plus tôt, que l'ancien entraîneur du XV de France (1991-1995) et son médecin de l'époque, Marc Bichon, avaient sollicité l'attention des élus de la haute assemblée pour s'en défendre. L'ancien pilier international avait en effet porté de nouvelles accusations, estimant entre autres avoir été traité à la cortisone à son insu pendant la Coupe du monde de 1995[1]. « Des faits surréalistes […]. Par ces propos, il attaque aussi ma fédération. Je trouve cela complètement déplacé […]. Je suis profondément blessé par ce genre de propos. » On a connu défense plus vigoureuse et outrée que celle de Berbizier. Quant à Marc Bichon, précédemment médecin de l'Olympique de Marseille, il eut une réponse flottante quand le président de la commission, Jean-François Humbert, lui demanda si Bénézech avait reçu des injections de corticoïdes.

---

devant notre porte […]. On le sait pertinemment. Des joueurs s'automédicamentent. C'est forcé, on leur demande d'être performants douze mois sur douze. »

1. Extrait de l'audition de Laurent Bénézech : « Je ne pense pas que Marc Bichon ait pris de son fait la responsabilité de mettre en place un protocole médicalisé sans en référer au manager général [Pierre Berbizier]. Je ne pense pas que Pierre Berbizier ait pris la décision sans en référer au président de la fédération, Bernard Lapasset. »

« [Laurent Bénézech] a-t-il fait l'objet d'un traitement à la cortisone ?

– À mon sens, non. »

Quel sens donner à « à mon sens » ?

En revanche, après 2001, Pierre Berbizier recula de cinq cases douze ans plus tard, échaudé probablement par le peu de soutiens et le tombereau d'ennuis qui avaient suivi à l'époque, se disant même « sauvé du lynchage médiatique » par l'intervention salutaire dans l'émission télévisée « Stade 2 » de la ministre des Sports, Marie-George Buffet. D'une prudence de chat de gouttière, celui qui était au moment de son audition le manager de l'équipe du Racing Métro 92 répéta plus d'une dizaine de fois « on n'est pas à l'abri » et « il faut être vigilant », agrémentant ces généralités de « je me suis parfois posé la question » et « j'ai eu parfois des doutes » qui firent grandement avancer le schmilblick avant de clore les débats. Et son rôle de consultant sur Canal Plus devrait l'inciter à ne plus jamais les ouvrir.

Étonnamment, celui qui parla le plus fut celui qui devait en dire le moins. Quand on a été président d'une fédération nationale pendant dix-sept ans, quand on est président en poste d'une fédération internationale depuis cinq ans, quand on donne la marche à suivre, on n'exhibe pas les cailloux dans ses chaussures.

Bernard Lapasset se présenta donc devant la commission sénatoriale le 17 avril 2013. Posé, visionnaire, porteur de projets qui ont concouru à la notoriété croissante du rugby (l'organisation réussie de la Coupe du monde de 2007 en France, par exemple), puis courtisé depuis par les instances sportives nationales pour porter les projets d'envergure internationale, l'ancien président de la FFR n'était pas dans une position facile. Soucieux d'une parole éthique, mais soucieux de ne pas trop la libérer.

La lutte antidopage dans le rugby ? « Les acteurs sont plutôt en situation d'opposition que de partenariat [...]. Pour une fédération, un cas de dopage est un acte qui la met en difficulté car elle doit se justifier » – ce qui ne l'encourage pas à exposer ses failles. La situation au niveau international ? « Sur cent dix-sept fédérations nationales, il y en a dix qui ont un système de contrôle antidopage. C'est un vrai problème. [...] L'hémisphère sud a été dubitatif sur les processus antidopage et a manifesté des réticences marquées. » Habitué à restituer les contextes pour valider telle ou telle orientation stratégique, Bernard Lapasset fit preuve d'une belle habileté pour parler en partie de l'historique du dopage dans le rugby français, sans se retrouver acculé. Comment ? En renvoyant la responsabilité du fléau sur la main-d'œuvre étrangère qui s'est insinuée dans le championnat français telle une gangrène mal soignée, puis en évoquant l'évolution... du contrôle antidopage avec l'avènement du professionnalisme : « L'accélération des compétitions [et] la circulation des joueurs, qui n'est pas encore totalement stabilisée, ont été deux facteurs déterminants [...]. » Le mal viendrait donc d'ailleurs : « 35 % des joueurs du championnat de France professionnel sont étrangers. Ils arrivent avec leurs différences et leurs cultures, et on a craint un moment des dérapages. Cette crainte existe encore aujourd'hui, mais peut-être un peu moins qu'auparavant [...]. La première génération a pu poser quelques problèmes. On n'a jamais eu d'éléments pour le prouver, mais des rumeurs ont un temps circulé... »

Bernard Lapasset redevint un temps président de la FFR quand il rappela cette « première génération », celle où il était aux commandes. Maniant avec le doigté d'un horloger suisse les circonvolutions sémantiques, il fit savoir que « c'est aussi le moment où on a vu apparaître des produits nouveaux de performances énergétiques, pour élaborer des muscles de configuration beaucoup plus forte [*sic*]. » Qu'en termes enrubannés ces stéroïdes anabolisants étaient évoqués... Avant d'ajouter : « Bon, on a eu une période un peu compliquée pendant les quatre, cinq premières années. »

Au final, si maigre, le monde du rugby avait eu bien du mal à faire son « coming out ». Il fallait l'y aider.

CHAPITRE II

Moteurs à injections… et explosions

Rendez-vous est pris au bar du Matin, place des Carmes à Toulouse, un matin de novembre. Le café-brasserie est l'un des points de passage des nuits estudiantines de la ville et l'endroit se remet de l'effervescence de la veille. Pierre Berbizier est attablé en face d'un expresso peu avant l'heure fixée. Après avoir vécu comme un « traumatisme » dont il se remet « peu à peu » son éviction du poste de manager général du Racing Métro 92 en 2012, « la veille de l'inauguration du nouveau centre d'entraînement », son quotidien est partagé désormais entre ses petits-enfants, des sorties à vélo et des week-ends dans les studios parisiens de Canal Plus. S'appuyant sur un phrasé toujours appliqué, l'ancien entraîneur du XV de France, qu'il amena en demi-finale de la Coupe du monde en 1995, aimerait ne plus être considéré comme celui qui a secoué le cocotier, tout en s'inquiétant toutefois de voir ces noix qui tombent…

Il est vrai que le « père la rigueur » – l'un de ses surnoms – en a pris « plein la figure » à l'époque de ses observations de 2001. « Les réactions du milieu ont été des réflexes d'autodéfense. Personne ne m'a suivi mais je n'en ai pas été autrement surpris. Les gens en place, comme Serge Simon, qui a d'ailleurs reconnu s'être dopé, ne m'ont pas déçu parce que je les connais. Ils ne me font pas rêver non plus. Je sais ce qu'ils valent, ils ont des postures et des postes à tenir. À l'époque, c'était un manque de courage. Le sport et le rugby m'ont appris ça, justement, le courage, et je n'ai vu que lâcheté quand j'ai osé poser le débat, rien de plus. Le moindre questionnement était pris comme une accusation alors que j'ai pour seule motivation d'aimer mon sport. »

Mais sur quoi reposait son signal d'alarme ? « Je me demandais si, à terme, on n'allait pas ressembler au football américain, un autre sport de contact qui se rapproche du rugby, mais qui était en avance en matière de professionnalisation, avec tout ce que cela induit. Mais, pour en parler avec des certitudes, il faut avoir été confronté au dopage. Or je ne l'ai jamais vécu, même si je ne suis pas dupe[1]. L'auto-médicalisation individuelle... C'est pour ça qu'aujourd'hui, je..., je me dis... »

C'est peut-être aussi pour ça qu'il joue sur les mots pour réfuter à demi ses propos de 2001 : « Je n'avais pas dit que le dopage était une réalité dans notre championnat mais que l'argent, inhérent à l'arrivée du professionnalisme, et les cadences infernales créaient les conditions de sa réalité. Je voulais juste dire "mais où va-t-on ?" dans un pareil contexte. »

Alors, justement, treize ans plus tard, où le rugby est-il arrivé ? « Je pourrais tenir les mêmes propos aujourd'hui. Le

1. Lors de son audition devant la commission d'enquête sénatoriale, le 12 juin 2013, Pierre Berbizier a expliqué qu'il avait « été confronté deux fois à ce problème : une fois avec un joueur du Racing Métro 92 contrôlé au cannabis, et l'autre en Italie, avec un joueur contrôlé à un produit dit festif dans le groupe qui devait partir à la Coupe du monde [...]. J'ai exclu le joueur ».

rugby bruisse de rumeurs qui alimentent des doutes, des discussions, mais qui demeurent stériles. Il se met en danger par rapport à cette démarche [le dopage] et le silence qui l'entoure. Oui, mon positionnement n'a pas bougé : l'argent a pris une importance accrue, tout le monde se plaint des cadences, si ce n'est qu'on travaille mieux et qu'on récupère mieux. »

On lui rappelle alors sa réaction pacifique aux propos de Laurent Bénézech, qui estimait avoir été soumis à des injections de cortisone au sein du XV de France que Berbizier dirigeait pendant la Coupe du monde de 1995. « Mais, quand j'emploie le terme de "surréaliste", ça veut tout dire, non ? C'est aussi fort qu'"affabulateur" à mes yeux. Quand j'ai entendu ça, je suis tombé des nues. Bénézech a notamment pris pour argument un processus qu'on avait mis en place au nom du suivi sanitaire, comme l'individualisation des bouteilles d'eau aux entraînements. Le fait qu'il nous ait accusés pendant cette audition qui le protégeait de toute action en justice était une facilité pour lui. » Mais *quid* des injections de cortisone ? « J'en ai parlé avec Bichon. Jamais il ne l'a piqué. » Et quelle est sa réaction à la… réponse ambiguë de Marc Bichon – « à mon sens, non [Bénézech n'a pas fait l'objet de traitement à la cortisone] » – pendant son audition au Sénat ?

« Dites-vous bien que nous étions éberlués par les propos de Bénézech !

– Vous avez eu trois semaines, entre l'audition de Laurent Bénézech et la vôtre, pour préparer avec Marc Bichon votre contre-argumentaire…

– Oui mais, quelque part, vous ne pouvez totalement vous délivrer du doute. Parce que ça remonte à si loin… pratiquement vingt ans plus tôt.

– On ne peut donc écarter l'hypothèse que des injections de cortisone ont bien été effectuées…

– Sincèrement, je n'en suis pas certain. Est-ce que Bénézech a reçu des injections de corticoïdes ? Je ne sais pas. Après tout, je n'étais pas en permanence dans le local médical. Marc Bichon a essayé de retrouver ses carnets de l'époque mais tout a été détruit[1]. »

Il est profondément injuste que Pierre Berbizier ait été « cuisiné » de la sorte, mais la vérité ne peut surgir que de ceux qui ont une haute idée de leur sport. Il ne serait pas le premier manager d'équipe dans le dos duquel des comportements illicites ont été mis en place[2].

Laurent Bénézech estime avoir été traité à la cortisone pendant la période de la Coupe du monde de 1995. Il laisse même entendre une généralisation du procédé devant la commission d'enquête du Sénat, se souvenant du « mode de fonctionnement dans l'équipe ». Mais les injections étaient-elles pratiquées à son insu comme il le déclare ? Il semble pourtant s'autodésigner dans son livre[3]. Par ailleurs, son

1. Ce que Marc Bichon a confirmé devant la commission d'enquête sénatoriale, le 12 juin 2013. Il était interrogé pour savoir s'il avait conservé les fiches médicales des joueurs qui permettraient de montrer qu'aucun d'entre eux n'avait été soigné à la cortisone : « Non. Cela date de 1995. J'ai cessé mon activité au CREPS [Centre de ressources, d'expertise et de performance sportives] de Toulouse en 2004. À l'époque, j'ai fait un vide-tiroir. »

2. Bruno Roussel, le directeur sportif des « belles années » de l'équipe Festina, le raconte dans son livre *Tour de vices*, Paris, Hachette Littératures, 2001.

3. « Il est important de noter que les corticoïdes n'étaient pas recherchés dans les contrôles antidopage en 1995. Je n'étais donc pas techniquement positif à cette époque, ou ne risquais pas de l'être. Et comme les sportifs et l'encadrement aimaient si bien le prétendre, je n'étais, de fait, pas dopé puisque je ne pouvais pas être positif au contrôle.

absence de réponse aux questions répétées des joueurs sur son cas personnel, lors de la réunion plénière de Provale le 17 avril 2013 à Toulouse, laisse planer le doute[1]. Il fallait donc connaître la position du docteur Marc Bichon.

À 64 ans, le Tarnais, qui consulte toujours à la clinique du sport de l'Union à Saint-Jean, près de Toulouse, a derrière lui près de trente-cinq ans d'une expérience panoramique en matière de médecine du sport et de préparation physique. Médecin-chef du Centre d'entraînement en altitude de Font-Romeu de 1979 à 1986, tout en étant rattaché au ministère de la Jeunesse et des Sports, médecin de l'équipe de France de football lors de ses préparations aux Coupes du monde de 1982 et de 1986, et au championnat d'Europe des Nations de 1984 (victorieux), il a ensuite été affecté au CREPS de Toulouse jusqu'en 2004. Entre-temps, le docteur Bichon a supervisé la préparation d'équipes nationales – athlétisme, hockey sur glace, rugby, golf – comme de clubs, que ce soit l'Olympique de Marseille (1990-1991), le Castres Olympique (1995-1998), le Toulouse FC (1999-2007), « avant que l'entraîneur Élie Baup ne me mette un coup de pied au cul ». Pour finir en gérant le secteur médical du centre de formation du club de football toulousain jusqu'en juin 2014.

Si la portée de sa déposition sous serment lui avait fait emprunter une sémantique prudente et chaloupée, le

Sauf que les corticoïdes figuraient et figurent toujours bien sur les listes des produits interdits » (Laurent Bénézech, *Rugby, où sont tes valeurs ?*, Paris, La Martinière, 2014, p. 64).

1. Dans son récit de cette réunion, trois joueurs lui demandent s'il s'est dopé. Il écrit que répondre à cette question « serait une erreur, [qu'il ne doit] pas le faire ».

docteur Bichon avait toutefois exprimé un avis tranché sur la question quinze ans plus tôt, en 1998, en jetant le trouble sur un rugby professionnel naissant[1]... « Je ne renie pas mes propos et mes observations sont malheureusement toujours d'actualité », reconnaît-il aujourd'hui. « Je n'ai pas de preuve mais je suis à la fois un médecin et un physiologiste, et des prises de masse à l'époque m'avaient interpellé et je n'étais pas le seul. Je croisais des joueurs fins et sveltes qui, après quelques semaines ou quelques mois, étaient devenus épais de partout. La créatine n'était pas un problème en soi mais ce qu'elle pouvait cacher en termes d'anabolisants ou d'hormones de croissance. Et la combinaison musculation-diététique ne pouvait expliquer à elle seule certaines modifications. »

Lorsqu'on aborde son intervention au Sénat, après celle de Laurent Bénézech qui laissait supposer un système de dopage organisé au sein du XV de France pendant la Coupe du monde de 1995[2], Marc Bichon ne monte pas dans les tours. Pas plus qu'il ne s'insurge quand on avance que les corticoïdes étaient déjà monnaie courante dans le paysage du rugby...

« Mais pas plus pour moi que pour d'autres médecins.

1. « L'arrivée de l'argent, du professionnalisme et la recherche de la performance font qu'aujourd'hui le rugby est exposé au dopage [...]. On parle beaucoup de créatine. On ferait bien de se préoccuper de produits comme les anabolisants qui, en pilules ou en injections, sont présents dans les vestiaires du rugby [...]. Je me souviens de tournées dans l'hémisphère sud avec Berbizier. Nous avions observé une évolution étonnante du physique des joueurs. Il est évident que le résultat n'a pas été obtenu avec de l'eau de mélisse. » (*La Dépêche du Midi*, 28 octobre 1998.)

2. « Les allégations de Laurent Bénézech, je les réfute en bloc. » (AFP, 30 mai 2013).

Certes, il y avait usage de corticoïdes, mais pas de ma part. Je savais très bien qu'ils étaient interdits.

– Non, ils ne l'étaient pas...

– Si, par voie générale, c'est-à-dire par voie orale. Il est vrai qu'on pouvait les utiliser par injection, c'est-à-dire en infiltration, par voie intra-articulaire, pourvu qu'on le signale. On en avait le droit. Ces injections avaient pour but de soigner, de réparer. Mais jamais je n'ai donné un quelconque corticoïde à un joueur de l'équipe de France par voie générale.

– Les joueurs du XV de France de votre époque ont donc pu recevoir des injections de corticoïdes...

– En équipe de France, je n'ai pas le souvenir d'en avoir fait tant que ça. Mais, oui, j'en ai peut-être fait.

– Quand, à propos de Bénézech, vous répondez : "À mon sens, non", devant la commission sénatoriale, vous comprenez que toutes les interprétations sont permises...

– Je comprends maintenant, à vous entendre, qu'on puisse penser ça. Je n'ai effectivement pas été assez explicite dans ma réponse.

– Et quelle est-elle aujourd'hui ?

– Est-ce que j'ai fait un jour une infiltration de cortisone à Bénézech ? Franchement, je n'en sais rien. Par voie générale, en revanche, je suis sûr que non. Je peux juste vous dire que j'ai été profondément blessé par ses propos qui ont jeté l'anathème sur ma probité. Je lui en veux beaucoup.

– Mais Laurent Bénézech parle aussi de cortisone par voie générale[1]...

1. Lors de son audition devant le Sénat le 30 mai 2013, Laurent Bénézech déclara : « J'avais dû prendre un produit spécifique, la cortisone [...]. Cela fait le lien avec ce que vous a exposé Felipe

– Bien sûr, bien sûr… Il faut savoir que le corticoïde par voie générale a un effet flash ; c'est un puissant anti-inflammatoire, avec un léger effet euphorisant. S'il est bénéfique à court terme, il a des effets délétères à long terme sur l'état articulaire, les tendons, le cartilage… Ça bouffe pas mal de choses. D'où les recours à des AUT [autorisation d'usage à des fins thérapeutiques] pour des professionnels susceptibles d'être contrôlés.

– Est-ce que la…

– Tenez, quelques mois avant cette affaire, Bénézech était assis devant moi, dans mon bureau. Il était venu me demander mon aide pour quelque chose dont je ne me souviens plus, et je l'avais gentiment éconduit en lui disant que le rugby n'était plus mon actualité. Je l'avais connu également lorsqu'il était au CREPS de Toulouse, où il était gros, très gros, avant le Stade Toulousain. Après le Stade, il est parti au Racing Club de France[1], où il est devenu *slim fast*, très musculeux. Il s'est transformé.

– Laisseriez-vous entendre qu'il n'avait pas les fesses propres, comme on dit ?

– Je préfère ne rien dire là-dessus. »

Ne restait plus qu'à connaître la position de Laurent Bénézech.

On retrouve « l'homme par qui le scandale est arrivé » autour d'un chocolat chaud, le 17 décembre 2014, dans

Contepomi, selon qui trop de joueurs sont capables de prendre des pilules proposées par le médecin ou l'entraîneur sans se poser de question. »

1. Après quatre saisons passées au Stade Toulousain, Laurent Bénézech rejoint en 1989 le Racing Club de France, où il évoluera jusqu'en 1996.

un café à l'américaine de l'avenue de Wagram, à Paris. Deux mois après la sortie de son livre[1] l'ancien pilier du XV de France affiche un calme olympien, comme au plus fort de la tempête qu'il a traversée. « Les attaques se sont calmées ; j'ai d'ailleurs reçu pas mal de soutien sur les réseaux sociaux, de témoignages de joueurs amateurs, même si certains commentaires m'ont traité de "salaud". Au moins y a-t-il eu une ouverture de la parole. » Il aurait pu ajouter que c'était le but recherché, tant « il y a beaucoup de questions qui restent en suspens, notamment la surmédicalisation dans le monde du rugby dont on ignore encore les effets combinés sur l'organisme ».

Laurent Bénézech a enfourché ce cheval de bataille, bien conscient toutefois qu'on lui attribue en chemin des mobiles narcissiques en dépit des embûches rencontrées, comme ce contrat de conseiller en gestion d'entreprise que lui a retiré le conseil général de l'Ariège, ou le procès que lui a intenté le syndicat des joueurs Provale en juin 2014. « Il est étonnant que la fédération ou la ligue de rugby ne se soient pas jointes au dossier, tout comme le club de Clermont-Ferrand », remarque-t-il, non sans connaître la réponse[2].

Parlant de réponse, on lui demande alors s'il estime avoir tout dit, lui qui a stigmatisé son expérience au sein de l'équipe de France en répétant ces prises « de cortisone par voie orale et de distribution d'ampoules aux repas qu'on [leur] présentait comme une aide à la récupération », alors

1. *Rugby, où sont tes valeurs ?*, *op. cit.*

2. Laurent Bénézech avait cité, photos à l'appui présentées lors du procès, les noms de plusieurs joueurs de l'ASM pour faire constater des différences morphologiques.

qu'il a évolué dans cinq clubs différents[1] ? « J'ai été sollicité, mais dans l'univers des salles de musculation où j'étais loin d'être le seul joueur à me rendre. »

On revient alors sur son mutisme devant les joueurs réunis par Provale à Toulouse, le 17 avril 2013, quand, à trois reprises, il élude les questions visant à savoir s'il s'est dopé. Chevalier blanc, Bénézech ? On lui pose alors la question pour une quatrième fois, toujours de manière primale, mais différemment formulée.

« Pourquoi n'avez-vous pas dit que vous êtes passé par la case dopage ? C'était une occasion en or...

– ...

– Pourquoi ne pas aller jusqu'au bout de la démarche ? La question est-elle si emmerdante ?

– Je ne suis pas emmerdé. Je n'ai juste pas d'éléments pour le dire.

– On parle de dopage délibéré, conscient, lourd, genre stéroïdes ou anabolisants.

– Je ne suis jamais rentré dans cette logique-là. Je vous rappelle qu'à l'époque j'avais une activité professionnelle de commercial en parallèle et que je me devais d'être crédible dans mon activité.

– Donc, vous étiez *clean* ?

– Pour vous, c'est une question ; pour moi, c'est une affirmation. Si je réponds non aux joueurs qui m'interpellent, je me place de fait dans une position de juge. Si je réponds oui, je sais que ça va être utilisé contre moi. Cette

1. SCA Pamiers (jusqu'en 1985), Stade Toulousain (1985-1989), Racing Club de France (1989-1996), Harlequins (Angleterre, 1996-1997) et RC Narbonne (1997-2000).

question aurait emmené le débat sur un autre terrain, celui me concernant, alors que j'étais là pour aborder la problématique dans ses grandes largeurs.

– Les contrôles antidopage de l'époque, si peu nombreux, ne vous mettaient pas des bâtons dans les roues.

– J'ai dû être contrôlé quatre ou cinq fois durant toute ma carrière. C'est vrai qu'on ne risquait rien à l'époque.

– Et ce…

– Ce que je peux juste vous dire, c'est qu'on a été quelques joueurs, trois ou quatre, à avoir fumé de l'herbe, probablement du cannabis, lors de la tournée en Nouvelle-Zélande en 1994[1], au soir de la deuxième victoire. C'est notre officier de liaison qui nous l'avait apportée. Mais plus globalement, j'ai traversé ma carrière de joueur en essayant de me protéger de cette problématique. »

Prends l'hostie et tire-toi

Le dopage dans le rugby n'a pas attendu l'avènement du professionnalisme – père de tous les maux, selon les défenseurs du jeu « à l'ancienne » – pour se faire une place. Si Bernard Laporte a été le monsieur Jourdain du dopage en prenant des amphétamines sans le savoir à l'UA Gaillac ou au CA Bègles Bordeaux Gironde[2] dans les années 1980,

1. Tournée historique puisque le XV de France avait remporté ses deux tests-matchs sur les terres des All Blacks (22-8 le 26 juin à Christchurch, puis 23-20 le 3 juillet à Auckland).

2. Les deux clubs où il a joué avant de passer entraîneur du Stade Bordelais, du Stade Français, de l'équipe de France puis du RC Toulonnais.

si Jacques Fouroux a reconnu plus sobrement s'être dopé[1], le recours à des apports exogènes a toujours été tourné en dérision au gré des rares témoignages. Le premier d'entre eux revient à Amédée Domenech[2], l'indéboulonnable pilier gauche du CA Brive et du XV de France des années gaulliennes, qui, à 60 ans, assimila le produit dopant de son époque, l'amphétamine, à une coquinerie[3], comme le firent en leur temps les cyclistes, de Louis Caput à Jacques Anquetil en passant par Gino Bartali...

Et la famille des amphétamines a planté ses racines, qui ont traversé les terrains, provoqué des « générales » et poussé des générations. Du « Tonton » Maxiton des années 1960, le rugby est passé au Captagon dans les années 1980, comme en atteste entre autres... Serge Simon[4], puis à l'éphédrine, avant de découvrir d'autres bourgeons (oxilofrène, octopamine, méthylhexaneamine...). « Le sport de haut niveau de ces années-là était amphétaminé, rugby inclus », résume le docteur Jean-Pierre de Mondenard.

1. « Quand j'étais joueur, je me suis dopé [...]. [Si les joueurs de mon époque avaient connu les produits qui circulent aujourd'hui,] je ne suis pas sûr que nous les aurions refusés. » (*France-Soir*, 13 janvier 2001.)

2. Cinquante-deux sélections de 1954 à 1963.

3. « Aujourd'hui, il y a prescription. Oui, j'avoue que je me suis chargé pour ce match [France-Afrique du Sud, 1961]. Des cachous, j'en avais pris plus qu'il n'en fallait ! Ce que c'était ? Non, pas de la tisane d'Épernay. Du Maxiton [nom commercial d'une amphétamine]. J'avais un peu forcé la dose. Deux jours après, je sautais encore les haies. » (*L'Équipe*, 15 octobre 1992.)

4. « Quand j'ai débuté, on me parlait effectivement des matches au Captagon. Les anciens en prenaient deux, trois, quatre pour une partie. Quand tu sais que ce sont des amphétamines, tu te dis que ce n'était pas de la gnognote. » (*L'Équipe*, 8 janvier 1998.)

Mondenard, alias JPDM, est au dopage ce que Hubert Reeves est à l'astrophysique : un Pic de la Mirandole grand public, après trente-cinq ans d'expérience et pratiquement autant d'ouvrages publiés sur la problématique. Ancien médecin du Tour de France, spécialiste de traumatologie du sport, cette grande autorité médicale ès antidopage, fraîchement à la retraite, a trois raisons de sortir du bunker qui lui sert de bureau : la clientèle de sportifs qui vient toujours le consulter à ses heures perdues, ses sorties quasi quotidiennes à vélo, ses chroniques implacables qui remettent les événements à leur place.

Mais Jean-Pierre de Mondenard n'a jamais été trois-quart centre ou deuxième ligne. Quelqu'un pourrait-il confirmer ses certitudes ? Hubert Vidalin, l'un de ses respectés confrères, ancien responsable de la cellule médicale d'un club professionnel[1], ajoute une pierre dans ce jardin : « J'ai vu Jean-Pierre Rives avaler six Captagon de rang dans les vestiaires d'avant-match », se souvient-il au cœur d'une conversation. Certes, mais, à les entendre, le phénomène était généralisé. Qui pour nous en parler ?

Un samedi matin bruinant de la mi-avril 2014. Le hall de l'hôtel Mercure Paris de Boulogne-Billancourt est désert. Pas même un employé pour commander un café serré. Arrive alors Jean-Pierre Elissalde, en tongs et bermuda. « C'est une routine : une bonne heure de marche sur les quais de Seine avant d'embrayer. » Le personnage a une gueule, une tignasse tout en blancheur, une dégaine. Pas

1. Médecin-chef de l'ensemble du club de l'ASM Omnisports de 1976 à 2006 et de sa structure professionnelle de 1998 à 2006 ; membre de la commission médicale de la LNR depuis 2011.

étonnant que le petit univers des huiles du rugby, qui aiment tant lisser les aspérités, l'aient pris en grippe. D'autant plus que, s'il ne fume pas et boit peu, il cause… et le revendique. « Vous savez, si je peux l'ouvrir, c'est parce que je suis vieux [58 ans], que je ne travaille pas pour la FFR, que je ne tiens pas de restaurant ou que je ne suis pas salarié d'un club », sourit-il. « Je ne suis plus un ex-futur entraîneur comme le sont certains de mes collègues sur les antennes de Canal Plus. »

Franc du collier, obsédé du bon mot, le Rochelais s'attire les grincements de dents comme les éclats de rire, mais il s'en fout royalement : « J'ai toujours eu le rôle du casse-burnes qui gêne l'adversaire. J'ai été formé comme ça au Stade Rochelais, un club qui a toujours été contre l'ordre établi, ne serait-ce que par sa position géographiquement incongrue dans le paysage du rugby. »

Quand Jean-Pierre Elissalde hausse la voix, deux cafés arrivent. L'ancien double entraîneur de l'Aviron Bayonnais, débarqué un mois après sa deuxième mission en 2012, tutoie instantanément, se dit financièrement à l'abri, s'est retiré à Saint-Étienne-de-Baïgorry. Il aime passer la semaine avec des potes au fin fond du Pays basque, suivre un tournoi minime à Oloron-Sainte-Marie, un match de Fédérale 2 – le deuxième niveau amateur – à Nafarroa, puis revenir le temps d'un week-end à Paris pour les émissions « Les Spécialistes » sur Canal Plus et « Le Débrief » sur Infosport Plus.

« Je vis bien dans ce milieu, ce qui ne m'empêche pas de voir ses dérives », commence-t-il. Ce milieu, il y est entré à 19 ans, en est ressorti à 36 ans en n'ayant fréquenté que deux clubs (Stade Rochelais et Aviron Bayonnais) avec un petit détour par le XV de France (cinq sélections en 1980 et 1981). Il revient sans gêne sur ses deux autres « expériences », lorsqu'il a pris une amphétamine… « J'ai pris deux fois du Captagon sur cinq cents matches, au milieu de ma carrière. La première fois parce que j'avais une angine avant un match de Coupe des Provinces et la seconde parce qu'après avoir fait la fête pour célébrer notre maintien on jouait Toulon en Challenge Yves-du-Manoir. Et contre Toulon, tu savais ce qui t'attendait. J'ai pris cette pilule bleue en me disant que ça allait m'aider et, effectivement, ça m'a beaucoup aidé ! Ce jour-là, je suis totalement sorti de mes gonds : je me suis battu avec le frère de Gallion, avec Diaz… Je ne ressentais rien. Tu te prends des coups d'épaule, des patates, tu saignes, tu te fais ouvrir la tête… Je ne sentais rien ! Et je n'avais pris qu'une pilule ! Le lundi matin, j'étais impeccable. »

La tête en biais, le corps tuméfié, mais impeccable… « C'est là que je me suis rendu compte des effets sur moi mais aussi sur les autres, quand je croisais d'autres adversaires, d'autres équipes qui avaient les mêmes comportements. Les gestes brutaux de mon époque provenaient de joueurs qui étaient hors d'eux. Je veux bien croire que la motivation collective dans les vestiaires a ses vertus, mais là… Je me suis rendu compte que ça te rendait fou. À l'époque, c'était en libre circulation. En gros, c'était comme à la messe : ou tu prenais l'hostie, ou tu ne la prenais pas… »

Grande gueule assumée, le « trublion à rebrousse-poil », comme il se qualifie, n'a « pas été emmerdé le moins du monde » après son aveu au micro de France Bleu La Rochelle un an plus tôt, en avril 2013 : « Rien de la fédé, de Canal, des clubs. Mes proches rigolaient. Il n'y a bien que Serge Simon, qui avait pourtant évoqué la même chose en son temps. D'ailleurs, lui, quand il raconte qu'on lui a filé du Captagon en équipe première à Nice, on devine qu'il y a eu distribution, que c'était le lot de l'équipe. »

Aussi débridé soit-il, Jean-Pierre Elissalde a toutefois ses pudeurs dès qu'on aborde la question de l'environnement collectif comme celle des fournisseurs :

« Il y a eu des situations où on m'a proposé et j'ai dit non.

– Souvent ?

– Ça ne regarde que moi.

– Ça ne concernait que vous ou toute l'équipe ?

– Peu importe.

– Mais qui distribuait ces amphétamines ?

– J'ai aussi mon devoir de réserve et, en outre, ces personnes ne peuvent pas forcément se défendre.

– Mais était-ce à l'insu des joueurs, qui ignoraient la nature de ce qu'on leur donnait ?

– À l'insu de leur plein gré ? Je suis sûr que non. »

On peut comprendre que Jean-Pierre Elissalde ne veuille pas exposer de tierces personnes – la question n'est d'ailleurs pas dans la révélation nominative – mais circonscrire cette prise d'amphétamine à sa seule personne, même s'il s'est parfois marché sur les pieds à quelques minutes de distance… : « J'ai refusé une fois […]. J'ai refusé beaucoup de fois » ; ou bien en délimitant sans le vouloir le périmètre affecté : « Jamais personne ne m'a proposé quoi que ce soit à La Rochelle […]. Le médecin de l'Aviron m'avait interpellé : "Eh, Jean-Pierre, tu ne vas pas jouer la demi-finale dans l'état où tu es ! Tu vas prendre ça." Le lendemain, je suis passé à la pharmacie de Saint-Étienne [un quartier de Bayonne]. La deuxième fois s'est produite quelques semaines plus tard. »

Les tasses sont vides et froides. Le hall de l'hôtel prend vie peu à peu à mesure que midi approche. Mon interlocuteur reste perplexe au sujet de Laurent Bénézech, qui a enfoncé le clou quelques jours après lui : « Franchement, il s'est exposé et je n'ai pas d'avis tranché sur son intervention. Il a posé un contre-feu. » Vous avez dit « dilemme » : « Si on te dit que Lance Armstrong était dopé, qu'une équipe de foot l'est, qu'un homme politique a été corrompu, tu crois en quoi ? La société a intérêt à fabriquer des légendes plutôt qu'un ramassis de vérités. Je ne veux rien savoir de ce qu'ont fait Che Guevara, Poulidor ou Colette Besson. Les gens n'aiment pas qu'on leur dise que leur curé est pédophile. Dans le même temps, j'ai trouvé ridicules les réactions des instances du rugby à son encontre. Plutôt que de prévenir, elles sont dans le déni. Le rugby français a fermé les yeux sur l'argent pendant trente ans ; puis il a encore fermé les yeux sur la violence pendant trente ans ; il peut fermer les yeux sur le dopage pendant trente ans supplémentaires, ça ne le dérange pas. »

La poignée de mains est franche, l'œil lumineux, le cheveu en bataille, ce qui lui ressemble. On le quitte au pied de l'ascenseur. Il va se doucher, mettre une chemise blanche. Changer de peau avant de causer dans le poste.

Les amphétamines comme les corticoïdes avaient en tous cas alimenté bien des discussions avant que le rugby ne devienne professionnel. Le club de Brive aussi.

CHAPITRE III

Brive les gaillards

En ce samedi 15 mars 2014, un vent frais tournoie au-dessus de Paris et les premiers arrivés ne s'attardent guère devant le siège du CNOSF, le Comité national olympique et sportif français. Exceptionnellement, la Maison du sport français accueille depuis la veille la quatorzième édition du colloque national de lutte et de prévention contre le dopage. Interventions, débats, tables rondes, l'ordre du jour est copieux, les thèmes abordés balaient un spectre large.

Ce matin-là, après l'ouverture liminaire d'Alain Calmat, président de la commission médicale du CNOSF, la première thématique – la lutte contre les trafics – fait se succéder quatre intervenants avant que Christian Bagate ne prenne la parole à son tour.

Depuis un an, Christian Bagate n'est plus le responsable de la commission médicale de la FFR ; Pierre Camou, le président de la fédération, lui a attribué des responsabilités à rallonge : « Préservation de l'intégrité du rugby et lutte contre les addictions, chargé de mission en charge de la lutte contre le dopage auprès du président de la FFR. » À la fédération, on est drogué aux commissions ronflantes et Bagate a la tâche de traquer l'accro au produit miracle comme celui qui peut céder aux sirènes des paris sportifs.

Élu important dans le dispositif « camouesque », placé en huitième position parmi les trente-sept membres du comité directeur, le Bordelais est l'un des cinq membres élus rattachés au bureau fédéral que compose une garde resserrée de douze personnalités. Et il est rompu aux symposiums-séminaires-colloques-réunions-débats consacrés chaque année au dopage depuis quinze ans bientôt.

À 11 h 30, Christian Bagate a vingt-cinq minutes pour évoquer la politique de la FFR en matière de lutte contre le dopage devant un auditoire d'une soixantaine de personnes. Une formalité. Avec sa faconde habituelle, il expose les vues fédérales, se félicite des engagements pris, de leurs résultats, mais va un peu au-delà en expliquant par exemple : « À une époque, j'ai dénombré sept cent quarante autorisations pour usage thérapeutique. Un tel recours [par les clubs] est un scandale. » Christian Bagate montre patte blanche, fait preuve de sa bonne volonté en évoquant sa traque presque personnelle d'un préparateur physique malveillant « à l'origine d'un trafic de substances dans une région frontalière ». Pas de doute, Christian Bagate secoue le cocotier, rebondit comme un chat, égratigne maintenant la pertinence des suivis longitudinaux[1], mais botte en touche lors du jeu

1. Dispositif médical qui concerne les sportifs professionnels, les sportifs de haut niveau ainsi que des licenciés inscrits dans les filières d'accès au sport de haut niveau. Ce suivi médical consiste chaque année en deux examens médicaux comprenant un entretien avec un médecin du sport, un examen physique, des mesures anthropométriques, un bilan diététique, des conseils nutritionnels, un bilan psychologique et deux recherches par bandelette urinaire. Une fois par an, ces examens sont

de questions-réponses avec l'auditoire. Le professeur Yves Le Bouc lui rappelle qu'il « demande depuis huit ans à la fédération de rugby l'autorisation de publier » ses travaux portant sur le profil stéroïdien des joueurs. Bagate la joue politique :

« Je vous promets d'étudier la question et de vous donner une réponse.

– Mais ça fait huit ans ! », déplore l'intéressé.

Intervient alors le docteur François Deroche, médecin fédéral de la Fédération française de muay thaï & disciplines associées :

« Quelle est la position de la fédération à l'égard de ces jeunes sportifs qui partent à l'étranger et qui reviennent deux ans plus tard avec quarante kilos de plus ? »

La question est récurrente, posée de manière caricaturale, et Bagate pourrait aisément s'en sortir. Pourtant, l'élu de la FFR s'engage dans une tirade surprenante : « En France, le rugby est un sport qui connaît très peu de dopage organisé. Un seul club s'est dopé de manière institutionnelle : ce club est devenu champion d'Europe et se trouve toujours dans le Top 14. Nous ne pouvons pas déceler les nouveaux produits dopants. Néanmoins, je suis convaincu que des rugbymen se dopent, car je vois des morphologies changer de façon radicale. »

---

complétés par un examen dentaire, une électrocardiographie de repos et un bilan sanguin pour les plus de 15 ans. Tous les quatre ans, une épreuve d'effort maximale doit aussi être réalisée. D'autres examens complémentaires spécifiques à certaines disciplines sont exigés et certaines fédérations peuvent décider d'inscrire des examens complémentaires autres que ceux décrits dans les textes réglementaires.

La salle reste interdite ! Bagate vient d'expliquer officiellement qu'un club français, qui plus est champion d'Europe, se chargeait de manière institutionnelle, et personne ne moufte ! Pas même les journalistes présents. La question qui suit portera sur l'usage préventif du paracétamol…

Bénézech ouvre la brèche

« Oui, c'est vrai, personne n'a réagi », se souvient Armand Mégret, présent au colloque en sa qualité de médecin de la Fédération française de cyclisme et membre de la commission médicale du CNOSF : « Je suis resté sur ma faim. Sur le moment, je me suis d'abord demandé à quelle équipe de rugby il faisait référence. Il en avait trop dit ou pas assez ! Mais on est passés à autre chose. J'ai mis cette situation sur le fait qu'on prévoit beaucoup d'intervenants dans ce genre de colloque et qu'on n'avait pas laissé de fenêtre de temps pour la discussion. »

À plus d'un titre – à commencer par sa fonction de président de l'AFLD –, Bruno Genevois a également entendu Christian Bagate parler de « dopage institutionnalisé » au sein d'une équipe française ce matin-là. Mais un membre du Conseil d'État, rompu aux subtilités du langage diplomatique, ne s'aventure pas plus loin… « Cela peut être considéré comme un souci de n'avoir pas trop approfondi le sujet », regrette-t-il à demi. « À l'époque, j'ai laissé le soin à mon directeur de département de voir ça. Vous savez, rumeurs ou informations relatives au passé échappent aux sanctions disciplinaires », ajoute-t-il pragmatiquement, faisant allusion à la prescription accordée aux faits de dopage au-delà de huit ans. « Christian Bagate est un personnage important. Il fait parfois des sous-entendus qu'on voudrait plus explicites. »

Ces fameux « sous-entendus » ont crevé le plafond des chuchotis depuis plus de quinze ans. Dans le landernau du rugby, un potin circule plus vite qu'une passe vrillée. Restait à savoir maintenant de quelle équipe il pouvait s'agir et si Christian Bagate disait vrai.

Dix mois plus tôt, le 31 mai 2013, Laurent Bénézech avait éventé l'affaire en déclamant tout haut ce qui se chuchotait tout bas. Convoqué par la commission d'enquête du Sénat qui pilotait l'équivalent d'un audit sur le dopage, l'ancien pilier international avait mis des mots sur l'identité du club incriminé. Extraits de son audition :

« On m'a reproché de ne pas avancer de faits précis lorsque je m'exprime sur le dopage dans le rugby. Je souhaite porter à votre attention quelques expériences qui m'ont concerné directement ou indirectement. La première d'entre elles concerne le club de Brive entre 1997 et 2000, et plus particulièrement le médecin de l'équipe qui était le docteur Hervé Stoïcheff. Ce dernier a été condamné par le conseil régional de l'Ordre des médecins à un an d'interdiction d'exercer suite aux prescriptions médicales administrées aux joueurs. Ce fait établi est relaté dans des articles de journaux que je transmettrai à votre commission d'enquête.

« Je dispose par ailleurs de deux témoignages à l'appui de mes propos. Laurent Seigne, manager de l'équipe de Brive, m'a confié en 1994, alors que nous évoluions tous deux en équipe de France, qu'il était suivi pour du "rééquilibrage hormonal" par le docteur François Bellocq, un médecin de la région de Bordeaux, bien connu pour avoir œuvré précédemment dans le milieu du cyclisme. Ce traitement de “rééquilibrage hormonal” a d'ailleurs par la suite été repris par le docteur Stoïcheff.

« J'ai également le témoignage plus récent d'un joueur briviste de cette époque qui m'a expliqué que, lorsque le docteur Stoïcheff lui faisait une injection et qu'il lui demandait s'il s'agissait de produits dopants, celui-ci répondait systématiquement qu'il n'y aurait pas de problème et que le contrôle antidopage serait négatif. »

Bagate persiste et signe

Christian Bagate a laissé dire et, en son for intérieur, ne devait pas être malheureux de l'entendre. Lui n'a jamais cité Brive ; tout juste a-t-il répandu assez d'indices pour conforter une rumeur. Car des clubs français champions d'Europe[1], on n'en compte pas des fagots : le RC Toulonnais – mais en 2014, trop récemment –, le Stade Toulousain à quatre reprises (1996, 2003, 2005, 2010) et le CA Brive (1997). On le verra un peu plus loin, les noms qu'il mentionnera lèveront en fait toute ambiguïté.

Oui, Christian Bagate possède un pedigree, un bagage, un esprit. Un réseau aussi. Les gens qui le côtoient le disent malin, pas toujours au fait des questions de dopage mais suffisamment futé pour savoir comment les aborder. « Les bruits qui couraient sur Brive dans notre petit monde allaient

1. Ne sont recensés que les clubs qui ont remporté la principale coupe d'Europe –, pas celles d'un rang inférieur tel que le Challenge européen.

et venaient », rapporte Jean-Philippe Hager, ancien médecin du XV de France (2008-2011) et responsable du pôle scientifique du Centre national de rugby de Marcoussis. « Mais nous avons pour habitude de nous arrêter sur des éléments formalisés. Personne ne les a étayés en direct, que ce soit un joueur ou un dirigeant. Alors, si Christian Bagate détient des infos là-dessus, ça me surprendrait un peu, mais pourquoi pas. Puisse-t-il les partager lors de l'une de nos prochaines réunions du comité médical… »

Jean-Claude Peyrin, le successeur de Christian Bagate à la tête de la commission médicale de la FFR, joue un peu plus la surprise : « Bagate aurait dit ça ? », répond-il, en reprenant les termes de « dopage institutionnalisé » d'un club français. « Je ne vois pas trop sur quoi il s'appuie… L'histoire de Brive, tout le monde en a parlé parce que les joueurs de ce club allaient consulter Hervé Stoïcheff. Mais de là à… »

Bernard Dusfour, président de la commission médicale du secteur professionnel – la LNR – depuis 2012, se dit encore plus perplexe : « Y avait-il une forme de dopage organisé dans un club au cours de cette période ? Alors là, je ne le sens pas. Que des joueurs aient pris des trucs, c'est évident. Mais de manière organisée ! »

En somme, les faits évoqués ouvertement par Christian Bagate au cours d'un colloque national n'auraient jamais franchi les lourdes portes fédérales. « Mais si, ils étaient au courant », évacue l'intéressé. L'oreille sanitaire de Pierre Camou a ses cachotteries. Ses stratégies également. « Ce genre de propos est très révélateur », consent Bruno Genevois, président frais émoulu de l'AFLD mais à qui on la fait de moins en moins. « Bagate l'a glissé sciemment parmi d'autres éléments. J'ai reçu son message comme un message de vigilance. »

Précaution ou pas, Christian Bagate devait donc s'expliquer plus clairement.

Rendez-vous est fixé le 30 mai 2014, soit la veille de la finale du Top 14, à l'hôtel Concorde Opéra-Paris, dans le VIIIe arrondissement de la capitale, où le XV de France prend habituellement ses quartiers les soirs de matches de la tournée d'automne. Cette fois, c'est l'aréopage de la FFR qui a investi l'hôtel 4-étoiles pour la tenue de son comité directeur. Christian Bagate nous rejoint dans le hall, zappe le comité directeur – « ils peuvent faire sans moi » –, nous invite à gagner sa chambre située au tout dernier étage, avec vue sur les toits de la capitale.

Christian Bagate est un personnage important, comme le dira Bruno Genevois – mais un personnage d'abord. Appelez-le Chris, il préfère. Adepte d'un bon cigare, d'un verre de bon vin, « du Bordeaux, évidemment », l'homme est courtois, affable, et ses mèches blondes ne lui rendent pas son âge ; il a le parler raffiné et Dieu sait qu'il a pu affiner son parler depuis qu'il chine dans les stands de la FFR.

Sous les toits de l'hôtel, Christian Bagate ouvre les fenêtres de sa chambre qui donne sur la rue Saint-Lazare, extirpe un cigare de sa mallette et tombe dans un fauteuil bleu roi. Le rugby, la maison fédérale, ses arcanes, il les connaît jusque dans leurs moindres replis. Troisième ligne aile au Stade Rochelais avec lequel il est champion de France en 1971, il descend à Bordeaux pour entamer ses études de médecine et signe au CA Bègles Bordeaux Gironde. Pas longtemps : « Je me suis fait chibrer contre… La Rochelle, une fracture-luxation. Ma carrière était terminée. »

Une bouffée de barreau de chaise plus tard, Bagate est devenu médecin généraliste à Bordeaux, entraîne les juniors de Bègles, puis arrive à la présidence du club de 1981 à 1986. Côté fédéral, le troisième ligne trouve patiemment l'ouverture : élu au comité territorial de Côte d'Argent en 1980, il en prend les commandes en 2000, soit quatre ans après avoir intégré le comité directeur de la FFR, qu'il n'a plus quitté depuis ; de 2000 à 2012, il sera le président de la commission médicale de la fédération, fonction que Jean-Claude Peyrin reprendra tandis que « Chris » est appelé par Pierre Camou à un poste élargi de chargé de mission – mission relative à l'intégrité du rugby dans son ensemble, qu'elle soit sanitaire (dopage) ou économique (les paris sportifs).

Ventoline, stéroïde, cortisone

Jambes croisées et verbe libre, Christian Bagate ne se défile pas quand on aborde de front la question : « Oui, je maintiens le terme de "dopage institutionnalisé" dans ce club. Pour moi, "institutionnalisé" signifie que presque tout le monde "en" a pris, peu ou prou. » L'élu fédéral est tranquille comme Baptiste, tire une nouvelle bouffée et répond le plus naturellement du monde : « Comment puis-je en être sûr ? Par tous les gens du club que je connais. J'ai mes informateurs, des témoins directs qui sont venus m'en parler, des joueurs qui y étaient, qui en sont repartis. Et cette situation a duré longtemps dans les années 1990-2000. Ce ne sont pas des rumeurs mais des certitudes. »

Lorsqu'on resserre le propos sur le club de Brive, Christian Bagate ne cligne même pas des yeux. « C'est vous qui le dites », enchaîne-t-il. On lui rappelle alors ses propos spectaculaires dans l'enceinte du CNOSF deux mois plus tôt, ceux sous serment de Laurent Bénézech lors de son audience devant le Sénat. « Mais personne ne m'a rien réclamé ensuite », plaide-t-il. « On m'a juste demandé le nom du club. Je ne le dirai pas. Là, c'est vous qui l'avez cité. » Christian Bagate est habile : comme s'il fallait un quotient intellectuel à quatre chiffres pour mettre un nom dessus.

L'élu de la FFR marque alors une pause, puis reprend comme si de rien n'était : « Puisqu'on en est là, je peux vous dire qu'il y avait des gens qui tournicotaient dans le club et qui sont toujours en activité dans le rugby. Et particulièrement l'un d'entre eux, connu pour être un pervers du système. »

On lui demande de préciser sa pensée, Christian Bagate s'étire, élude, contourne. Puis y revient : « Ce monsieur était dans le club. C'était l'un des entraîneurs. Il a imposé son staff et un médecin qu'il a ramené de Bordeaux. » Bordeaux, où Bagate tient toujours son cabinet ; où Hervé Stoïcheff tenait le sien, tout près de là, à Mérignac, puis à Talence quand il reprit dans le milieu des années 1990 le cabinet de François Bellocq, précurseur du « rééquilibrage hormonal » qui a dicté tant et tant de protocoles « médicaux » parmi les cyclistes des années 1980… « Vous savez, je suis médecin généraliste depuis trente ans là-bas ; je suis président de l'association support du CA Béglais ; je vois et j'écoute beaucoup de sportifs… »

Bordeaux-Brive, Stoïcheff-Bellocq, les liens sont établis. Bagate rappelle le contexte : « Quand j'ai installé mon cabinet médical à Bordeaux au début des années 1980, j'étais un jeune médecin du sport. Une déléguée médicale m'avait alors proposé de promouvoir le protocole de Bellocq qui avait rédigé une thèse sur ce sujet. »

Christian Bagate referme la fenêtre, rassemble quelques affaires au pied du lit : « Je sais que ça a duré le temps pour le club d'être champion. Après, c'est parti en *live*. Stoïcheff a été poursuivi par l'ordre des médecins, les joueurs n'ont jamais été pris sur le fait. Stoïcheff leur donnait des produits toxiques qui n'étaient pas autorisés : de la cortisone, de la Ventoline, du Durabolin[1]... D'après ce que j'entends, Stoïcheff est toujours consulté par des sportifs. »

Tant qu'à faire, on lui demande si le président du club de Brive à l'époque, Patrick Sébastien, était au courant de ces pratiques : « Je ne sais pas, je ne crois pas. Il a fait confiance à un staff. »

De retour dans le hall de l'hôtel, Christian Bagate est happé par des sollicitations de toutes parts. Cravate et blazer FFR impeccables, il reprend le cours de ses activités fédérales, faites de réunions, de messes basses, de petits fours, de chansonnettes quand le vin se fait joyeux. Après cette petite heure d'entretien, nous en sommes pratiquement restés au même point qu'avec Armand Mégret : trop dit ou pas assez.

Brive au cœur d'un dopage organisé ? Le *off* va bon train

1. Le Durabolin est une marque de stéroïde injectable qui contient de la nandrolone ; il est considéré comme ayant une puissante action anabolisante.

quand des acteurs du rugby l'abordent : « J'ignore si on peut parler de dopage institutionnalisé mais il est probable qu'il y avait du dopage », rapporte un médecin du rugby. « On sait que l'entraîneur de l'époque était à fond là-dedans puisqu'il en faisait part à ses joueurs. Je l'ai moi-même rencontré : il ne faisait pas mystère qu'ils manquaient toujours de poids. Seulement, il s'est toujours défendu bec et ongles de les doper. Il savait qu'il avait les instances aux fesses et que sa réputation devenait sulfureuse. »

Le *off* circule et il peut voyager loin : « Je me souviens d'un échange en 2012 avec des dirigeants du club de Montpellier », revoit Michel Audran, directeur du laboratoire de biophysique et de bioanalyses de la faculté de pharmacie de Montpellier, qui met depuis vingt ans son expertise en matière de dopage sanguin au service de l'AMA et de deux fédérations internationales. « Nous sortions d'un colloque sur le dopage et j'ai retrouvé quelques-uns d'entre eux à l'apéro dans le restaurant de François Trinh-Duc. La conversation a bifurqué sur les belles années du club de Brive et ils se marraient en évoquant les joueurs brivistes "qui avaient des taux d'hématocrite à péter les plombs"... »

Pour autant, là où la FFR a promptement « dénoncé aux autorités » les agissements d'un préparateur physique « à l'origine d'un trafic de substances dans une région frontalière, autour de Biarritz, Bayonne et Pau » [1], la traque de ce « pervers connu du système » s'est faite moins insistante...

Un membre éminent du CNOSF décrypte : « Il existe une

1. Propos émis par Christian Bagate lors de son intervention au colloque national de lutte et de prévention du dopage, le 15 mars 2014 au siège du CNOSF.

omertà manifeste dans les instances du rugby qui protègent leur sport tout en le sachant en danger, ne serait-ce que pour sa partie la plus visible, les commotions cérébrales. La FFR comme les dirigeants du football savent parfaitement gérer en interne les dossiers merdiques. Je pense que Bagate a dealé avec Camou pour distiller le minimum. Il ventile des infos pour se prémunir. » Se prémunir ? « Oui, pour le jour où ça va péter. Il pourra faire valoir qu'il nous avait avertis… »

Un témoin se souvient

« On a levé cinq lièvres ce matin. » Affairée dans la cuisine, Nicole, la femme de ménage, répond avec un sourire de cuisinière. La chasse vient d'ouvrir en cette mi-septembre et la chose ne semble pas déplaire à Pierre Montlaur.

Longtemps, le gibier traqué a été de forme ovale. Une proie bondissante, capricieuse, qui se carapatait dans tous les recoins du terrain « parce qu'il vivait partout à l'époque ». Sa gibecière regorge de souvenirs. Ses douze années passées à Agen au poste d'ouvreur ou d'arrière, et ce titre de champion de France en 1988 quand il était à l'ouverture et Pierre Berbizier à la mêlée ; ses deux sélections avec le XV de France lors des Tournois des VI Nations 1992 puis 1994, dont il parle comme de Légions d'honneur ; de ce qui a suivi en tant qu'entraîneur des grands ou éducateur des « petits », comme c'est toujours le cas avec les minimes et cadets du SU Agen les mercredis après-midi.

Pierre Montlaur a la démarche des gens de rugby qui ont atteint la cinquantaine – « un genou qui chouine » –, même si son époque en faisait « un jeu, et non un métier comme maintenant ». Il s'est installé dans la banlieue de Castelsarrasin, dans le Tarn-et-Garonne, à cinq cents mètres de l'ébénisterie familiale qu'il a vendue en 2009 : « J'ai mis toute ma vie dedans. Elle m'a fait renoncer à des matches, à des expéditions. En 1994, je devais partir pour la mémorable tournée en Nouvelle-Zélande mais je n'avais pas pu m'organiser à temps. »

L'Agenais a posé définitivement ses outils de joueur en 1995 pour reprendre à plein temps ceux de sa menuiserie. Mais on ne quitte jamais vraiment la grande maison : « Un jour, Laurent Seigne m'a appelé. Il revenait sur Brive en tant qu'entraîneur et il m'a demandé de lui filer un coup de main. »

Les deux hommes se sont côtoyés quatre saisons pendant les belles années agenaises. Pilier international, Seigne finit sa carrière au CA Brive en 1995 avant d'empoigner le bâton d'entraîneur du club. Montlaur refuse, rechigne, ressasse : « J'avais mon entreprise mais il insistait. J'ai été la dernière recrue à signer début août. » Montlaur devient l'entraîneur adjoint du CA Brive, chargé des lignes arrières. Il le sera pendant trois ans, de 1996 à 1998, avec un titre de champion d'Europe au beau milieu...

Un café sur sa terrasse, un œil sur la piscine, un autre tourné vers son salon – « où je n'ai aucun signe ostentatoire de rugby qui traîne, regardez. J'ai toujours dissocié plaisir et boulot ». Quand il doit tisonner sa mémoire, Pierre Montlaur a le souvenir embarrassé. Il oscille, marche sur des œufs, imprime une accélération – « des choses m'ont choqué » –, repart en arrière – « il n'y avait pas de dopage dans le rugby des années 1990, ou alors à la marge, de manière insignifiante». Ses débuts de phrase sont encombrés, toujours entre deux mots, deux versions, deux vérités.

À tout prendre, Pierre Montlaur préfère partir d'un raisonnement large: «Dans le sport, l'un des principes fondamentaux est que, tant qu'il n'y a pas d'argent, il n'y a pas de dopage. La charge n'est que la conséquence du business. Et à l'époque, il n'y avait pas d'argent.»

À tout prendre, il préfère aussi partir de loin. Du temps d'Agen, «où il n'y avait rien»: «Les amphét', je n'en ai jamais entendu parler. Les types étaient *cleans*. Un seul gonze avait de l'asthme: c'était Sébastien Viars, un gars doué. Mais c'était bien de l'asthme, du vrai. Il fallait voir comment il respirait lors des séances d'entraînement.»

«Sa chambre était une véritable pharmacie»

À mesure qu'on remonte le temps – et qu'on se rapproche de son expérience d'entraîneur adjoint à Brive –, l'ancien international devine que va apparaître une zone de turbulences: «À Brive, la première année, rien ne m'a choqué», explique-t-il. «Si nous avons été champions d'Europe [en 1997], c'est en raison de deux éléments: nous avions des talents et une bonne préparation.»

Quel genre de préparation, justement? «Nous étions avant-gardistes sur la question. Bernard Faure pilotait ce programme révolutionnaire, et il était très fort. C'est Laurent Seigne qui l'avait démarché. Quand les joueurs sortaient de la muscu, ils étaient "secs"; et ils bossaient le foncier comme jamais auparavant. Brive gagnait ses matches sur la condition physique. En plus, l'effectif était super talentueux. Regardez, derrière moi, j'avais Penaud, Carbonneau, Venditti, Lamaison, Viars ; les frères Carrat aussi. J'avais cinq des sept joueurs évoluant à l'arrière dans le XV de France ! »

C'était effectivement les années fastes. Le CA Brive avait d'ailleurs un peu surgi de nulle part, comme en atteste son palmarès depuis sa création en 1912 : champion de France de deuxième division en 1957, le club corrézien disputa deux finales (perdues) de championnat de France dans les années 1970[1] avant de crever les plafonds entre 1996 et 1998[2], puis de rentrer les épaules pour se fondre dans le rang.

« Oui, Brive n'avait rien gagné, c'est vrai, et nous nous retrouvons au sommet de l'Europe », reprend Pierre Montlaur. « Nous aurions même dû être champions de France cette année-là [1997] si l'on n'avait pas pris de haut Colomiers en huitième de finale. » Le club est porté aux nues aussitôt. Et aussi vite commencent les premières interrogations… « Les performances de Brive faisaient parler, oui. Comme si nous gênions dans le paysage. Les gens se posaient des questions, évoquaient le dopage. Le dopage ? Moi, j'avais un Carbonneau qui fumait trois paquets de clopes par jour, qui sortait tous les soirs ! Bourré de talent mais ruiné en seconde mi-temps ! Alors, j'ai dealé avec lui : "Tu m'enlèves

1. Contre le SU Agen en 1965 (8-15) et l'AS Béziers en 1972 (0-9).

2. Finale du championnat de France 1996 (défaite 20-13 contre le Stade Toulousain) ; champion d'Europe 1997 (victoire 28-9 contre Leicester) ; finaliste du championnat d'Europe 1998 (défaite 19-18 contre Bath).

un paquet de clopes, tu sors seulement deux fois par semaine et tu vas être autre chose que le troisième demi de mêlée français…" »

Et lui, qui a subi deux contrôles antidopage en douze ans de carrière, se posait-il des questions ? Pierre Montlaur se tortille au-dessus de sa tasse de café : « Disons que j'ai observé des changements brutaux de morphologie sur certaines périodes de la saison ; des joueurs qui ont démarré à 85 kilos, ont fini à 100 kilos et ont fait de belles carrières. Pour être passé par là, on sait se faire une idée de la chose, hein ? Cinq kilos par an, d'accord, mais douze ou quinze kilos sur l'année, ce n'est pas possible. Tu te demandes ce qu'ils prennent. »

En avait-il une idée ? Il botte en touche : « Moi, j'habitais loin, à deux heures de voiture du stade. Sitôt le match ou l'entraînement terminé, je rentrais chez moi. Et puis j'avais mon boulot en parallèle : des chantiers à Paris ou ailleurs, des voyages de nuit en train… Je ne pouvais pas être partout. » Mais suffisamment présent au club pour que des conversations internes lui reviennent aux oreilles : « Les premières choses que j'ai entendues, c'est que les mecs commençaient à aller voir des gens pour une meilleure récupération. » Des gens, des mecs ? On lui demande de réduire son champ de vision XXL : « Ben, on a soupçonné des mecs qui mettaient les doigts dans la confiture. Ils allaient voir Stoïcheff à Bordeaux. Il leur faisait la récupération et le reste [*sic*] parce que, quand tu entres dans une chambre d'hôtel et que tu vois que c'est… »

Son téléphone portable sonne. Son épouse est au bout du fil. Une histoire d'abonnement à régler au plus vite.

Quand Pierre Montlaur raccroche, le fil de la conversation s'est perdu. On le renoue devant la porte de la chambre d'hôtel, en se doutant qu'elle va grincer... « Disons qu'on avait remarqué le changement de comportement d'un de nos joueurs. Il était devenu égoïste, s'entraînait moins, semblait bizarre. Je savais qu'il allait voir Stoïcheff et, un jour, j'ai voulu lui parler alors qu'on se trouvait dans un hôtel. Sa chambre était inondée de médicaments. C'était une véritable pharmacie. Non, ça ne m'a pas plu tout ça... C'était un immense joueur mais il a toujours triché. »

Il nous cite son nom : c'était effectivement un grand joueur.

Mais les autres ? « J'ai eu personnellement des suspicions sur deux, trois d'entre eux : ils ne s'entraînaient pas, avaient une hygiène à deux balles et ont disputé des matches dont je ne les aurais jamais cru capables après ce que je voyais d'eux. » On lui parle du phénomène de capillarité, d'un joueur qui se confie à un autre, d'un autre qui partage une chambre, des infos qui circulent de match en match, de saison en saison, puis de club en club... Il n'y croit pas. « On ne peut pas généraliser », insiste-t-il. On lui fait part des propos de Christian Bagate : « Dopage institutionnalisé à Brive ? Non, ou alors je suis le roi des cons. » Pierre Montlaur consent une éventuelle faiblesse, les yeux de Chimène pour sa passion de toujours : « Je me barrais les soirs de match ou d'entraînement parce que j'avais de la route et que je ne voulais pas voir, que je ne voulais pas entendre. Deux ou trois mecs qui te polluent ça, non, je ne voulais pas cautionner. »

Il n'en dira pas plus. Pierre Montlaur se sent plus à l'aise en évoquant son rugby à lui, celui « où, à Clairefontaine avec le XV de France, le jeu était de saucissonner un mec avec de l'élasto sur un fauteuil Louis XV au milieu du parc, pas d'aller chercher de la dope » ; celui des minots du SU Agen, « le plaisir absolu », auxquels il transmet la science du coup de pied ; avec le XV fédéral, l'équipe de France amateur, que la FFR lui a confié depuis trois ans pour trois matches par saison – « une forme de rugby à l'ancienne, je m'y retrouve bien ». Pierre Montlaur boîte un peu bas, mais il marche.

Bernard Faure (s')explique

Il paraissait alors nécessaire d'en savoir un peu plus sur ce « programme révolutionnaire » mis au point par le préparateur physique Bernard Faure.

Marathonien de haut niveau – champion de France en 1982, record personnel de 2 h 12' 53" en 1983 –, Bernard Faure est un personnage plus connu pour avoir été le consultant athlétisme de France Télévisions pendant… vingt-sept ans (de 1987 à 2014) que pour son activité de préparateur physique. Il est apprécié pour ses paroles pondérées, son sens immédiat de l'analyse et sa connaissance panoramique des disciplines athlétiques, et son regard sur le sport est teinté de recul, de désenchantement parfois.

C'est à Brive qu'il a entamé sa deuxième carrière – celle de préparateur sportif – en 1995. S'il réfute l'idée d'avoir « révolutionné » quoi que ce soit, le natif de Dordogne reconnaît en toute humilité que les entraînements du CA Brive avaient besoin d'un important toilettage à son arrivée.

« Franchement, l'état dans lequel j'ai trouvé les joueurs était étonnant », se souvient-il. « Moi, je sortais de l'athlétisme et je débutais dans ce rôle. Et quand on commence, on est un peu dingue. Je suis allé très loin avec eux, ils en ont bavé, dégueulé même. Je n'étais pas très populaire ou très aimé car je leur faisais faire des exercices à leur corps défendant. Mais leurs résultats les ont convaincus. »

Bernard Faure explicite alors sa méthode : « Indépendamment de la force, de la vitesse et de la puissance, ce qui m'intéressait, c'était de savoir ce qui restait de cette puissance après une demi-heure de jeu, plutôt que leur record personnel sur développé-couché. Avant de parler VO2 max[1], la première chose à travailler avec eux était leur capacité à répéter les efforts. Quand des joueurs se repositionnaient en trottinant pour une remise en touche après une action explosive, ils produisaient des lactates au lieu de les recycler. Il fallait donc reculer leur seuil anaérobie[2], c'est-à-dire qu'ils viennent plus vite sur le point de jonction plutôt que de rester les mains sur les hanches. Il faut savoir qu'on ne sollicite l'organisme que si l'on est au-delà du seuil anaérobie. Ainsi, en élevant leur seuil de récupération, ils n'étaient jamais en état de fatigue et

1. Le VO2 max (volume d'oxygène maximal) est le débit maximum d'oxygène consommé lors d'un effort. Plus le VO2 max est élevé, plus le sportif est endurant. En athlétisme, on parle de VMA (vitesse maximale aérobie).

2. Le seuil anaérobie d'un individu est atteint quand l'intensité d'un exercice physique est telle que les besoins en énergie des muscles ne sont plus couverts par les molécules la produisant (ATP). Une partie de cette énergie nécessaire est alors fournie par le métabolisme dit anaérobie lactique. En s'accumulant dans les muscles, les lactates vont conduire à la fatigue.

pouvaient répéter à l'envi des actions explosives. À partir de la cinquantième minute, ils commençaient à dominer leurs adversaires. »

Si Bernard Faure concède que « c'était un petit peu nouveau à l'époque car ce n'était pas du tout dans les mentalités d'aborder le rugby de cette manière », il a exporté ensuite son « mode d'emploi » au CS Bourgoin-Jallieu, au côté de Laurent Seigne, puis en Angleterre avec le club de Gloucester, alors dirigé par Philippe Saint-André. Avec réussite : Bourgoin remporta la Conférence européenne en 1997, année de sa finale du championnat de France, et Gloucester conquit la Coupe d'Angleterre en 2002.

Pour autant, ce fondu de préparation n'est pas un adepte de ce qui se pratique aujourd'hui dans les clubs, au vu de ce qu'il sait et de ce qu'il voit : « Actuellement, en clubs, on travaille le foncier du joueur uniquement par des répétitions d'efforts anaérobie, comme si l'on considérait que le rugbyman était un coureur de 400 mètres. Le créneau actuel, c'est qu'il soit capable de répéter quatre ou cinq actions en une minute, pas de savoir s'il peut tenir quarante minutes de temps de jeu effectif à ce rythme. Aujourd'hui, un match du Top 14, ce sont trente à trente-cinq minutes de temps de jeu effectif, et donc quarante-cinq à cinquante minutes de non-jeu, collectivement parlant, sachant que les joueurs ne bougent pas tous en même temps. On se focalise sur les minutes actives et on considère que les minutes "passives" sont du temps de récupération. Or c'est le temps support qui va conditionner les temps de jeu suivants. Mais ce secteur de la préparation est bizarrement toujours délaissé. »

Si économe de ses mots quand il commentait l'athlétisme

(il avait notamment refusé de couvrir pour France Télévisions les Jeux olympiques de Pékin en 2008, en soutien à la cause tibétaine), Bernard Faure est intarissable quand il évoque son expérience. Un peu moins dès qu'on place le nom de Stoïcheff dans la conversation… « Ces rumeurs ont été dramatiques. Je pense qu'il y a eu des amalgames. Stoïcheff était un ami de Laurent Seigne. Il réalisait des bilans médicaux sur les joueurs mais sur une période très courte. J'ai un souvenir de deux mois. Stoïcheff a dû réaliser deux bilans sanguins en début d'année et on ne l'a plus revu. Cela a suffi à alimenter une rumeur, d'autant plus que les joueurs étaient performants. » En quelle année ? « Pas celle où ils ont été champions d'Europe. »

Concernant les rumeurs, Bernard Faure assure qu'il n'a « jamais rien vu d'illicite, ni produits ni rien d'autre » : « Moi, je sais très bien pourquoi les joueurs avançaient. Qu'on ait pu penser qu'en raison d'une organisation pour savoir si tout allait bien [*sic*]… je ne tombe pas là-dedans. Je l'aurais vu, je me serais barré. »

On évoque alors, non pas un système de dopage organisé, mais le fait que des joueurs rendaient régulièrement visite à Hervé Stoïcheff à son cabinet de Talence. Bernard Faure s'en étonne dans un premier temps : « Des joueurs allaient le voir ? Alors là, on rentre dans un autre domaine. Vous savez, beaucoup de médecins du sport exploitent tout ce qui est possible dans les limites de ce qui est autorisé. » On fait référence au docteur Bellocq, dont on dit que Stoïcheff partageait la même approche médicale basée sur le rééquilibrage hormonal : « Bellocq, on le sait, chargeait les mecs. Il leur filait des hormones, notamment. Stoïcheff, lui, s'il a aidé, ne l'a pas fait de manière illicite, même si l'on n'a pas à donner de produits, autorisés ou non, on n'est pas là pour ça. » On lui demande comment il peut en être sûr : « Des démarches individuelles ? Alors oui, peut-être que certains joueurs ont été le voir, mais pas tous ceux du club, j'en suis sûr. »

Effectivement, il n'y avait pas que des Brivistes pour rendre régulièrement visite au cabinet du docteur Stoïcheff. Le rayon d'action du médecin bordelais pouvait même se contenter de sa périphérie, puisque s'y trouve notamment le prestigieux Stade Bordelais UC[1], qui fusionna en 2006 avec le CA Béglais pour donner naissance à l'actuel Union Bordeaux Bègles, pensionnaire du Top 14. Deux témoins, dont l'un qui a exercé des responsabilités au sein du SBUC, se souviennent comme tant d'autres des virées de certains joueurs du club girondin. « Oui, on sait que Stoïcheff s'occupait de Brive mais aussi des joueurs de chez nous qui sont ensuite montés au Stade Français », déroule l'une des sources. Comme qui ? « Comme Serge Simon ou ses collègues de l'époque… Ils n'en faisaient pas mystère, ils en parlaient entre eux. » Mais comment prenait-il le fait qu'ils passent outre le personnel médical en place ? « Oh, vous savez, le référent médical d'un club n'est pas toujours celui par lequel on passe », sourit ce témoin. « Je sais toutefois qu'ils allaient faire leur rééquilibrage [hormonal] chez Stoïcheff. » Bernard Laporte, alors l'entraîneur, était-il au courant ? « Au courant ? C'est souvent lui qui leur disait

1. Appelé aussi SBUC : sept fois champion de France (de 1899 à 1911), cinq fois finaliste (de 1900 à 1910).

d'aller prendre des "vitamines" chez Stoïcheff quand ils étaient patraques ou blessés. Leurs visites étaient occasionnelles. Et puis, ils essayaient toutes sortes de technique : des mages, des trucs avec des tortues... Ils ont tout fait. Ils utilisaient des produits comme vous prenez des vitamines mais, attention, ce n'était pas des dopés au sens où on l'entend. Ni du lourd ni de l'institutionnel. Parce qu'il faut savoir qu'à cette époque l'antidopage n'existait pour ainsi dire pas. Je n'ai jamais vu de médecin contrôleur à la sortie d'un match du SBUC. Tenez, pour les quelques contrôles antidopage qui passaient par le biais du comité [territorial de Côte d'Argent], nous recevions la convocation de leur passage un mois avant. » Bigre...

En bon marathonien, Bernard Faure a pris ses distances avec la préparation physique de haut niveau telle qu'on la pratique désormais. Il gère des stages de remise en forme et de course à pied dans la vallée de l'Auvézère. Sa philosophie engagée épouse de moins en moins les diktats imposés par les paroxysmes d'un sport poussé à ses extrêmes. « La vie d'un athlète n'est pas ce que l'on croit », rappelle-t-il. « Pour être performant, il faut un cœur d'aventurier dans une vie de fonctionnaire. Tu manges, tu dors, tu t'entraînes. Avant, on demandait aux sportifs de donner le meilleur d'eux-mêmes. Aujourd'hui, on leur demande d'être meilleurs que les autres. Ce qui a conduit à la mise en place de stratégies et de processus peu dignes du sport. Parce qu'on ne peut plus dissocier le dopage du reste. »

Stoïcheff de meute

La question centrale reste donc en suspens : quelle part attribuer à Hervé Stoïcheff dans la réussite du club de Brive des années 1995-1997 ? Oui, pendant trois ans – et non pendant deux mois, comme le pense Bernard Faure. En juillet 1996, interrogé par le magazine *Science et avenir* sur le thème de la préparation sportive poussée à son extrême, Hervé Stoïcheff avait répondu à sa manière, alors qu'il suivait le CA Brive à la parution de l'article : « L'entraînement pour un athlète "naturel" représente 20 % de la performance, la prédisposition génétique 20 %, l'hygiène de vie 10 %, et le mental 50 %. » Et en abordant ce mental comme un pare-feu face à la tentation du dopage, le médecin se fit plus explicite : « L'évolution est logique. Dans un premier temps, l'athlète va chercher des produits pour supporter l'entraînement. Il va utiliser, par exemple, des stéroïdes anabolisants, associés à un régime hyperprotidique. Il pourra alors soulever des masses plus lourdes et ainsi accroître sa puissance musculaire. Grâce à cette modification biologique, il progressera de nouveau. »

Au milieu des années 1990, à l'époque où le cyclisme italien dominait outrageusement les classiques internationales avant que ses leaders tombent un par un pour prise d'EPO[1], Stoïcheff n'y voyait que professionnalisme pointu[2].

1. L'érythropoïétine est une hormone qui stimule notamment la production de globules rouges dans le sang.

2. « Il est évident que la réussite des Italiens, ce n'est pas l'EPO, mais une meilleure organisation à tous les échelons. » (*L'Humanité*, 15 juillet 1995.)

Interdit d'exercer pendant un an, en 2000, par le conseil régional de l'Ordre des médecins d'Aquitaine suite aux trop nombreuses prescriptions médicales administrées à des joueurs du CA Brive – abus relevés par la caisse d'assurance maladie de la Corrèze –, cet ancien handballeur de haut niveau fut par ailleurs mis en examen et renvoyé en 2003 devant le tribunal correctionnel de Perpignan avec vingt-cinq cyclistes, athlètes, médecins et pharmaciens dans ce qui fut appelé « l'affaire de Perpignan[1] ».

Durant le procès, un cycliste, Jérôme Laveur-Pedoux, l'avait accusé à deux reprises de l'avoir préparé aux corticoïdes et à l'EPO pour les championnats de France sur piste à Bordeaux[2]. Réponse de Stoïcheff au tribunal : « [Si j'ai parlé au coureur de dopage], c'est pour le prévenir de ses dangers[3]. » Selon l'ordonnance de renvoi devant le tribunal correctionnel du 27 août 2002, Hervé Stoïcheff était accusé d'« avoir, de 1997 à 2000, cédé, administré, incité ou facilité l'utilisation de substances ou procédés de nature à modifier artificiellement les capacités des sportifs à l'occasion de compétitions sportives, en l'espèce de l'EPO et des corticoïdes. » Mais Hervé Stoïcheff fut relaxé, faute de preuves.

Hervé Stoïcheff fait également penser à l'un de ses confrères espagnols, Nicolás Terrados, médecin de l'équipe cycliste espagnole ONCE qui, au cours de son audition lors du procès dit Festina en novembre 2000, déclara sous

1. Un trafic de pots belges et de produits dopants démantelé en 2000.
2. *Le Monde*, 10 octobre 2002.
3. *Libération*, 14 mai 2003.

serment qu'il avait appris l'existence de l'hormone de croissance « en lisant *Air France Madame* » dans l'avion qui le menait au tribunal de Lille ! En effet, lors de ce procès de « l'affaire de Perpignan », Stoïcheff assura : « Je ne connaissais pas sa réputation [celle de François Bellocq] quand j'ai repris le cabinet. »

Hervé Stoïcheff était manifestement mal informé sur les trente dernières années de son prédécesseur. François Bellocq fut tour à tour médecin de l'équipe cycliste Peugeot de 1974 à 1979 – qui ne fut pas épargnée par des faits de dopage –, médecin de l'équipe Z-Peugeot et de Gan de 1987 à 1993 (poste auquel... Stoïcheff lui succéda)[1]. Auteur d'une thèse sur le rééquilibrage hormonal en 1976 dans laquelle il préconise l'administration d'anabolisants et de corticoïdes à faible dose, confondu pour avoir prescrit entre autres de la cortisone et des anabolisants à des coureurs pendant l'affaire du courrier de Dax[2], il publia en 1991 un ouvrage intitulé *Sport et dopage* où il justifie sa conception du rééquilibrage hormonal...

Hervé Stoïcheff avait donc eu bien des occasions de connaître la réputation du docteur Bellocq, décédé en 1993 d'une crise cardiaque à l'âge de 47 ans.

1. Hervé Stoïcheff reprit la fonction de médecin d'équipe de Gan en cours de saison, avant de poursuivre son activité avec la formation qui deviendra Crédit Agricole, jusqu'en décembre 2002.

2. Une rocambolesque affaire de dopage au sein de l'équipe cycliste Peugeot, confondue par un médecin lors de la course de l'Étoile des Espoirs en octobre 1976, au terme de laquelle il fut prouvé que François Bellocq avait subtilisé des ordonnances (prescrivant cortisone, anabolisants...), avec pour en-tête le nom de... son père, médecin.

Stoïcheff répond

Au regard des suspicions et spéculations nombreuses qui entourent la personne et la pratique d'Hervé Stoïcheff dans les pages qui précèdent, nous étions impatients d'avoir son point de vue. Notre échange téléphonique a eu lieu le 13 janvier 2015. Une conversation musclée d'une cinquantaine de minutes. Nous avons strictement respecté les mots et la syntaxe de l'intéressé, mais simplement, pour favoriser la lecture, découpé ses propos par thèmes, nous autorisant également à couper les répétitions.

Sur ses liens, autrefois, avec le CA Brive et des joueurs du Stade Français :

« Je n'ai pas du tout envie qu'on revienne sur ce que j'ai fait avant. Cela ne représenterait d'abord aucun intérêt. Brive faisait son bout de chemin, ça n'a pas duré très longtemps. Il faisait comme les autres sauf qu'il y avait des grands joueurs, donc il gagnait. Je ne veux surtout pas qu'on fasse du copier-coller entre ce qui faisait évoluer le sport il y a dix, douze ans et ce qui le fait évoluer aujourd'hui. Pas de retour, pas de flash-back, sûrement pas. Ça serait très mal apprécié par mes avocats. Il faut que vous fassiez attention parce que, douze ans après, ce serait considéré comme de l'acharnement et ce serait terrible en termes de droit. »

Sur sa pratique médicale de l'époque :

« Elle était basée sur les vitamines, et c'est tout. Ça a toujours été le cas. C'est pour ça que je n'ai jamais eu de problème de quoi que ce soit. Et encore, je ne prescrivais pas des vitamines à tour de bras. Quand un sportif fait du haut niveau, il y a des vitamines, des compléments nutritionnels à donner. C'est ce que je faisais à la lettre, point. »

Sur le rééquilibrage hormonal :

« Je n'ai jamais été condamné parce que je n'ai pas œuvré dans ce domaine-là. Si vous abordez ce sujet en m'y impliquant parce que c'est ce qui se disait par supputations il y a douze, treize ans, je serai terrible. Si vous voulez détruire des carrières, cher Monsieur, je vais m'occuper de la vôtre [...]. Le rééquilibrage hormonal, je ne l'ai jamais prôné. J'étais contre. Ça a été clair, classé, reconnu. J'ai toujours dit que c'était de la connerie, même si d'autres médecins l'ont dit avant moi. Qui sont ceux qui le font encore ? je l'ignore. Le fait d'avoir pris la succession du cabinet de feu docteur Bellocq a provoqué un jeu de rôle qui m'a été attribué et contre lequel je ne pouvais me défendre. »

Sur les accusations dont il fut l'objet :

« Ce sont des ragots. Ça l'a toujours été. Les rumeurs servent toujours quelqu'un, celui qui veut nuire à un autre. Beaucoup ont été frustrés que je prenne la suite du docteur Bellocq, avec lequel je ne partageais pas ma conception du métier de médecin du sport. En France, un jeune et très bon médecin qui s'occupe d'équipes cyclistes professionnelles, d'équipes de rugby, ça génère des jalousies. Peut-être même des rancœurs qui renvoient au docteur Bellocq. Le discrédit est monnaie courante et j'ai été discrédité par mes pairs. J'ai l'impression que vous êtes naïf. C'est la raison pour laquelle des médecins comme moi ont changé de cadre d'exercice pour ne plus se frotter à ce genre de ragots et de conneries car j'ai des malades à soigner. Pour ce qui est des diffamations orientées et signées, je les ai attaquées: *Le Monde, Libération…* »

Sur sa condamnation par le conseil régional de l'Ordre des médecins:

« Mais vous êtes préhistorique, Monsieur ! Il y a douze ans de cela ! Il y a des choses cent fois plus intéressantes et sûrement cent fois plus graves dans le sport que ces problèmes-là. C'est quoi, votre sujet ? C'est quelque chose de sérieux ? […] On n'était pas dans le dopage, on était dans rien. C'est circonstancié à l'époque: parce qu'on ne voulait pas rembourser ce genre de traitement médicamenteux vitaminique à des sportifs. Il faut faire attention aux amalgames. Vous n'avez pas à en reparler douze ans plus tard [en fait, quinze]. Ça serait du réchauffé sans importance. Ça serait assimilé à du harcèlement. Vous parlez d'un rugby qui évolue bizarrement, ce n'était pas le cas à l'époque […]. Tous les jours, vous avez des plaintes déposées auprès de l'Ordre des médecins en rapport avec le remboursement par la sécurité sociale de certaines thérapeutiques. Est-ce que vous connaissez la réglementation de remboursement des médicaments en France ? Vous la connaissez ? C'est purement de la gestion comptable. Est-ce que vous croyez que ça peut intéresser quelqu'un ? Ce problème est secondaire et personnel. Il ne concerne en rien un sujet général sur le sport, ou alors pour sortir des rubriques de potins […]. Qu'un médecin ait été critiqué par la sécurité sociale parce qu'il prescrivait des vitamines qu'elle ne remboursait pas parce que c'était hors AMM [autorisation de mise sur le marché], ça intéresse quelqu'un ? C'est pour cela que le Conseil m'avait effectivement mis une plainte. Ce que je faisais, tous les médecins le font : prescrire des vitamines, sauf qu'ils ne les font pas rembourser par la sécurité sociale. Si j'avais prescrit des produits dopants, c'eut été une radiation, une condamnation ! Mais que vous reveniez dix-sept ans après une plainte parce qu'une espèce de… une personne de la sécu rechignait à rembourser des bilans sanguins et des compléments vitaminés à des sportifs… »

Sur son implication dans l'affaire de Perpignan en 2000 :

« Vous croyez en notre justice ? J'ai été malencontreusement impliqué dans cette affaire sur une pure diffamation. Un seul médecin a été totalement blanchi dans l'affaire : moi-même. Ce cycliste qui a bavé sur moi, probablement sous la pression des juges, et qui a finalement dit que ça concernait un autre médecin…. J'ai été relaxé, il n'y a pas eu d'appel, rien. Si ça revient, attention à l'amalgame alors que les choses ont été claires ! Des types comme vous sont très dangereux. Si vous revenez là-dessus quinze ans après, je serai là aussi terrible. Mon intégrité n'a jamais été remise en question. »

Sur son départ du milieu du sport :

« Ça fait douze ans que je ne suis plus dans le sport. Je n'ai jamais eu besoin de mes activités médicales dans le sport pour exister. Vous savez que l'avantage d'un médecin compétent est d'avoir plusieurs cordes à son arc. J'ai arrêté la médecine du sport compte tenu de l'évolution qui ne correspondait pas au sport tel que je l'imagine, moi, ancien sportif de haut niveau. Moi, ce qui me caractérise, c'est mon éthique et mes compétences [...]. À un moment donné, un scientifique comme moi avait autre chose à faire que de rester dans un milieu où c'est le dernier qui parle qui a raison, où se répandent des aberrations, voire des diffamations. Un domaine d'amateurisme complet dans lequel on parvenait pourtant à faire du sport de haut niveau. »

Sur l'évolution du rugby :

« Je regarde le rugby à la télévision. Il faut le replacer dans son époque. Les joueurs vivent désormais dans un contexte professionnel avec des soins permanents. Certes, ils se blessent plus qu'autrefois, mais les clubs sont dotés d'effectifs plus importants et les joueurs n'effectuent plus de saison complète. C'est le prix à payer pour un sport si dur. Comme ils s'entraînent beaucoup plus, ils se blessent davantage, de manière plus sévère et durable. Est-ce un risque pour leur santé ? C'est évident qu'au vu des traumatologies sévères on augmente le préjudice. C'est un choix qui leur appartient. »

Sur le dopage dans le rugby :

« De tout temps, les sportifs savent que la molécule des anabolisants optimise artificiellement leurs performances et les pousse à la blessure. Les anabolisants ont été détournés de leur usage initial. Est-ce que c'est toujours le cas ? Je l'ignore. Quand j'ai évoqué cette problématique en 1997 [dans les colonnes de *Science et avenir*], je ne faisais que reprendre les lectures scientifiques de l'époque. Aujourd'hui, quand on voit les heures consacrées à l'entraînement, les énormes séances de physique, les qualités de prise en charge, les connaissances de la bio-nutrition, les systèmes de récupération... Avec de telles conditions d'environnement, je doute qu'il y ait du dopage dans le rugby. Le suivi longitudinal dit beaucoup de choses. Avec les moyens licites et scientifiques mis en place, peut-on passer à travers les mailles du filet ? J'aurais tendance à vous dire que ce n'est pas possible. »

Il importe de signaler pour finir qu'Hervé Stoïcheff ne compte d'ailleurs pas que des détracteurs. Au téléphone, Roger Legeay, qui fut le manager de l'équipe cycliste du Crédit Agricole (1998-2008), pour laquelle le médecin bordelais travailla, est sans ambiguïté : « Chez nous, il était droit comme un I. Certes, je n'étais pas dans son dos en permanence mais son travail était nickel. Je n'ai jamais eu de retour négatif à son sujet. Il n'était pas dans le rééquilibrage hormonal ou dans tout autre protocole douteux [...]. À l'extérieur, il se passait des choses, mais on faisait partie des équipes où on ne touchait pas à ça [...]. Quand il avait été chahuté suite à des suspicions par rapport à ce qu'il faisait dans le rugby, j'ai voulu le mettre en réserve pour qu'il gère cette affaire. Mais il a refusé tout net et a préféré partir. Sa défense était qu'il n'avait rien à se reprocher. Accepter une pause eut été un aveu de culpabilité à ses yeux. »

Amphétamines, corticoïdes, stéroïdes, anabolisants, et même EPO... Pierre Berbizier, honnête mais emprunté,

Jean-Pierre Elissalde, franco de port mais isolé, Christian Bagate, offensif mais secret, Pierre Montlaur désenchanté, Bernard Faure dubitatif, Hervé Stoïcheff remonté comme un coucou… À ce stade, il fallait donc trouver un témoin capable d'aborder sereinement le dopage avant l'ère du professionnalisme ; capable donc de couvrir pratiquement un demi-siècle de rugby après guerre ; quelqu'un d'irréfutable, de crédible au vu de son activité en interne, de ses compétences, de ses qualités, de sa réputation.

CHAPITRE IV

Les confessions d'un médecin des Bleus

« Lui, c'est Grizou, mon chien de garde. » Au pied de la grille bleue qui ouvre sur son domaine arboré au pied de l'église, Jacques Mombet n'est pas seul à recevoir le visiteur. En fait de chien, Grizou est l'un des matous du lieu. Ils sont une vingtaine à lézarder dans la propriété – « un ancien corps de ferme où habitaient mes arrière-grands-parents au milieu du XIXe siècle ». Sous un ciel d'été qui transpire la sérénité, on pourrait se croire au royaume de Siam, ou bien chez Colette, Léautaud, Zola ou Maupassant.

Jacques Mombet vit depuis une dizaine d'années avec son épouse dans cette imposante bastide familiale, au cœur d'un minuscule village du Lot, entouré des vignes des vins de Cahors, à peine troublé par des touristes égarés. Les murs de la bâtisse sont hauts et épais, les tentures pourpres repoussent la chaleur et un filet de musique classique s'échappe de l'étage. Notre hôte nous désigne un fauteuil, le sien, du temps où il consultait, mais il reste en prise avec son temps à en juger par le matériel informatique aligné dans sa salle à manger, comme sa présence sur Facebook et sur d'autres réseaux sociaux.

À 84 ans, Jacques Mombet a traversé toutes les époques,

toutes les générations, tous les rugby depuis l'après-guerre. Il vous racontera aussi bien « Pierrot » Lacroix, capitaine courage du XV de France des années 1950, que les principes du centre de formation du Racing Métro 92 que son fils Christophe supervise aujourd'hui ; il vous ramènera à ses années folles quand il était inscrit « Amenez du pain et un litre de vin » sur la toute première convocation de Michel Celaya pour jouer l'Angleterre à Twickenham lors du Tournoi des V Nations de 1953 ; ou bien encore ces épopées de grognards, comme celle du deuxième ligne agenais Louis Echavé qui termina le match contre l'Écosse « avec les os de l'avant-bras pétés » en 1961 ; ou bien encore Pierre Lacroix jouant un match de championnat avec une fracture du péroné. « Ils vivaient en permanence avec la douleur mais savaient se montrer pourtant raisonnables », sourit-il. « Je me souviens du dénommé Ara, trois-quart centre de Bagnères dans les années 1970, qui avait subi trois K.-O. successifs sur trois dimanches de rang. Je lui avais alors recommandé d'arrêter de jouer, ça devenait dangereux. Il a aussitôt rangé ses crampons alors qu'il était aux portes de l'équipe de France. »

Jacques Mombet a été le médecin de l'âge d'or du SU Agen de 1960 à 1975, puis celui du XV de France pendant vingt ans, en alternance avec son confrère Jean Pène, de 1975 à 1995 ; puis il est devenu président de la commission médicale de la FFR jusqu'à la fin des années 1990 ; et il reste toujours un membre actif du comité d'experts de l'AFLD. Alors, l'évolution, les bouleversements, il les a vécus de l'intérieur, comme un témoin permanent qui restitue des scènes en partie vécues, comme un médecin qui pose son stéthoscope sur la poitrine d'un patient pour écouter les battements d'un cœur qui s'emballe.

Lorsque Pierre Lacroix, triple champion de France avec le SU Agen, le présente à Albert Ferrasse, autre Agenais qui préside alors la FFR, Jacques Mombet va cesser d'être seulement le médecin d'une clinique mutualiste de la porte de Choisy à Paris. « J'ai commencé avec l'équipe de France des moins de 19 ans pour un tour du monde que je ne soupçonnais pas », commence-t-il. La même année en effet, il est appelé à accompagner l'équipe de France A pour une tournée en Afrique du Sud, la cinquième expédition des Bleus dans le pays des Springboks et de l'apartheid. « Jean Pène était indisponible, je l'ai remplacé au pied levé, et c'est comme ça qu'on a commencé à suivre le XV de France simultanément. À l'époque, le médecin s'occupait de tout. Si un kinésithérapeute était aussi du voyage, ce qui n'était pas le cas des autres équipes de France, on faisait avec les moyens du bord. Dans ma trousse, l'essentiel de mes produits provenait de la clinique qui m'employait. J'étais sûr au moins qu'ils étaient stérilisés. Comme le frère de la directrice était alors un dirigeant de Brive, elle me laissait partir à tout bout de champ. »

Le XV de France sous amphétamines pendant quinze ans !

Ancien joueur lui-même – avant qu'une chute sur un terrain caillouteux ne lui brise le sternum –, Jacques Mombet vit « comme dans un rêve » les déplacements au long cours, les soirées avec les joueurs, le monde à portée de bras. Il n'en reste pas moins lucide sur les premières pratiques... « Les amphétamines ont toujours existé dans le rugby et ailleurs. Dans les années 1970, des équipes entières en prenaient, d'autres non. Je me souviens d'un match de championnat, entre Fleurance et Marmande je crois, au cours duquel l'arbitre a pris peur ! Les joueurs avaient tous la bave aux lèvres, ils se mettaient des marrons même entre équipiers ! Il a dû arrêter le match. »

Quand on lui fait savoir que les amphétamines étaient déjà interdites[1], Jacques Mombet est un tantinet gêné : « Non, ce n'était pas interdit. En tous les cas, on en trouvait partout, ce n'était pas difficile de mettre la main dessus. Enfin, il faut se remémorer le contexte : dans ces années-là, les amphétamines étaient en vente libre, on pouvait s'en procurer sans ordonnance dans une pharmacie. Moi-même, quand j'étais étudiant, j'en prenais ponctuellement. Disons qu'il n'y avait pas de liste [de produits interdits] et... pas de contrôle non plus. Vous savez, à cette période, le sport était loin d'être le même : pas d'agence antidopage, pas de prévention. C'était comme ça, à l'époque... »

La discussion avec Jacques Mombet prend alors une autre tournure : « Et au niveau du XV de France ?

– Comme c'était généralisé, je l'ai vu également en équipe de France. Ils avaient chacun leur pilule devant leur assiette

1. Les amphétamines, qui agissent sur le système nerveux central, figurent parmi les produits interdits de la première loi antidopage de 1965... avant que leur usage soit proscrit pour l'ensemble de la société civile en 1971. Toutefois, depuis la rédaction du Code mondial antidopage de 2004, ces psychotropes, qui réduisent entre autres la sensation de fatigue et accroissent la concentration et la confiance en soi, sont uniquement interdits en période de compétition.

lors du repas d'avant-match. C'était comme ça à tous les matches. Du Captagon surtout, du Maxiton parfois…

– À tous les matches ?

– C'était systématique.

– Tous prenaient des amphétamines ?

– Ils étaient libres d'en prendre ou pas.

– Même les Blanco, Sella, Berbizier, que vous tenez en haute estime… ?

– Non, pas eux. Ou alors, c'était très exceptionnel. Mais rappelez-vous ce que je disais sur la banalisation des amphétamines à l'époque.

– Très exceptionnel, ça veut dire quoi ?

– En fait, ça dépendait des matches et de leurs circonstances. Si la rencontre était importante, s'il y avait une revanche à prendre… C'était surtout les avants qui étaient concernés en raison du combat qui les attendait dans les mêlées, moins les lignes arrière.

– Avez-vous un match précis en tête ?

– Oui, celui où cela s'est vu le plus. Vous vous souvenez peut-être du France-Nouvelle-Zélande de Nantes, en 1986. Les Blacks venaient de nous dominer une semaine plus tôt à Toulouse et, là, ils se prennent une rouste[1]. Le pompier Lorieux[2] courait toujours alors que le match était fini…

– Mais qui leur donnait ?

– Eh bien, le docteur…

– Donc… vous-même ?

1. Le XV de France, qui s'était incliné 19-7 face aux All Blacks le 8 novembre 1986 à Toulouse, s'était imposé 16-3 une semaine plus tard à Nantes.

2. Alain Lorieux, deuxième ligne, était pompier de son état.

– Non, l'autre[1]. Moi, je leur disais qu'ils n'en auraient pas avec moi ; je leur interdisais.

– Et pourquoi n'en donniez-vous pas, puisque c'était généralisé ?

– Ce n'était pas dans ma nature. On peut parler de principe, je crois.

– Mais pourquoi étiez-vous présent ? Vous nous avez dit que l'équipe de France n'était suivie que par un seul médecin, quel qu'il soit ?

– Pène était en charge du XV de France ce jour-là, mais j'étais présent parce que je m'occupais alors de l'équipe de France B, qui jouait souvent la veille au même endroit face à l'équipe B du même pays.

– Mais comment…

– C'est à partir de ce match-là que les choses ont évolué. Les Blacks se sont rendu compte que leurs adversaires, méconnaissables par rapport à la semaine précédente, étaient chargés[2]. Ils ont alors porté discrètement l'affaire devant le Board [l'IRB], qui a averti le ministère des Sports, lequel a mis au courant la fédération [française]. Je crois que c'est

1. Le docteur Jean Pène l'a lui-même reconnu : « Je n'en ai jamais donné [du Captagon] en dose suffisante pour que cela soit considéré comme du dopage » (*Midi Olympique*, 15 janvier 2001). En dose suffisante ? Le joueur prenait-il son couteau pour couper le comprimé en deux ou en quatre ? Le docteur Pène est décédé en 2003 à l'âge de 76 ans.

2. Dans « la bible du rugby », Henri Garcia relate le match en ces termes : « Miracle du rugby, cette équipe [de France] apparaît transfigurée […] après l'humiliation toulousaine […], les avants français, terriblement remontés, imposent le combat avec une incroyable agressivité […]. La défaite 3-16 est le minimum syndical pour les Blacks alors qu'ils pouvaient céder de cinquante points. » (*La Fabuleuse Histoire du rugby*, Paris, La Martinière, 2011.)

ensuite que l'interdiction des amphétamines a été activée dans le rugby. D'ailleurs, c'est l'époque où les premiers contrôles antidopage sont arrivés autour de l'équipe de France, et aussi plus régulièrement dans les clubs. Ça s'est arrêté peu après[1].

– Si cette plainte a été transmise à la fédération française, ça signifie que ses dirigeants savaient qu'il y avait un recours aux amphétamines ?

– Oui, bien sûr. Tout le monde le savait depuis longtemps.

– Même Albert Ferrasse, alors président de la FFR, était au courant ?

– Oui, il était au courant. Mais il faisait entièrement confiance à Pène, avec qui il était très ami.

– Pour délivrer des amphétamines ?

– Vous savez, je me répète mais, à l'époque, on n'avait pas la même approche que maintenant. Et puis la confiance, ça voulait dire aussi fermer les yeux.

– Mais vos "principes" ne vous ont jamais poussé à discuter avec le docteur Pène de cette pratique ?

– Si, bien sûr, même si on ne se voyait pas souvent, sauf quand les équipes A et B jouaient au même endroit. On se croisait plus qu'autre chose. Mais, comme je vous l'ai dit, il n'y avait pas de contrôle. Le Board, qui en avait la responsabilité à l'époque, n'en diligentait pas.

– Mais les amphétamines étaient interdites depuis 1965 !

– Oui, sûrement. Mais on ne voyait pas les choses comme ça.

1. De nombreux témoignages – notamment ceux de Serge Simon, Jean-Pierre Elissalde, Bernard Laporte – affirmeront le contraire…

– Mais comment pouvez-vous être sûr que la distribution d'amphétamines était systématique ?

– Parce que je l'ai vu personnellement à plusieurs reprises ; et puis les joueurs m'en parlaient.

– C'était systématique, dites-vous. Mais depuis quand ?

– Pène a été le tout premier médecin à accompagner l'équipe de France partout où elle allait jouer. Cela remonte un peu avant 1970.

– Ce qui sous-entend que, du début des années 1970 à 1985 au mieux, la distribution d'amphétamines auprès des joueurs du XV de France était permanente…

– Bien sûr, bien sûr. Je me souviens d'un joueur remplaçant, du temps où Michel Celaya était l'entraîneur du XV de France[1], qui, au lieu de descendre les marches d'escalier pour rejoindre le couloir donnant accès à la pelouse, a sauté directement des tribunes. Un saut de cinq, six mètres ! Il était complètement allumé. Mais, après le match de Nantes [en 1985], je crois que ça s'est arrêté. D'ailleurs, Pène commençait à décliner, il était malade. La dernière fois que je l'ai vu en poste, c'était avec l'équipe des Barbarians au Parc des Princes, peu avant 1990.

– Quand la distribution d'amphétamines avait-elle lieu ?

– À 11 heures, avant le déjeuner, puisqu'à l'époque les matches se disputaient l'après-midi.

– À 11 heures, ce n'était pas trop tôt ?

– Non. Les effets commencent environ une heure après l'ingestion et ils durent plusieurs heures.

1. Michel Celaya a été joueur (cinquante sélections) et capitaine (douze fois) du XV de France entre 1953 et 1961. Le Biarrot fut l'entraîneur du XV de France de 1969 à 1973 et sélectionneur de 1969 à 1985.

– Qui peut corroborer vos dires ?

– Ceux qui en ont pris ne vont rien dire et ceux qui n'en ont pas ou peu pris ne vont rien dire non plus parce qu'ils seraient alors en porte-à-faux. Mettez-vous à leur place… Je crois que c'est illusoire de leur poser la question. »

Une liasse d'ordonnances pour les Springboks

La pendule qui trône sur la cheminée vient de sonner dix-sept heures. Jacques Mombet réajuste le bas de son pantalon, marque une pause comme pour évacuer un malaise.

On se souvient alors des propos du docteur Hubert Vidalin, longtemps médecin de l'ASM Clermont Auvergne, qui nous déclara avoir vu de ses propres yeux un emblématique capitaine du XV de France des années 1980 prendre « six Captagon de rang » ; ou de cet autre médecin ayant gravité dans les sphères du XV de France évoquer « les élus [de la fédération] qui parlaient des amphétamines entre eux quand ils avaient un coup dans le nez… ».

Le docteur Mombet reconnaît que la mise en place du professionnalisme dès 1995 n'a fait qu'accélérer la mécanique de la conduite dopante, avec notamment l'arrivée de joueurs étrangers provenant en bonne part de l'hémisphère sud, plus particulièrement d'Afrique du Sud. Il revient alors sur un fait marquant que les rumeurs ont propagé – et déformé –, à savoir la déroute concédée lors du test-match France-Afrique du Sud du 22 novembre 1997 à Paris[1], soit le dernier match des Bleus disputé au Parc des Princes

1. Défaite 52-10 (sept essais à un).

avant l'ère du Stade de France à Saint-Denis : « Ce jour-là, je n'étais pas le médecin du XV de France mais j'officiais en tant que responsable de la commission médicale de la fédération. Dans les heures qui précédaient la rencontre, il était question de contrôles antidopage et cette indiscrétion était revenue aux oreilles du staff sud-africain. Une heure environ avant le coup d'envoi, leur médecin m'accoste dans les couloirs des vestiaires. Il sort alors de sa mallette une liasse de papiers. C'était des ordonnances motivées. Il y en avait une grosse dizaine. À l'époque, les AUT[1] n'existaient pas encore et les médecins pouvaient alors prescrire ces ordonnances motivées pour authentifier le recours à des produits interdits. Bon, quand il m'a remis ce paquet, je nc vous cache pas avoir un peu tiqué. Qu'on en présente une ou deux, soit, mais une douzaine[2], il y avait quelque chose qui clochait… Je crois bien que c'est le jour où on m'en a remis le plus ! »

Et quelles étaient les justifications principales évoquées par ces ordonnances ? « Un peu de tout », lance Jacques Mombet tout en dessinant un cercle dans l'air tiède. « Les séquelles d'un traumatisme à un genou pour l'un, une cheville pour l'autre… C'était surtout pour justifier la prise de corticoïdes et de Ventoline[3]. »

1. Les autorisations d'usage à des fins thérapeutiques ont été créées en 2000 par le Conseil de prévention et de lutte contre le dopage, ancêtre de l'AFLD. Il s'agit d'une autorisation accordée par une organisation antidopage à un sportif présentant un dossier médical documenté lui permettant d'utiliser une substance ou méthode normalement interdite.

2. D'autres témoignages ont évoqué quatorze ordonnances motivées pour dix-sept joueurs sud-africains au total.

3. La Ventoline est l'un des noms commerciaux du salbutamol, un

Si l'anecdote retient qu'il… n'y eut finalement pas de contrôles antidopage en cette soirée de novembre, la diffusion de ces pratiques fut telle qu'elle alerta les institutions sportives. L'année suivante, en sa qualité de président de la commission médicale de la FFR, Jacques Mombet rédigea un rapport sur l'usage de la créatine, alors interdite en France, à destination des joueurs : « On recevait des alertes de la part des médecins de clubs. Des joueurs la faisaient venir par Internet et, en plus, elle n'était pas pure. Certains sachets contenaient des amphétamines. Il fallait prévenir les joueurs, d'autant plus que la créatine, utilisée seule, ne sert à rien et que 90 % sont éliminés dans les selles. Pour autant, ça restait une conduite dopante. »

Injections de corticos à gogo !

Une conduite que le recours aux corticoïdes et au salbutamol amplifia à une tout autre échelle. « La ventoline a été à la mode pendant un long moment chez les professionnels », admet Jacques Mombet. « Des joueurs avaient même un flacon avec eux en permanence et ils le glissaient dans l'une de leurs chaussettes ! Cette habitude provenait des skieurs de fond, mais au moins ceux-là avaient-ils l'alibi du froid et de l'altitude ! Quant aux corticoïdes, ils sont apparus dans le monde du rugby au début des années 1990 et le summum se

bêta-stimulant destiné à traiter l'asthme. En l'absorbant, les sportifs cherchent à améliorer leur fonction respiratoire. Elle est interdite en permanence (et hors compétition) sauf lorsqu'elle est utilisée par voie inhalée (un seuil a toutefois été établi). Utilisée principalement de cette façon, elle permet aussi de masquer la prise d'amphétamine.

situe dans les années 2000. On commençait déjà à aller au plus pressé car les corticoïdes favorisent la cicatrisation et la récupération. À l'époque, il n'y avait toujours pas d'AUT et les médecins de club envoyaient à la fédération leurs ordonnances motivées. C'est moi qui gérais ce dossier et, là, je peux vous dire que c'était du grand n'importe quoi ! Pour un oui, pour un non, les médecins des clubs professionnels prescrivaient des injections de "corticos" en veux-tu, en voilà ! C'était affolant ! Je me souviens particulièrement de deux d'entre eux, toujours en activité et qui déconnaient vraiment. Il y a cinq ou six ans, ils les utilisaient pour pratiquement tous les joueurs. Je crois qu'ils étaient dépassés par les événements, qu'ils étaient sous le joug d'un staff ou d'un président très… très pressant. Heureusement, ils ont stoppé le recours à ces injections parce que ce n'était plus possible de valider des dizaines et des dizaines de dérogations. Avec des AUT qui sont obligatoires, même lors des fenêtres hors compétition, ça devient plus compliqué. »

Que pense-t-il alors des affirmations de Laurent Bénézech, persuadé d'avoir reçu des injections de cortisone à son insu, notamment lors de la Coupe du monde de 1995, pratiquées par le médecin du XV de France de l'époque, Marc Bichon ? « À son insu ? Il n'était pas très curieux alors… Quand on vous administre une piqûre, on demande ce qu'il y a à l'intérieur de la seringue, non ? J'aime bien Bénézech, mais je crois qu'il est allé trop loin en estimant que tout le rugby était ou est sous l'emprise du dopage, ou de la surmédicalisation, comme il dit. » Mais les certitudes de l'ancien pilier international lui semblent-elles plausibles ? « Je ne sais pas… Si les injections étaient justifiées, oui. Vous savez, je ne connaissais pas bien mon successeur [Marc Bichon]. Je savais qu'il venait de l'Olympique de Marseille, mais on n'a jamais eu d'atomes crochus. »

Quid alors des contrôles antidopage ? « Les contrôles ? » répète-t-il en haussant les épaules. « Ils étaient exceptionnels. Ils sont devenus plus réguliers à partir de la création du CPLD [Conseil de prévention et de lutte contre le dopage] en 1999. On désignait deux joueurs par équipe. Et puis réguliers, ça ne veut pas dire non plus légion… »

La musique s'est tue à l'étage. La lumière du jour décline doucement sur la campagne environnante. Le rugby de Jacques Mombet ne s'est pas arrêté là, bien au contraire. Notre grand témoin a vécu dans l'ombre des exploits, des rires et des fêtes. Il a connu de manière plus tangible l'épisode Pieter de Villiers, attrapé en 2002 par un contrôle inopiné qui révéla un mélange de cocaïne et d'ecstasy dans ses urines alors qu'il était depuis quatre ans le pilier droit du XV de France. Aucune des substances n'étant interdite, le Sud-Africain du Stade Français fut blanchi, après avoir toutefois été écarté du Tournoi des VI Nations en 2003. « Individuellement, on ne peut pas empêcher ces comportements », regrette-t-il. « Moi, je l'aurais sanctionné, mais les règlements de l'époque ne le permettaient pas ; il bénéficiait d'un vide juridique. Aujourd'hui, il serait déclaré positif. »

Sans y avoir été confronté directement, le docteur Mombet a traversé « l'ère des anabolisants après celle des amphétamines » et constaté le spectaculaire développement de la masse musculaire des joueurs depuis quelques saisons. La période actuelle est celle des doutes, du questionnement : « Je ne serais pas aussi entier que Laurent Bénézech sur la question mais c'est sûr qu'il y a quelque chose. Un joueur professionnel qui était parti de l'USA Perpignan pour rejoindre Castres a pris douze kilos pendant l'intersaison. Comment un professionnel peut-il prendre un tel poids en si peu de temps ? »

Il a connu des joueurs qui se carapataient à l'annonce d'un contrôle antidopage, et même le cas d'un demi de mêlée tiré au sort qui échangea son maillot floqué du numéro neuf avec un équipier… « C'était il y a cinq ou six ans ; oui, il y a toujours des types qui s'échappent », ponctue-t-il d'une moue discrète.

Loin d'être miné par la nostalgie ou par ses amours ovales qui s'émoussent, Jacques Mombet est toujours en prise avec l'actualité via son activité au sein de l'AFLD : « Je fais partie du comité d'experts ; je gère le secrétariat et le dossier des AUT pour les disciplines sportives dans leur ensemble, et je participe avec deux confrères aux prises de décision sur le bien-fondé de ces AUT par rapport aux pathologies mentionnées dans le dossier. » Il s'inquiète de ces demandes d'autorisation des clubs qui augmentent sans cesse, « qui explosent, des centaines par an », alors que dans le même temps la FFR a fait savoir qu'après un pic constaté dans les années 2006-2008 un retour « à la normale » avait été constaté… « Ça concerne surtout l'asthme d'effort », précise-t-il.

Un souvenir nous revient alors : celui d'un échange avec un joueur (toujours) international qui venait d'arriver au Stade Toulousain au milieu des années 2000. Candidement, ce joueur nous avait fait part de sa découverte du club prestigieux et particulièrement de l'environnement médical qui avait détecté chez lui une faiblesse qu'il allait rectifier : le joueur souffrait soi-disant… d'asthme.

En tout cas, même à son âge respectable, cet homme et médecin passionné n'est pas dupe de ce qui se trame dans le dos des garde-fous : « On a tous su pour Pieter de Villiers comme on a tous su pour Brive ou d'autres. Et nous savons aujourd'hui que la musculation associée à l'alimentation protéinée ne suffit pas à expliquer ces prises de masse actuelles. Tout comme on sait aussi que certaines pratiques, certains protocoles, sont réalisés pendant l'intersaison, quand les contrôles sont inexistants, sauf pour les joueurs surveillés, du moins. On sait mais ils savent aussi ! Et si l'AFLD a pensé instaurer des contrôles inopinés en période estivale, ils y ont pensé également… »

Et l'EPO est apparu…

Amphétamines, corticoïdes, anabolisants… La petite panoplie du parfait dopé qu'on attribuait aux cyclistes des années 1990-2000 a commencé à prendre une dimension insoupçonnée. On ressort alors au docteur Mombet l'une de ses citations rédigées en 1999 : « Vous souvenez-vous avoir écrit à l'époque que "le soupçon d'EPO est né en observant sur quelques joueurs des hématomes à des endroits inhabituels"…

– Oui, je m'en souviens très bien.

– Qu'est-ce qui vous avait amené à cette observation ?

– Je sais tout simplement que quelques joueurs y ont eu recours, mais très peu. Rappelez-vous, l'EPO était à la mode dans le sport à cette époque, notamment dans le cyclisme, et quelques rugbymen se sont dits: “Pourquoi pas moi?” Mais ce fut un phénomène très ponctuel et, d’après nos informations, très individuel également.

– Mais vous êtes certain que des joueurs ont utilisé de l’EPO?

– Oui, j’en suis sûr.

– Sur quoi vous basez-vous?

– Sur des informations qui remontaient jusqu’à moi, quand j’étais président de la commission médicale de la fédération.

– Qui vous transmettait ces informations?

– Quelques médecins de clubs eux-mêmes soupçonneux par rapport à certains joueurs. Ils ont alors pratiqué des analyses de sang et la numération globulaire faisait apparaître des résultats anormaux.

– Beaucoup de médecins?

– Très peu. Deux ou trois, pas plus. Et ça concernait très peu de joueurs encore une fois. Rien à voir par exemple avec la généralisation des amphétamines au cours des années précédentes. D’ailleurs, c’est à l’époque de ces constatations qu’ont été popularisés les stages en altitude, à Font-Romeu notamment. On disait alors que l’EPO ne servait à rien, que ces préparations la remplaçaient, ce qui est en partie vrai.

– L’EPO ne servait à rien?

– Ça ne présentait aucun intérêt dans le rugby, c’est ce qui se disait.»

Aucun intérêt? Nous avons demandé à deux experts renommés en matière de lutte antidopage leurs points de vue sur la question.

Jean-Pierre de Mondenard est « le » spécialiste de cette problématique, comme en attestent entre autres, ainsi qu'on a pu l'évoquer, sa trentaine d'ouvrages incontestés sur les tenants et aboutissants du dopage dans toutes les disciplines sportives. Son *Dictionnaire du dopage*[1] est une bible au même titre que le *Vidal* pour les médecins...

Le professeur Michel Audran – le directeur du laboratoire de biophysique et de bioanalyses de la faculté de pharmacie de Montpellier – travaille depuis vingt ans sur le dopage sanguin et, en tant que tel, est membre du groupe d'experts de l'AMA et de deux fédérations internationales (cyclisme et athlétisme), entre autres collaborations.

« Ça ne servait à rien ? » L'exclamation de Jean-Pierre de Mondenard monte dans les aigus quand on lui rapporte la conclusion de son confrère retraité : « Bien sûr que c'est utile et je suis étonné que le respectable Jacques Mombet puisse dire ça. À partir du moment où l'on améliore le transport d'oxygène dans les muscles, le sportif va courir plus vite et plus longtemps. C'est l'histoire du dopage en raccourci. Bien sûr, l'EPO ne va pas favoriser la lecture du jeu ou la technique de passe, encore qu'en étant plus lucide le joueur devient plus efficace. Et qu'on ne vienne pas me dire que c'est un acte compliqué : ceux qui savent se faire des injections sous-cutanées peuvent se livrer à cette manipulation ; il n'y a plus qu'à contrôler son taux d'hématocrite pour rester dans les clous autorisés. Et le sportif qui a peur de se faire gauler [lors des contrôles] sait pertinemment qu'il peut alors avoir recours à la transfusion

1. Paris, Masson, 2004.

sanguine autologue[1]. Le seul doute qu'on peut émettre sur l'usage de l'EPO dans le rugby, c'est qu'aucun joueur ne s'est jamais fait attraper. »

Michel Audran partage quasiment au mot près cette analyse : « Le rugby est en train de devenir une course d'endurance et il n'y a aucune raison tangible pour que l'EPO ne soit pas présente dans le rugby. On avait dit à une époque que l'EPO n'était d'aucune utilité dans les épreuves de sprint. Or des coureurs de calibre international sur 100 et 200 mètres ont été confondus[2]. Dans tous les cas, l'EPO sert à densifier leurs charges d'entraînement. »

Tiens, messieurs Conconi et Ferrari !

Il n'en reste pas moins que cette découverte du dopage sanguin dans le rugby des années 1990 – même « brève, confidentielle et ponctuelle », selon les mots de Jacques Mombet – coïncide avec une autre de ses rencontres.

À cette période, alors que l'EPO fait rage dans le peloton cycliste international, au point de déshumaniser les coureurs et de discréditer les performances, Jacques Mombet fait la connaissance de… Francesco Conconi et de Michele Ferrari. « C'était en février 1993 », date-t-il, après consultation de ses anciens agendas.

Pour mémoire, les Italiens Conconi et Ferrari avaient plusieurs points communs : ils étaient tous deux médecins,

1. Injection par perfusion intraveineuse de son propre sang, préalablement prélevé et conservé.

2. Par exemple, le Britannique Dwain Chambers, champion d'Europe en 2002 (9' 87") avant d'être déclassé.

« préparateurs » de nombreux sportifs, et ont été impliqués dans de nombreux scandales de dopage. Surnommé « docteur sang », « le sorcier » ou « Monsieur EPO » selon les cas, Francesco Conconi fut le précurseur « officiel » des transfusions sanguines dans les années 1980, puis du dopage sanguin dans les années 1990. Responsable d'un centre de préparation athlétique à l'université de Ferrare, il dispensa ses « compétences » auprès d'une grosse vingtaine de cyclistes italiens, tout en étant parallèlement... membre du Comité national olympique italien et du Comité international olympique !

Quant à Michele Ferrari, qui fut l'assistant de Conconi à Ferrare dès le début des années 1980, il emboîta le pas de son prédécesseur en exportant son « savoir » auprès d'une « clientèle » sportive plus internationale et pluridisciplinaire, notamment le cycliste américain Lance Armstrong dès 1995. Dit « Le mythe » ou « Le diable », il avait assuré en 1994 que « l'EPO n'est pas plus dangereux que dix litres de jus d'orange ». Si Conconi a échappé miraculeusement à toute condamnation, son successeur Ferrari a été exclu à vie de toute préparation et encadrement d'athlètes en 2012, après les conclusions du rapport de l'USADA[3].

Au milieu des années 1990, le pedigree des deux *dottore* était connu et affiché, l'impunité étant de mise. Jacques Mombet nous raconte alors les circonstances de cette rencontre avec ses deux « confrères » italiens : « Un jour que j'étais à Rome, quand j'accompagnais l'équipe de France B

3. C'est ce rapport de l'Agence américaine antidopage qui poussa notamment Lance Armstrong aux aveux en janvier 2013.

pour un match contre l'Italie dans le cadre du championnat FIRA [Fédération internationale de rugby amateur], mon confrère du rugby italien m'a demandé si ça m'intéressait de rencontrer Conconi et Ferrari : "Si tu veux, je peux les appeler pour que vous vous rencontriez et tu te démerdes avec eux." Ce collègue italien, dont j'ai oublié le nom, avait déjà discuté avec eux mais n'avait pas souhaité aller plus loin.

– Aller plus loin, ça voulait dire quoi ?

– À l'époque, on parlait déjà des problèmes de dopage que traversait le cyclisme et il se disait que Conconi et Ferrari traînaient derrière tout ça. Je crois qu'ils voulaient sonder le terrain un peu partout et ils avaient probablement sollicité mon confrère italien pour l'équipe nationale de rugby.

– Et qu'avez-vous répondu à ce confrère ?

– Que ça m'intéressait, oui ! Ces deux personnes étaient connues, renommées même, et j'étais curieux de les entendre. Pour tout dire, l'ancien médecin du XV d'Italie, un bon vieux copain qui s'appelait Fanton, m'avait déjà présenté à Conconi, en 1989 à Brescia. Mais, à cette époque, Conconi était connu pour ses recherches sur les performances sportives et comme membre du CONI [Comité national olympique italien], pas plus. Alors, comme leur réputation les avait précédés, oui, ça m'intéressait de comprendre leur méthodologie de préparation, leur mode de travail, leur approche du dopage parce que c'est bien de ça dont il s'agissait à ce moment-là. En gros, je voulais savoir comment il faisait. Alors, on s'est retrouvés dans un bar, pas très loin du stade Flaminio.

– Et ils vous l'ont expliqué ?

– En partie, oui. Ils ont pris exemple sur ce qu'ils faisaient dans le cyclisme et plus particulièrement avec un cycliste français de l'époque avec lequel ils trav…

– Un cycliste français ?

– Oui.

– Lequel ?

– Jalabert.

– Ils vous ont dit qu'ils travaillaient avec Laurent Jalabert ?

– Oui. Et c'est de cette collaboration qu'ils sont partis pour détailler leur protocole : comment ils arrivaient en avion privé sur les sites d'entraînement avec leurs produits, comment ils procédaient par période de cure : prendre ça pendant dix jours, s'arrêter pendant quinze jours, recommencer le cycle à renouveler trois fois au total. Ils parlaient de tout : facteurs de croissance, testostérone, EPO…

– Tout naturellement, comme ça, alors qu'ils ne vous connaissaient pas ?

– Oui, ils n'ont pas mis longtemps pour entrer dans le vif du sujet. Ils m'ont expliqué qu'ils voulaient désormais travailler à la demande.

– Mais s'ils vous ont détaillé leur "mode d'emploi", c'est qu'ils avaient une idée derrière la tête avec le XV de France, non ?

– La question ne s'est pas posée ainsi. Elle ne s'est même jamais posée. D'ailleurs, à aucun moment de notre entretien, qui a duré environ une demi-heure, ils n'ont fait une seule allusion à une éventuelle collaboration.

– Mais quel était alors l'intérêt pour eux de vous déballer leur protocole, si ce n'est pour vous appâter ?

– Oui, et j'avais bien compris ce qu'ils voulaient. Je pense que leur méthode d'approche était d'éveiller la curiosité sans y toucher. Mais non seulement je ne leur ai pas répondu que j'étais intéressé à cette idée, mais notre conversation s'est arrêtée là. Ça n'est jamais allé plus loin, je ne les ai plus revus. »

Si Jacques Mombet décida à l'époque d'en rester là, on sait que Michele Ferrari développa son industrie au-delà de l'Italie et du cyclisme. Pour n'évoquer que le vélo, une trentaine de coureurs de renom (Armstrong, Vinokourov, Rominger, Chiappucci, Cipollini...) eurent recours à ses services individualisés, sans parler des connexions du *dottore* avec l'athlétisme (marathon et triathlon), le football et... le rugby, comme le suggère le contact pris – mais avorté lui aussi – avec le médecin de la *squadra azzura*.

Dès lors, comment être certain que le préparateur italien – lui ou un autre partisan du dopage sanguin – n'a pas essayé de pénétrer différemment l'univers du rugby, surtout lorsque de gros soupçons de prise d'EPO ont alerté des médecins de clubs français à la fin des années 1990... ?

En redescendant les marches pierreuses qui mènent au jardin de sa propriété, Jacques Mombet frictionne le dos de son Grizou. Le temps semble avoir stoppé sa course dans les environs. Entre les arbres qui se balancent mollement sous une brise tiède, l'ancien médecin revoit sans peine le rugby de ses 20 ans, de ses 40 ans, quand « il n'y avait pas d'entraîneur du XV de France et que c'était le capitaine qui en faisait office ». Il s'anime quand il évoque « les moins de 19 ans, la belle génération des Codorniou, Sella, Paparemborde, Dintrans, le plaisir qu'ils avaient à jouer et à partager. Aujourd'hui, les joueurs sont des salariés. Et dans les centres de formation, les études, ils s'en foutent». Il hausse les épaules en parlant de «ces présidents qui ont mis leur argent dans le rugby comme ils l'auraient mis ailleurs, du moment qu'il y a un retour sur investissement, médiatique ou financier»; il s'inquiète de «ce jeu devenu un labeur, un concours de rentre-dedans quand on [leur] apprenait les subtilités du ballon, l'art de l'évitement»; inquiet également pour le XV de France, «perdu quand il rencontre une équipe qui joue»; inquiet de cette escalade dont on ne voit toujours pas le sommet: «Du dopage, il y en a toujours eu et il y en aura toujours. D'après ce que je sais, les médecins constituent un frein et des joueurs se tournent alors vers des "préparations" individualisées. Mais, globalement, le rugby ne peut plus y échapper désormais. Pour moi, les joueurs ne sont ni victimes ni coupables, mais des victimes consentantes.»

Lui, son rugby d'aujourd'hui, il est à Puy-l'Évêque, dans un bourg voisin, où l'équipe senior évolue en quatrième série, c'est-à-dire au plus bas de l'échelon des compétitions fédérales: «Ça doit faire près de dix ans que je fais partie des dirigeants.» Et il s'y trouve bien.

CHAPITRE V

Crash-tests

La collision frontale fait partie de l'ADN du rugby. Moins d'impacts, de mêlées rugueuses, de rapports de forces brutes, et c'est le patrimoine génétique du jeu qui serait remis en cause.

Seulement, ces percussions de plus en plus répétées et violentes ont des conséquences de plus en plus graves sur les organismes. À tel point que les staffs médicaux n'hésitent plus à comparer les chocs traumatiques à ceux observés dans les accidents de la route… Comme dans un hôpital de campagne débordé par l'arrivée massive de soldats blessés, les personnels médicaux tentent de limiter les dégâts. Mais ils se heurtent à leur tour à un autre rapport de forces, celui qui les oppose de plus en plus souvent aux staffs techniques des équipes…

Le profane s'étonnera toujours devant la scène : un médecin accourant auprès d'un joueur blessé tandis que le jeu fait rage alentour. Le praticien est au rugby ce que la Croix-Rouge était à la « Grande Guerre », hors drapeau blanc. Un jour, au regard de ses multiples allées et venues en sprints accélérés, il faudra faire entrer ses statistiques de course dans le logiciel des équipes…

Rares sont les médecins du rugby qui n'ont jamais foulé un terrain de rugby avant leurs études. Piliers, talonneurs, deuxièmes lignes ou ailiers, que leurs carrières se soient déroulées au plus haut niveau ou dans les sections régionales, ils entretiennent un lien profond avec le sport dont ils gèrent les bobos, les interventions chirurgicales ou les visites médicales d'avant-saison.

Avant l'avènement du professionnalisme et de ses règlements tous azimuts, le rapport du praticien au joueur épousait le sens du vent et des amitiés. « Moi, quand j'étais médecin de terrain, on faisait tout. La visite, les soins, le suivi des dossiers », se souvient Denis Gutierrez, qui fut notamment médecin du RC Toulonnais (2002-2004) et du XV de France féminin (2007-2010). Quel joueur n'avait pas sa licence délivrée après une tape sur l'épaule assortie d'un « alors, toujours gaillard, à ce que je vois » ?…

Depuis près de vingt ans maintenant, le rugby s'est codifié, structuré, et les équipes médicales ont suivi le mouvement. « Plus on avance, plus le médecin est présent dans les clubs, que ce soit en match et dans le suivi des joueurs », assure Bernard Dusfour, le président de la commission médicale de la LNR. Mais de manière inégale, avec des statuts différents : « Tout dépend des clubs, en effet, poursuit-il. Je sais que certains comme Auch ou Aurillac ont du mal à trouver des médecins à la vacation, ponctuellement. D'autres comme Toulouse, le Racing, Clermont ou Toulon emploient un corps médical à temps plein. Aujourd'hui, je dirais que la moyenne est au mi-temps, alors que le médecin ou le kiné venaient deux à trois fois par semaine au club il y a encore cinq ans. »

Il y a encore trois ans, « les entraîneurs et préparateurs professionnels reconnus étaient rémunérés par les clubs quand le médecin, tenu par la sympathie, était encore bénévole ou juste défrayé », rappelle Gilles Garet. L'ancien médecin fédéral national (2003 à 2008) laisse entendre que ce n'était pas sans influence quand il s'agissait de prendre une décision sur l'aptitude d'un joueur à être sur le terrain. « Mais les choses ont évolué depuis deux ans », enchaîne-t-il aussitôt. « Aujourd'hui, le médecin a généralement autorité sur l'entraîneur devant un cas clinique. » Tout est dans le « généralement ».

Toubib *or not* toubib ?

Mais de quel médecin parle-t-on ? Il faut poser la question de son statut au sein des clubs professionnels, tant règne la confusion dans le vocable utilisé. On parlera pêle-mêle d'un médecin de terrain, d'un médecin de suivi, d'un médecin d'expertise, d'un médecin de soins, d'un médecin administratif… « C'est le flou artistique total sur les plans statutaire et légal », analyse Jean-Yves van den Steen, ancien deuxième ligne du Paris UC et actuellement médecin de l'équipe de France de cyclisme sur piste. « Il y a ceux payés à la vacation, d'autres qui sont salariés. Le *turnover* est permanent un peu partout, et les niveaux de compétence restent hétérogènes même si le médical et le paramédical ont été structurés depuis peu. »

Là encore, Bernard Dusfour tente de reprendre la main en s'appuyant sur le règlement médical de la LNR. « Il n'y a pas dix sortes de médecins, mais deux », précise-t-il. « Le médecin d'aptitude, c'est-à-dire le médecin du travail qui valide ou non le contrat de travail accordé au joueur, et le médecin de suivi, qui prend en charge les soins à prodiguer. »

Au quotidien, ce bel ordonnancement grince cependant aux charnières. « Le secteur médical a formidablement travaillé au cours des dernières saisons, avec notamment la mise en place des dossiers médicaux informatisés et les premières études épidémiologiques », assure Jean-Philippe Hager, qui supervise le pôle scientifique de la FFR tout en étant le médecin du Lyon OU. « Sur le terrain, c'est vrai, il y a encore des efforts de compétence à fournir. On a par exemple constaté que plus de la moitié de nos confrères œuvrant dans les clubs professionnels ont été mal formés aux spécificités du rugby de haut niveau ou sont… trop âgés. Ils ont l'expérience mais pas la formation d'un médecin du sport. D'où la création d'un diplôme universitaire de pathologie du rugby au sein de la faculté de Lyon. À terme, tous nos médecins passeront ce diplôme. »

En attendant, l'organisation du secteur médical des clubs professionnels demeure une pomme de discorde entre ceux qui ne voudraient qu'un seul médecin à bord – expertise et soins – et les autres. « La loi sur le suivi médical n'est pas adaptée au secteur professionnel, quel que soit le sport », relève Bernard Dusfour. « Qui connaît le joueur mieux que celui qui le suit ? » Cet élément de cohérence a toutefois sa part d'ombre : « Médecin de suivi ou médecin administratif, on ne peut pas être les deux », estime Gilles Garet. « Dans la législation française, Il doit y avoir étanchéité entre celui qui certifie qu'on est apte à faire son travail et celui qui soigne. » Et pourquoi donc ? « Est-ce que le médecin qui fait passer la visite médicale d'aptitude d'entrée au club qui précède la signature du contrat peut être le même que celui qui va assurer le suivi en toute cohérence et éthique ? » questionne Denis Gutierrez. « Cela s'assimile à un conflit d'intérêts. »

Cinq ans au club ? Vous pouvez être son médecin !

Un conflit d'intérêts qui a récemment débouché sur une nouvelle appellation utilisée dans le cercle médico-sportif : le médecin de performance. « Médecin de performance ? Je ne sais pas ce que ça veut dire », proteste Bernard Dusfour, qui en devine la portée. « Je n'en connais pas. Un médecin est médecin, point. »

Cette évolution ne résiste toutefois guère à la réalité du terrain. « On ne peut pas leur demander d'avoir une expertise de médecin du travail d'un côté et d'être médecin de soin de l'autre, avec des impératifs sportivo-économiques », reprend Jean-Yves van den Steen. « Vous ne pouvez pas être juge et partie. Un médecin est lié à la santé, pas à la performance. Ceux qui sont impliqués sont… impliqués. Je me suis toujours refusé à être un médecin de la performance et je sais que mes confrères du rugby sont dans une situation bancale, difficilement tenable. Quand vous échangez avec eux, ils évoquent leur pression professionnelle, technique, administrative, qui génère un important *turnover*. Tout le monde le sait, personne ne le dit. »

Bernard Dusfour ne conteste pas cette vision des choses, tout en tâchant de la relativiser : « Que le médecin de soins qui dispose d'un contrat de travail soit en état de subordination vis-à-vis de l'employeur, c'est possible. Bien sûr qu'il y a une emprise du managérat. L'ambivalence dont vous parlez entre soins et performance renvoie à l'honnêteté du médecin, à sa personnalité. Je connais des médecins qui ont refusé de continuer comme avant et qui ont arrêté. »

Le « continuer comme avant » renvoie à de nombreuses faiblesses, résignations ou complaisances du corps médical assujetti au bon vouloir des encadrements techniques des clubs. « Il y a effectivement des confrères qui ne veulent pas entrer en conflit avec le staff technique », souligne Hubert Vidalin, l'ancien médecin du secteur professionnel de l'ASM Clermont Auvergne (1998-2006), laissant ainsi supposer une autorité médicale à géométrie variable. « Si vous commencez à accepter tout ce qu'ils demandent, vous êtes cuit », renchérit François Genet, ancien médecin du Racing Métro 92 (2009-2013).

En clair, soit le médecin acceptait de ne pas avoir le dernier mot médical sur la santé d'un joueur, soit il imposait ses vues au risque d'être considéré comme l'empêcheur de tourner en ovale. « Le Racing Métro a changé trois fois de médecin en six ans », pointe par exemple Jean-Yves van den Steen. Quant au staff médical du Stade Toulousain, il a été désigné coupable en interne de l'affaire Florian Fritz[1] et a été viré à l'intersaison l'an dernier[2].

1. Le centre international du Stade Toulousain a été victime d'un spectaculaire K.-O. lors d'un match contre le Racing Métro 92, le 9 mai 2014. Sorti du terrain le visage en sang, Florian Fritz a été réadmis dans le jeu sur l'insistance du staff technique alors que le protocole de la commotion cérébrale n'a pas été appliqué. Le club n'a écopé que d'un courrier de réprobation de la part de la LNR.

2. Une demi-douzaine de joueurs du Stade Toulousain (McAlister, Dusautoir, Clerc, Lamboley, Ralepelle, Kakovin) ont été indisponibles

En attendant (toujours) un diplôme universitaire, le secteur médical du rugby français n'a qu'une crédibilité – et respectabilité – mesurée. Le règlement médical de la LNR donne même le bâton pour se faire battre... « Lisez le volet médical de la ligue », sursaute Alexis Savigny, doyen des médecins en place dans une structure professionnelle, avec quatorze ans au chevet du Stade Français. « Le médecin en poste doit répondre à l'une des cinq obligations mentionnées[1]. La dernière demande une... expérience de plus de cinq ans dans un club professionnel. Une expérience de quoi ? De rien, c'est rédigé comme ça ! En clair, n'importe quel type au club depuis cinq ans peut devenir son médecin ! Marrant, non ? » ironise-t-il avant de soupirer. « Dans certains clubs, on est encore dans le copinage. Il faut juste être considéré comme un bon mec. Sous ce prétexte, tu peux être une daube au niveau professionnel. »

Si bien qu'Alexis Savigny a « vu des médecins généralistes à la retraite superviser la partie médicale d'un club pro, un ergologue[2], un chirurgien viscéral, et même un médecin-

---

plusieurs mois, voire forfaits pour toute la saison 2013-2014. Une semaine après « l'affaire Florian Fritz », deux membres de longue date du staff médical ont été débarqués.

1. Effectivement, page 17 du livret médical 2014-2015 de la LNR, il est indiqué au paragraphe « Encadrement médical et paramédical » que « le médecin coordinateur, responsable au niveau médical du centre de formation, est le médecin responsable de la structure professionnelle du club. Il doit disposer de l'une des formations suivantes : capacité en médecine du sport ; CES ou DES [certificat ou diplôme d'études supérieures] de médecine du sport ; DU [diplôme universitaire] de traumatologie du sport ; CES ou DES de rééducation fonctionnelle ; expérience de plus de cinq ans dans un club professionnel ».

2. Selon *Le Petit Robert*, l'ergologie est une partie de la physiologie qui étudie l'activité musculaire. Vague, en effet.

chef spécialiste de... gériatrie ! L'an dernier encore [en 2013], un club du Top 14, le Biarritz Olympique, recourait à des médecins bénévoles pour remplir les procès-verbaux d'accident, faire les vaccins ou soigner les grippes. En 2005-2006, pendant la grosse période du BO, ses joueurs devaient attendre une semaine puisque le bénévole et un médecin de Pau ne venaient qu'une fois au club par semaine, le lundi matin... »

Le casse-tête du casse-pipe

Cette absence de crédibilité donne lieu dès lors à des situations d'asservissement indignes et à courte vue. Dans son livre[1], John Daniell, l'ancien deuxième ligne néo-zélandais du Racing Métro 92, de l'USA Perpignan et du Montpellier Hérault SC de 1997 à 2006, est sans ambiguïté : « Quand un staff médical doit considérer l'aptitude d'un joueur après blessure, il peut pécher par mesure de prudence. Mais si un entraîneur a besoin d'un joueur spécifique, il peut contourner son staff médical et s'adresser directement au joueur. » Qui ne demandera pas mieux que de revenir dans le jeu.

Quel médecin de club professionnel n'est jamais entré en conflit avec le staff technique ? Certains jurent que non, la main sur le cœur, tels que le président de la commission médicale de la FFR, Jean-Claude Peyrin, après trente ans de service au FC Grenoble[2] ou en équipe de France. D'autres,

1. *Confessions of a Rugby Mercenary*, Londres, Ebury Press, 2007.
2. Jean-Claude Peyrin nous rapporte un seul moment de tension : « À Grenoble, le préparateur physique donnait des produits "limites"

sans s'affranchir des règles de confidentialité, ont une mémoire moins définitive: «Oui, j'ai connu ce genre de crispations avec certains managers», relance Gilles Garet. «Sur des situations pas trop sévères, le médecin n'avait pas le dernier mot.» Vous avez dit «litote»?

Car les états d'âme du corps médical peuvent virer au casse-tête à l'heure d'envoyer les fantassins au casse-pipe. Hubert Vidalin n'a jamais été demi d'ouverture ou troisième ligne aile, ce qui ne l'a pas empêché de superviser jusqu'en 2006 l'ensemble du secteur médical de l'ASM Clermont Auvergne – la section omnisports depuis la fin des années 1970 comme le secteur professionnel, dès sa création en 1998. «Je ne suis effectivement pas issu du sérail», précise-t-il de sa voix posée. «Ce qui m'a permis de me consacrer uniquement à ma profession et de conserver une certaine distance. Je n'ai jamais été un médecin supporter. Ma préoccupation tournait autour de la protection du joueur, des pros comme des jeunes. J'ai eu la chance de disposer d'un cabinet médical intégré au club et je pense avoir été au début des années 1980 le premier médecin du rugby salarié à plein temps.»

C'est dire s'il a traversé les époques, les méthodes de management et les différents types de relations entretenus avec les staffs techniques. «Bien sûr que j'ai vécu des situations de tension et même de conflit avec des entraîneurs, et j'en ai connu beaucoup, quand ils allaient demander

---

contenant des extraits thyroïdiens, ce qui a été constaté dans les suivis biologiques des joueurs. J'ai alors demandé au président du club de le virer, ce qui a été fait. Jacques Delmas, alors l'entraîneur, m'a fait la gueule pendant quinze jours.»

l'avis de spécialistes ou de personnes environnantes », sourit-il.

Et de prendre de la hauteur sur son expérience : « Le métier des entraîneurs était de constituer la meilleure équipe possible ; le métier des joueurs était de jouer le plus possible pour garder leur place ; le métier du médecin était d'essayer de conserver la meilleure santé du joueur possible et de lui permettre une guérison dans un délai acceptable. C'était ce délai qui posait souvent problème ; il fallait toujours gratter une semaine ou quelques jours, avec les risques de récidive que ce raccourcissement induisait. Le message médical était difficile à faire passer. Nous arrivions à convaincre les entraîneurs dans la majeure partie des cas. Mais nous avions la chance d'être constamment sur place. Le dialogue était permanent, parfois conflictuel, parfois modifié par un avis extérieur, ce qui n'était franchement pas très facile à vivre. Je pouvais être déjugé ; je laissais alors entrer un joueur à 80 % de ses moyens, parfois moins. »

Médecin du Racing Métro 92 entre 2006 et 2010, Gilles Daubinet admet implicitement le dilemme. « Moi, j'étais payé en honoraires et je m'occupais principalement de la partie administrative », commence-t-il. « J'avais mis en place une équipe composée d'un médecin de terrain à mi-temps, que je supervisais et remplaçais sur certains matches, et de six kinésithérapeutes, dont quatre à plein temps. Quand un joueur se blessait, la première question de l'entraîneur et du président était simple : "Il en a pour combien de temps ?" » Une antienne que tous ses confrères ont entendue : « Quand un joueur passait une IRM [imagerie par résonance magnétique], le staff sportif ne nous demandait pas ce qu'il avait mais quand il pouvait rejouer », confirme Vincent Cavelier, médecin de l'ASM entre 2009 et 2013. « C'est la question la plus difficile car il n'y a pas deux patients qui vont récupérer à la même vitesse, reprend Gilles Daubinet. Une fois que j'ai établi mon diagnostic et fait part de mon avis au joueur et à l'entraîneur, je ne peux rien faire si on veut passer outre. Le joueur est patron de sa santé. En général, neuf fois sur dix, l'entraîneur et le président écoutent ce que le médecin dit. Mais la pression exercée pour que les blessés jouent existe, ne serait-ce qu'une demi-heure. De ma propre expérience, on peut constater que le médecin de terrain, par empathie, est tacitement indexé à la performance. »

Valider des invalides !

Pour protéger l'intégrité physique d'un joueur – le plus souvent contre son gré –, il arrive donc que le médecin entre en conflit avec le staff technique. Parfois méchamment. C'est ce qui s'est notamment produit pour Olivier Lambert.

Médecin de l'USA Perpignan de 2004 à 2009, l'ancien décathlonien, devenu cadre technique international de l'IAAF, la fédération internationale d'athlétisme, et membre de la Commission nationale des entraîneurs, a rendu son tablier, désenchanté. Il avait pourtant participé à la montée en puissance d'un club enfin parvenu à décrocher le fameux Bouclier de Brennus[1] après cinquante-quatre ans de disette :

1. Trophée qui est remis au club champion de France. Ce bouclier, appelé aussi « bout de bois », est aujourd'hui décliné à tous les niveaux de compétition du rugby.

« Je suis parti quelques mois avant le titre. J'ai vu ce groupe grandir mais je ne voulais plus contribuer à ça. » Ça ? La réalité quotidienne du rugby de haut niveau a progressivement abîmé sa perception d'un « sport formidable sur un plan humain, avec des types souvent extraordinaires, portés par une véritable communion christique », mais broyés peu à peu par une autorité sportive sans pitié…

Des exemples, Olivier Lambert en livre à foison pour justifier son retrait. Notamment après l'arrivée de Jacques Brunel aux commandes du club. Le manager général (2007-2011) avait été auparavant, pendant six ans, l'adjoint de Bernard Laporte, chargé des avants, auprès du XV de France. « Il me disait que je les traitais comme des danseuses, que mon rôle dans le club se bornait à les faire chier pour constituer le groupe… On me demandait de faire entrer des “morts” sur le terrain, de valider des invalides ! On a même tenté à plusieurs reprises de m'empêcher de sortir des joueurs K.-O. ; j'ai presque dû en venir aux mains avec l'entraîneur. Tenez, un jour où j'étais absent pour des raisons professionnelles, tout comme le préparateur physique Olivier Barbier parti à l'enterrement de sa mère, ils en ont profité pour lancer un joueur blessé : il a aggravé sa blessure musculaire, qui est passée du grade 2 au grade 3 », soit d'un constat clinique de sur-risque de blessure à une contre-indication quasi définitive.

Tirer sur la corde tout en priant qu'elle ne cède pas… Les lésions neurochirurgicales, tout particulièrement à hauteur du rachis, sont les plus embarrassantes à cet égard. L'ancien médecin de l'USA Perpignan a dû composer, pensant un temps convaincre, avant de jeter l'éponge… « Beaucoup de joueurs de "groupe grade 2[1]" évoluent avec des contre-indications relatives, ce qui est très angoissant car les risques sont considérables », poursuit-il avec vigueur. « Ils signent un papier, comme une décharge, qu'on appelle un consentement éclairé. Que vaut d'ailleurs ce document face à un tribunal ? Les joueurs savent qu'ils peuvent aggraver sérieusement leurs blessures en jouant, en raison de la compression de la moelle. Je pourrais vous citer plusieurs membres de l'équipe de France qui présentaient en théorie des contre-indications formelles pour jouer au rugby. Parmi eux, un joueur qui déplorait trois hernies compressives sur le rachis cervical. J'avais à l'époque transmis le dossier à la direction du club, qui a demandé l'avis d'un grand spécialiste à Bordeaux. Ce dernier l'a déclaré apte, toujours à la condition de ce consentement éclairé. »

On n'est jamais trop prud'hommes

Olivier Lambert retient plus les hommes que les joueurs, « des Freshwater, Durand, Kairilis, Cusiter, Hines, des mecs incroyables, tout comme Christophe Manas, un type super *clean*, ou Bernard Goutta, remarquable, incorruptible, qu'on a tout fait pour casser… »

À propos de « casse », il se souvient comme si c'était hier de la venue de Daniel Carter au stade Aimé-Giral en 2008. Rappelez-vous l'engouement suscité par l'arrivée du beau gosse néo-zélandais, le Zidane du rugby, l'ouvreur au pied

1. Lésions neurochirurgicales de niveau intermédiaire.

d'or. Le numéro dix des All Blacks avait signé en juin 2008 un transfert mirifique avec le club catalan – 700 000 euros pour six mois –, déclinant l'offre plus généreuse de Mourad Boudjellal, le président du club de Toulon, afin de disputer la Coupe d'Europe qui n'était pas encore un terrain de jeu toulonnais. Deux mois après son arrivée sur la rade, Carter était victime fin janvier 2009 d'un sévère plaquage lors d'une affiche du championnat contre le Stade Français. Bilan : rupture partielle du tendon d'Achille et six mois d'indisponibilité. La faute à pas de chance ? « Dan Carter était probablement arrivé blessé puisqu'il boitait manifestement dès ses premiers matches, comme l'attestaient les diffusions télévisées, et de manière de plus en plus importante au fil des minutes, se souvient encore Olivier Lambert, qui venait alors de quitter le service médical de l'USA Perpignan. Or il est notoire que lorsqu'une lésion de l'appareil locomoteur s'aggrave à l'effort ça ne peut pas être une lésion inflammatoire mais une lésion mécanique. En d'autres termes, une douleur au tendon d'Achille qui s'aggrave au cours d'une rencontre ne peut pas être une tendinite mais un symptôme de pré-rupture. Les images télévisées étaient en quelque sorte un diagnostic. Quand j'ai appris par la presse que le club allait accorder quatre jours de repos à Carter et qu'on parlait d'une tendinite, ce qui est un non-sens médical, j'ai averti verbalement plusieurs dirigeants, car ce type de lésion met plusieurs semaines, voire plusieurs mois, pour guérir. Je leur ai dit que son tendon d'Achille risquait de rompre. On m'a répondu qu'il fallait qu'il joue. Même le préparateur physique du club était consterné. Et le tendon a pété. » Autre bilan : la star néo-zélandaise disputa au total cinq rencontres avec l'USA Perpignan, soit 140 000 euros le match, mais le club oublia d'autant plus facilement cette contrariété qu'il ramena le bouclier de Brennus cette année-là.

Lorsqu'un médecin tente un bras de fer pour préserver l'intégrité physique d'un joueur, il peut être mis en minorité par le verdict des prud'hommes. « Quand j'ai débuté à l'USA Perpignan en 2004 », continue Olivier Lambert, « j'avais planifié des tests physiques pour tout l'effectif. On était supposés avoir l'un des meilleurs centres du monde, un joueur de l'hémisphère sud que le club avait payé très cher et qui bénéficiait d'un salaire conséquent, mais il était hors du coup. Il jouait avec une compression de la moelle épinière en raison de la calcification d'une hernie discale mal opérée. Il présentait surtout une faiblesse musculaire très importante des quatre membres. Il était tétraparétique[1] : là où il avait établi un record personnel à 170 kilos au développé-couché, il ne pouvait pas soulever plus de 30 kilos. Je lui ai dit alors qu'il ne pouvait pas jouer en l'état, qu'il devait se faire opérer du rachis. Il m'a répondu non seulement que mon confrère de son club précédent l'avait déclaré apte à la pratique du rugby, mais qu'il me traînerait en justice si je m'interposais. Ce joueur est resté au club le temps de la procédure, qui a duré deux ans, tout en continuant à percevoir un important salaire. » Au final, en novembre 2006, le conseil des prud'hommes condamnait le

1. La tétraparésie provoque une paralysie légère des quatre membres car les muscles ne peuvent plus se contracter correctement. Elle est due à des perturbations neurologiques au niveau de la moelle épinière et du cou.

club à lui verser 182 000 euros pour entrave à sa profession de joueur et rupture abusive de contrat.

Il faut donc que le corps médical soit totalement soutenu par la direction du club quand survient pareil contentieux juridique, assorti d'un dédommagement financier. Et le « soutien sans faille » du président de l'époque, Marcel Dagrenat, a été capital pour qu'Olivier Lambert ne soit pas inquiété. Plusieurs mois plus tard, pour un autre contentieux, le conseil des prud'hommes condamnait en effet le club catalan à verser 90 000 euros à James Pritchard pour entrave à l'exercice de profession de joueur. L'ailier ou arrière international canadien (cinquante-sept sélections entre 2003 et 2014), qui venait d'un club anglais – Plymouth Albion RFC – avait débarqué à l'USA Perpignan à l'entame de la saison 2005. Olivier Lambert raconte la suite : « Il s'entraînait avec une lésion grade 3 du quadriceps, soit une rupture sub-totale. On voulait le mettre au repos mais il ne nous écoutait pas. En fait, il se faisait suivre par un kiné très controversé en Angleterre, que la fédération anglaise avait elle-même répudié, et qui lui injectait de l'Actovegin et du Traumeel[1]. Je l'ai découvert par hasard, en tombant sur un e-mail de ce kiné qui traînait sur le sol des toilettes du club. J'ai ensuite constaté des traces de piqûre sur la face antérieure de sa cuisse, en intra-lésionnelle, ce qui

1. L'Actovegin, marque déposée d'un laboratoire norvégien, à base d'extrait de sang de veau déprotéiné, est utilisé pour améliorer la circulation sanguine et accélérer le processus de cicatrisation. Si l'Actovegin ne figure pas sur la liste des produits interdits par l'AMA, sa vente est interdite en France (depuis 1992) et aux États-Unis notamment. Le Traumeel est un antidouleur non stéroïdien qui facilite la cicatrisation.

signifiait plusieurs injections. Certes, il pouvait se faire soigner ailleurs, mais il n'en avait pas le droit sans l'autorisation de son club. C'était la porte ouverte à tout. J'ai averti Dagrenat, qui a été d'accord pour s'en séparer. Pritchard a contesté la décision, arguant que c'était autorisé en Angleterre, et a saisi le conseil des prud'hommes qui nous a condamnés. »

Pritchard, qui n'a pas joué une seule rencontre avec l'USA Perpignan, a rejoint en cours de saison un autre club anglais – les Northampton Saints – avant de disputer les quatre matches de son équipe canadienne lors de la Coupe du monde de 2007 en France.

Ce rapport de force réclame un sacré tempérament de la part du praticien, qui peut s'opposer à son employeur, mais aussi au joueur. « Je me souviens d'un joueur étranger tout frais arrivé et qui rechignait à passer les tests physiques spécifiques pour évaluer son état médical », reprend Olivier Lambert. « Il me disait : "Moi, je suis international ; toi, t'es qui ?" L'*omertà* est totale sur le joueur qui arrive au club. »

Et tous les médecins du rugby ont été confrontés à ce constat. « Accéder au dossier médical d'une nouvelle recrue, c'est être à la limite du médico-légal », acquiesce Jean-Philippe Hager. « Certes, le dossier informatisé [depuis 2011] rend la chose moins difficile, mais quand le joueur débarque de l'étranger, c'est plus compliqué. En cas de doute, j'appelle mon confrère en présence du joueur. Mais tu n'es jamais sûr de ne pas te faire avoir, soit par incompétence, soit parce que ce médecin est au service du manager du club. »

Soit par le joueur lui-même… « Je me rappelle avoir

examiné un joueur des îles sculptural de 2 mètres qui valait potentiellement 8 500 points au décathlon, relance Olivier Lambert. Articulations, cou, clavicules… L'examen se passe nickel et je termine par l'examen de la cheville gauche. Je retrouve à ce niveau une instabilité ligamentaire qui est manifestement l'héritage d'anciennes entorses répétées. Je le questionne sur son passé pathologique ; il me répond qu'il a eu quelques entorses, qu'un strapping bien serré fera l'affaire. Je me tourne alors vers le club : le contrat était pré-signé. On m'a fait comprendre que le joueur était là, tant pis, et qu'on le prenait. » Et de prendre de la hauteur : « J'ai constaté à plusieurs reprises que la nature des chocs subis par des joueurs relevaient de la traumatologie routière. Avec mes confrères, on déplore par ailleurs le manque de soutien et les dérives par rapport à l'éthique. J'ai croisé des médecins tristes, scandalisés, mais pas de salopards. »

Quand les managers tirent sur l'ambulance…

Cette soumission – c'en est une – peut être difficilement vécue par le praticien et les institutions montent alors au créneau pour en minorer l'impact ou en valoriser les acquis. Ainsi, le président de la commission médicale de la LNR insiste sur la jeunesse du professionnalisme : « Nous en sommes encore à l'adolescence », relativise Bernard Dusfour. « Le professionnalisme bouge, fait des conneries, comme tout adolescent, mais il avance. On est en train de s'organiser et ce qui est vrai aujourd'hui ne le sera peut-être pas demain. Le rugby grandit en matière de financement, de jeu, de physique, mais aussi sur le plan médical. Rappelez-vous qu'on dispose d'une littérature scientifique voisine de zéro, qu'on démarre les études épidémiologiques. On s'inspire de celles menées dans les pays phares de l'hémisphère sud et en Grande-Bretagne, mais aussi de celles conduites dans le football américain, et c'est peu. Toutes les controverses sont dues à cette évolution. » Le Montpelliérain préfère évoquer les futurs dispositifs et protocoles que de revenir sur ces années troubles ou bien sur un présent toujours en chantier.

Alors, on colmate, on rafistole, on pare au plus pressé. Et pas seulement au sein des clubs professionnels mais aussi au cœur des équipes nationales. Talonneur au Stade Français au début des années 2000, directeur administratif puis concepteur du centre de formation du club parisien, Olivier Terryn endosse aujourd'hui le costume de chef d'entreprise d'une société d'ascenseurs en région parisienne. Quand on lui demande d'appuyer sur le bouton qui le fait redescendre vers ses années de joueur, il convient aisément que « le corps médical ne faisait pas le poids » : « C'était de la boucherie. Combien de fois n'aurais-je pas dû jouer… » Il se souvient également de cette Coupe du monde des moins de 19 ans disputée en Argentine, en 1997, avec le maillot de l'équipe de France sur le dos. « Fillol, Bouilhou, Julien Laharrague, Morlaes… c'était une sacrée équipe », rappelle-t-il. « Deux jours avant la finale contre l'Argentine, je me fracasse en short sur une baie vitrée de l'hôtel. Le médecin du XV de France me pose une soixantaine de points de suture sur tout le corps, visage compris. J'ai joué la finale strappé de partout. »

Puisque l'image glamour du « gladiateur » huilé doit

être entretenue, les joueurs entrent alors dans l'arène sans glaive ni plastron, juste momifiés. C'est fort, c'est beau. C'est inconscient. Et un médecin d'équipe nationale peut ne pas s'interposer. Voire même l'autoriser.

C'est ce qu'on avait retenu de l'aveu de Jonah Lomu lors de son passage éclair au sein du club de Marseille Vitrolles, en février 2010, qui s'acheva avec la dissolution du club quelques mois plus tard. La « légende du rugby mondial » (soixante-trois sélections, trente-sept essais, avec les All Blacks, de 1994 à 2002) avait subi la transplantation d'un rein en 2004, l'obligeant à vivre sous dialyse. Au cours d'une discussion à bâtons rompus dans le salon d'un hôtel de la pointe du Pharo, l'ancienne terreur des stades avait reconnu que le médecin des All Blacks avait détecté chez lui un syndrome néphrotique dès 1994 : « Ce problème s'est reproduit de temps à autre en 1995, c'est-à-dire quelques mois avant la Coupe du monde en Afrique du Sud. Mais il [le médecin] m'a demandé de ne pas le dire aux entraîneurs, et ça m'arrangeait plutôt, je le reconnais. C'est plus tard, en 1997, quand les choses ont empiré, que j'ai décidé d'en parler. À l'époque, j'avais un peu la trouille, mais j'étais passé au travers [...]. Fallait jouer. C'est comme ça. » Depuis, l'ancienne terreur des stades enchaîne les séjours hospitaliers et les dialyses trois fois par semaine tout en envisageant une nouvelle transplantation rénale.

Retour en France... L'ancien joueur du Stade Français (1998-2005) Raphaël Poulain raconte notamment dans son livre[1] qu'en 2001 il a joué blessé un match de Coupe du

1. *Quand j'étais Superman*, Paris, Robert Laffont, 2011.

monde des moins de 21 ans, en Australie. Pour un résultat calamiteux.

On retrouve « Superman » à la terrasse d'un café du XVe arrondissement de Paris. Ses super-pouvoirs ont disparu. L'ancien ailier parisien se refait peu à peu un moral, un physique, une vie. Joueur fantasque et au gabarit impressionnant pour l'époque (1,86 mètre pour 100 kilos), au tournant des années 2000, le Picard est redescendu sur terre sans parachute. Son témoignage, qui raconte ses quatre cents coups – et davantage – dans l'univers à paillettes du club présidé alors par Max Guazzini, fait allusion à cette chandelle qu'on sniffe par les deux bouts et qui brûle les doigts jusqu'au cerveau : « Mon après-carrière, ça se résume à la dépression et à la cocaïne. J'ai failli tuer ma nana. » Aujourd'hui, le ciel est bas. Des piges de comédien, une idée de documentaire – « partir avec mon combi et sillonner la France à la rencontre de ces héros sportifs qui meurent jeunes » –, quelques mains du rugby qui s'approchent : « Il y a une prise de conscience de certains, comme Gonzalo [Quesada, l'entraîneur du Stade Français]. » La FFR comme la LNR lui ont demandé d'intervenir auprès des jeunes des centres de formation comme des Pôles espoirs. Et Provale, le syndicat des joueurs ? « Je n'ai pas eu d'approche de ce côté. Serge Simon m'avait juste dit qu'il m'aiderait si j'avais un projet concret. » La balade en combi Volkswagen n'a pas dû séduire l'ancien pilier.

Mais le voyage en Australie avec le maillot bleu de l'équipe des moins de 21 ans est plus marquant. On est alors en 2001 et Raphaël Poulain survole ses sujets et cette Coupe du monde. « Et puis je me pète contre l'équipe de Samoa. »

Rupture du ligament croisé postérieur du genou droit. Il raconte : « Le manager de l'équipe veut absolument que je tienne ma place lors du prochain match, contre l'Afrique du Sud. Je joue pété. Avec le recul, ce n'est pas normal. Je ne dois pas jouer, mon tendon est distendu. Mais le manager me dit que je suis un élément fédérateur du groupe et que je dois être sur le terrain. Il te fait comprendre que tu es important. Tu le crois et ça fait du bien à l'ego. » Raphaël Poulain tiendra sa place huit minutes avant de s'effondrer pour de bon. « Et je suis resté six mois au frigo ensuite. » Survient alors le questionnement personnel : « Finalement, au cours de ces mois à végéter, tu te dis que c'était peut-être ta seule faute, ta seule responsabilité. Tu en viens à culpabiliser d'avoir été blessé. Le médecin, lui, a été inexistant dans cette affaire-là. J'étais tout seul, pas de soutien, que dalle. »

Qui était alors le manager de l'équipe de France ? Raphaël Poulain baisse la tête, fait mine de chercher. On lui explique qu'il ne sera pas difficile à identifier. Il répond : « Skrela. » Jean-Claude Skrela, qui sera le directeur technique national de la FFR jusqu'à l'automne 2014 avant de devenir le manager de l'équipe de France de rugby à VII. Rappel : parmi les prérogatives d'une direction technique nationale figurent la formation et l'encadrement des éducateurs.

On contacte alors Gilles Garet, le médecin de l'équipe de France des moins de 21 ans de l'époque, que Raphaël Poulain cite comme « inexistant » dans sa mésaventure australe. Médecin des moins de 21 ans de 1997-2002, médecin fédéral national de 2003 à 2008, membre de la commission médicale de la FFR, le Gersois ne se dérobe pas. Lui qui fait encore

« quelques piges au FC Auch » tout en officiant dans son cabinet de Nogaro (Gers) admet honnêtement sa propre impuissance : « Oui, ce ligament postérieur, je m'en souviens très bien », commence-t-il. « Après la blessure de Raphaël, je n'ai pas voulu qu'il rejoue sans passer une IRM le lendemain du match. On s'est retrouvés dans une clinique de Sydney à 7 heures du matin ; le radiologue australien a remarqué une blessure ancienne, une lésion intérieure avec un impact osseux. Sur le ligament croisé postérieur, la lésion était visible mais il n'y avait pas de rupture totale. J'ai alors dit à Jean-Claude [Skrela] que, dans l'état où Raphaël se trouvait, il ne pouvait pas jouer. Mais il est passé outre et l'a imposé. Je lui ai dit qu'il faisait une connerie... »

Des conneries répétées à l'envi. Dans son ouvrage, Raphaël Poulain relate une situation analogue lorsque Fabien Galthié, alors entraîneur du Stade Français, le fait jouer en dépit d'une lésion aponévrotique à un mollet contre le CA Brive, en avril 2005. « Pendant longtemps, reconnaît Gilles Garet, des entraîneurs ou des managers ont eu la main sur la décision médicale. Le médecin n'est qu'un prestataire. » Ou un emmerdeur, selon le point de vue adopté.

Préparer ou soigner, il faut choisir

Pour contourner le rôle sanitaire du gêneur, il existe deux moyens en vogue : limiter son rayon d'action et donner la part belle aux préparateurs physiques motivés prioritairement par les objectifs de performance. Pas de méprise : les préparateurs physiques ne sont pas d'anciens catcheurs reconvertis sans une once de conscience, mais leur expertise n'intègre pas forcément tous les enjeux extra-sportifs. « Il faut savoir que les pays anglo-saxons et ceux de l'hémisphère sud se désintéressent de la médecine pure, ce n'est pas leur priorité », détaille le médecin du Stade Français, Alexis Savigny. « Peu de clubs ont des médecins attitrés. Tenez, je vois passer environ quinze nouveaux joueurs par saison. Ceux qui viennent de l'hémisphère sud n'ont jamais fait de bilan cardiologique, même les internationaux. Ils sont d'ailleurs plutôt ravis qu'on s'occupe d'eux ! Thomas Lombard [1] me racontait qu'à Worcester, où il a joué, le kiné faisait tout : il massait tout en regardant une IRM sur son ordinateur et en appelant un chirurgien pour le suivi d'un joueur. À l'étranger, ils préfèrent les prépas. »

Et ces « prépas » sont d'autant moins les garants d'une éthique irréprochable qu'ils n'ont pas à répondre à une charte déontologique. « C'est vrai que les médecins et les préparateurs physiques ne collaboraient pas énormément au début des années 2000 », reconnaît Jean-Philippe Hager. « On se regardait en chiens de faïence, chacun veut exister par rapport à l'autre », concède Vincent Cavelier, l'ancien médecin-chef de l'ASM Clermont Auvergne (2009-2013). Ni charte, ni code, ni rien d'autre d'ailleurs : « Oui, on aurait dû mieux faire au niveau du statut du préparateur physique », reprend Jean-Philippe Hager. « En football, un diplôme est obligatoire pour le secteur professionnel ; pas au rugby.

1. Ancien international (douze sélections entre 1998 et 2001), Thomas Lombard a joué au Racing Métro 92 (1994-1997 et 2007-2008), au Stade Français (1997-2004) et aux Worcester Warriors (2004-2007). Il est actuellement le commentateur numéro un de Canal Plus pour le Top 14.

Pratiquement n'importe qui peut se déclarer préparateur physique.» Ce qui n'est pas sans risque.

Si Hubert Vidalin a connu «des médecins tolérants qui ne voulaient surtout pas entrer en conflit avec la direction de leur club», il a jeté l'éponge à l'ASM en 2006 pour s'être vu imposer «un type peu recommandable» dans son équipe. L'ancien arrière puis médecin du Racing de 2006 à 2010 Gilles Daubinet a dû mettre le holà à son arrivée au club. «Quand j'ai débarqué, des "Sud-Af" et des "Néo-Zéd" commençaient à arriver», rappelle celui qui voit toujours «beaucoup de joueurs d'équipes différentes en consultation» à la clinique Maussins-Nollet à Paris: «Le préparateur physique leur donnait des compléments alimentaires non homologués. J'ai tout de suite arrêté ça. Si les joueurs voulaient prendre autre chose que ce que je leur apportais, c'était leur problème. En réalité, ils n'ont pas besoin de nous. Ils se parlent entre eux.»

S'il en est un qui connaît tous les recoins de l'arrière-cuisine, c'est bien Alexis Savigny. On le retrouve à deux pas de la clinique Vauban à Paris à l'heure du déjeuner. Le filet de bœuf est avalé d'un trait. Il a le coffre épais, le coup de fourchette facile, le débit tonique, le tempérament latin, le sang corse. Bourru, donc sympathique.

Ancien centre ou ouvreur du Paris UC jusqu'en 1998, Alexis Savigny a d'abord suivi une formation d'urgentiste à l'hôpital Louis-Mourier de Colombes, avant d'obtenir ses diplômes de médecin du sport, de traumatologie et de nutritionniste. En octobre 2000, il est abordé par Hakim Chalabi, alors médecin du Stade Français, pour le remplacer à la vacation sur quelques rencontres avant d'être embauché en janvier 2001. « Pour ma première intervention terrain », évoque-t-il entre deux bouchées, « je n'avais même pas d'accréditation. J'ai foncé en plein match pour soigner Arthur Gomes avec qui je jouais quatre ans plus tôt. Quand il m'a vu, il était éberlué : il m'a demandé ce que je foutais là... »

À l'époque, le staff médical était composé « de deux médecins qui passaient deux demi-journées chacun au club, d'un kiné à plein temps, d'un kiné occasionnel et d'un préparateur physique à mi-temps » : « Aujourd'hui, nous sommes dix-neuf, dont cinq prépas. Personnellement, je suis depuis quatorze ans une quarantaine de matches par an. »

Tel un directeur de cabinet sous la IIIe République, le doyen des médecins du rugby professionnel français a vu passer « huit coaches en treize ans » [1], dont trois Australiens et un Sud-Africain. « Le médical avance selon les entraîneurs qui arrivent », continue-t-il sans quitter les yeux de son assiette.

Si le filet de bœuf est terrassé, il admet aussi avoir avalé des « couleuvrinettes » au cours des treize saisons écoulées. « Je n'ai jamais connu de problèmes avec les coaches, sauf avec l'un d'eux, Cheika », poursuit-il. Plus loin, il raconte qu'il peut détecter au premier coup d'œil « le mec qui arrive cassé, celui qui peut faire trois matches, trois mois, ou toute une saison » : « Une fois, un coach m'a dit que ce n'était pas grave qu'un joueur joue blessé tant qu'il n'a pas de contre-indication formelle. Bon, cette pathologie va impacter sa

1. John Connolly (Australie), Nick Mallett (Afrique du Sud), Fabien Galthié, Ewan McKenzie (Australie), Jacques Delmas, Michael Cheika (Australie), Richard Pool-Jones (Angleterre), Gonzalo Quesada (Argentine).

carrière professionnelle mais ils [les entraîneurs] ne sont pas là pour faire du sentiment mais pour avoir des résultats. À partir d'un certain âge, les joueurs sont tous plus ou moins blessés. Un jour, c'était *too much* et j'ai gueulé. Max [Guazzini] a tranché en ma faveur. »

Alexis Savigny finit sa bouteille d'eau minérale. Il est lancé : « Une équipe pro, c'est un commando. C'est une structure de soixante types qui font tout ensemble. Ils se déplacent, ils bouffent, ils boivent ensemble. C'est une histoire de "t'en es ou t'en es pas". Et toi, le toubib, soit tu plais au coach, aux joueurs cadres, tu es un bon mec, soit tu as fait une couille ou tu es hors de la famille. »

Un expresso arrive sur la table, troublant à peine la discussion. Alexis Savigny évacue quelques miettes. « La pression continuelle, pas de problème », pose-t-il. « Quand tu es le médecin d'un club pro, il faut que tu acceptes l'idée que la performance peut impacter fortement ton travail. J'assume le grand écart entre la santé du joueur et sa performance, mais jamais au détriment de sa santé et toujours dans le respect de l'éthique médicale et sportive. » Sans états d'âme parfois ? « Des états d'âme ? » sursaute-t-il. « Tenez, j'ai voulu créer un syndicat des médecins du rugby en 2006. J'ai mis un an et demi à récupérer les cotisations, histoire de louer la salle. Ça n'a jamais pu voir le jour. Nous sommes des individualistes, il y a un *turnover* monstre, on bosse dans notre coin. »

Si l'on résume la situation, « pratiquement n'importe qui », selon Jean-Philippe Hager, peut être préparateur physique, et « n'importe quel type », selon Alex Savigny, peut être médecin d'un club professionnel. Ce n'est plus d'un diplôme universitaire dont le rugby a besoin, mais d'un physionomiste de boîte de nuit… « En général, le préparateur physique sait ce qu'il faut faire et le médecin sait ce qu'il ne faut pas faire », synthétise avec justesse Bernard Dusfour. « Pour travailler en bonne intelligence, il faut une consultation mutuelle. » Ce qui se pratique généralement, sauf quand le préparateur physique n'est pas toujours celui qu'on croit. « Il existe des préparateurs extérieurs qui collaborent auprès de clubs et qu'on a dans le collimateur », assure Christian Bagate, le « Monsieur Intégrité » de la FFR. Et de compter sur ses doigts : « … j'arrive à sept. »

Dans le collimateur ? « On les soupçonne de fournir les joueurs en produits. » Parano, Christian Bagate ? Un peu moins quand on se rapproche de John Daniell. L'ancien deuxième ligne développe un passage qu'il a raconté dans son livre. « Je venais d'arriver à Montpellier [en 2003] et, au terme du premier match de la saison, on s'était fait plier devant à Castres », se remémore-t-il. « Il y avait alors deux solutions : soit recruter des joueurs plus massifs, soit accentuer le développement musculaire des joueurs sous contrat. Notre préparateur physique a choisi la deuxième option. Le hic, c'est qu'il avait opté pour des compléments alimentaires anglais, de marque Maximuscle, qui contenait de la créatine, autorisée en Angleterre mais interdite à l'époque en France. Notre médecin, Bernard Dusfour, s'y était opposé. Une réunion avec le staff technique a trouvé Dusfour trop prudent. Il a démissionné, c'est ce qui s'est dit à l'époque. »

« Le médecin doit superviser la préparation physique », rappelle doctement Jean-Philippe Hager. « Le chef d'orchestre doit rester le médecin, même si le club dispose d'un super soliste avec le prépa. » Et quand ce n'est pas le cas, il suit à demi l'adage chevènementiste : démissionner et fermer sa gueule. Exit donc Hubert Vidalin, à qui l'on a voulu imposer la venue d'un ostéopathe sulfureux à l'ASM Clermont Auvergne en 2006 ; exit Marc Bichon, l'ancien médecin du XV de France (1991-1995), qui nous a dit être « parti d'un certain nombre d'endroits où on [lui] avait demandé de… » – il n'achève pas sa phrase ; exit Olivier Lambert, « parti de l'USA Perpignan pour des raisons éthiques » : « On me demandait de couvrir des choses dangereuses pour les joueurs, des choses insupportables pour ma dignité de médecin. Il est arrivé en assemblée générale du club qu'un entraîneur me dise : "S'il te plaît, on a une finale, il faut qu'on la gagne ; tu nous donnes tout ce que tu as." Je lui ai alors posé la question : si j'avais un produit interdit et indétectable, devrais-je le donner aux joueurs ? Il m'a répondu : "Bien sûr que oui." » Et exit ainsi tous les silencieux qui ont jeté l'éponge par dépit. Du balai, les scrupuleux. Et au boulot, les biscotos.

Ça casse ou ça casse !

Des joueurs alignés blessés, une épaule en vrac, un genou qui coince ou une vertèbre fissurée, rejoignent saison après saison ces armées de braves qui ont fait dire un jour à Michel Crauste[1] qu'ils allaient faire de « vilains vieux ».

1. Michel Crauste, surnommé « le Mongol », a été un joueur emblématique des grandes années lourdaises qui a porté soixante-trois fois le maillot bleu, dont vingt-deux comme capitaine.

Le courage, la bravoure et l'orgueil se mesurent au nombre de points de suture, de ceux qui marquent les étapes d'une épopée ou se lisent encore sur le visage de Serge Betsen. De Pierre Danos, demi de mêlée du XV de France des années 1950 qui joua un test-match en Afrique du Sud dix jours après un coma de trois heures, à Florian Fritz, K.-O. debout qui reprit le cours d'une rencontre après une perte de connaissance en mai 2014, le jeu de rugby enfante des lésions pathologiques tolérées, quand elles ne virent pas au tragique. « Franchement, je leur tire mon chapeau », nous avait rapporté Nicolas Batum, joueur des Blazers de Portland en NBA – la ligue de basket-ball nord-américaine. « Là où les joueurs de football américain sont bardés de protections, ceux de rugby n'ont qu'un maillot sur le corps. » De l'admiration, oui ; de la perplexité, surtout, chez l'ailier de l'équipe de France championne d'Europe (2013) et vice-championne du monde (2014) de basket.

Aujourd'hui, monsieur Crauste, il s'agit tout simplement de savoir si vos successeurs feront encore des vieux.

Sans revenir aux années Couderc, quand une déchirure ligamentaire se traitait par une injection de novocaïne – un anesthésiant – à la mi-temps, la blessure est un tribut obligatoire à la pratique du rugby. Aujourd'hui, sur la totalité d'une carrière professionnelle longue d'une dizaine d'années, elle peut conduire à deux ou trois ans d'indisponibilité. Peut-on imaginer un tel taux d'arrêts de travail parmi les employés d'une entreprise, modèle dont le rugby d'aujourd'hui se réclame pourtant ? Et lorsqu'un professionnel est déclaré apte au combat, il vit en quasi-permanence avec la douleur, qu'elle soit tendineuse, musculeuse ou osseuse, voire une blessure latente, récurrente, qui demanderait des mois de convalescence que son sport ne peut lui offrir. « Peut-on dire pour autant que les blessures sont plus nombreuses qu'auparavant ? », s'interroge Hubert Vidalin, qui a derrière lui près de quarante ans de médecine du rugby auprès de l'ASM Clermont Auvergne. « Dans les années 1970, la médecine du sport n'existait pas, les compétences étaient limitées », rappelle-t-il d'un ton pondéré. « On ne connaissait pas les lésions de l'épaule, on découvrait celles du ligament croisé antérieur [du genou] ; on n'avait pas à notre disposition l'échographie ou l'IRM. Nous prenions nos décisions sur des examens cliniques. Forcément, il y avait des incertitudes. » Et forcément, on passait à côté de pathologies qui font aujourd'hui des boiteux arthritiques dans le meilleur des cas.

La quinzaine de médecins du rugby questionnés tombent tous d'accord sur un constat que le président de la commission médicale de la LNR ramasse en une phrase : « Bien sûr qu'on a vu que les joueurs ont pris en masse, que la vitesse des impacts a augmenté d'environ 30 % et que le temps de jeu a *grosso modo* doublé en quinze ans », relève Bernard Dusfour. Parallèlement, le vocabulaire s'est musclé : plutôt que de colorés « tampons », « bouchons » ou « cartouches », le corps médical parle désormais de « collisions ». Comme deux trains qui se percutent…

« Lorsque Jean-Marc Lhermet m'a sollicité pour restructurer la cellule médicale de l'ASM, il m'a précisé que c'était le dernier secteur qu'il n'avait pas professionnalisé », se souvient Vincent Cavelier, qui a aussi été médecin de l'équipe de France de basket (1996-2006) et du club des Jaunards

(2009-2013). Nous sommes alors en 2009. Hier cinquième roue du carrosse, le corps médical des clubs pros s'est étoffé en peu de temps et certains emploient une quinzaine de personnes désormais, nutritionniste, préparateur mental et ostéopathe compris. L'intendance suit mais la demande grandit : la plupart sont désormais soucieux, pour ne pas dire inquiets, de la tournure que prend notamment le rugby français. « Il y a une augmentation des pathologies dans leur nature, leur quantité et leur gravité », estime Gilles Garet, l'ancien médecin fédéral. « C'est dû en grande partie à ce rugby de rentre-dedans qui génère de sérieux traumatismes. » Et quelles sont les pathologies les plus courantes ? Chacun a accumulé son expérience des choses : « Certaines sont plus graves qu'il y a quelques années, notamment celle du genou », enchaîne Gilles Daubinet, l'ancien joueur et médecin du Racing, qui joue alors du scalpel. « Une étude anglaise a relevé que le joueur le plus blessé était le premier centre alors qu'il y a dix ans c'était plutôt le troisième ligne, le pilier et le talonneur. C'est la conséquence de l'évolution technique et tactique. Au début des années 2000, on n'envoyait pas le premier centre au carton comme maintenant. »

Le médecin du Lyon OU depuis 1995 et responsable du pôle scientifique de la FFR Jean-Philippe Hager évoque pour sa part « qu'en l'espace de vingt ans on note une recrudescence assez nette de pathologies de l'épaule et du rachis qui proviennent du changement des règles ». Et la sphère de protection du joueur rétrécit : « Le champ des pathologies constatées s'est particulièrement élargi et l'on peut dire que ça va désormais du cheveu à l'orteil », opine

Marc Geneste, médecin du Racing Métro 92 de 2009 à 2013. « Nos études révèlent notamment que les pathologies cervicales surviennent pendant les matches, comme lors des touches portées, et les pathologies lombaires pendant les phases d'entraînement, en raison de la répétition des tâches », détaille Hager.

Pour le président de la commission médicale de la fédération, Jean-Claude Peyrin, « l'évolution de la nature des blessures n'a pas trop évolué. En gros, ce sont les membres inférieurs à 55 %, le rachis à 10 % ». 10 %, c'est plus du double du chiffre déploré dans le monde amateur, puisque parmi les dix-huit mille déclarations d'accident déposées auprès de la FFR en 2013[1], huit cents (moins de 5 %) concernaient le rachis, soient quatre-vingts environ par mois. « Ah oui », se souvient tout à coup Peyrin, « on a aussi constaté une petite augmentation des commotions. » Petite, c'est à voir, mais spectaculaire et sujette à crispations, c'est certain.

Rachis et commotion, autrement dit colonne vertébrale et tête : nous touchons là aux cordes sensibles du rugby, celles qui font peur puisqu'elles peuvent conduire jusqu'à la paraplégie pour la première, à l'hémorragie cérébrale pour la seconde. Et la puissance accrue des impacts n'arrange rien : les instances du rugby ont mis en place des protocoles pédagogiques et sanitaires sans cesse actualisés au gré des progrès de l'appareillage médical… et des nouveaux cas d'accident. De véritables crash-tests.

L'imagerie médicale a par exemple permis de prévenir des accidents irréparables. « Au départ, en 1997, les radios du

1. Chiffres livrés par la GMF, assureur de la FFR.

rachis cervical permettaient de constater de l'arthrose», se souvient Jean-Claude Peyrin. De l'arthrose, symptôme d'un vieillissement du rachis à 25 ans… «L'arrivée de l'IRM, qu'on a étendue du secteur professionnel aux centres de formation, a permis de mesurer la dimension de la moelle par rapport à celle du canal», poursuit-il. «Dès lors, on a pu classifier les lésions cervicales en trois groupes de gravité, G1, G2 et G3[1]. Aujourd'hui, on a régulièrement des joueurs en G2 et une ou deux contre-indications formelles sur le pool pro par an.»

Si l'on saisit bien le diagnostic, des joueurs sont «régulièrement» en sur-risque de myélopathie dégénérative, nom générique de toutes les affections de la moelle épinière ou de la moelle osseusc. Cette myélopathie peut conduire à une névralgie cervico-brachiale, à une dysesthésie (déficit neurologique, insensibilité), à une paralysie partielle ou complète d'un bras, mais aussi à une paraplégie selon les racines nerveuses touchées.

Quant aux commotions cérébrales, révélées au grand jour par le neurologiste Jean-François Chermann dans un ouvrage… coup de poing[2], elles ont ravivé les débats depuis la polémique née du retour sur le terrain du Toulousain Florian Fritz, qui avait subi de son propre aveu «un petit K.-O.» au cours d'un match de barrages contre le Racing

1. Selon les mots du docteur Peyrin: G1 (rachis pas tout à fait normal mais pas de sur-risque); G2 (colonne cervicale serrée; sur-risque de myélopathie dégénérative); G3 (colonne collée contre la moelle – pas de liquide céphalo-rachidien qui passe –, risque très important donc contre-indication). La compression de la moelle entraîne des accidents dégénératifs type hernie, sciatique, radiculalgie.

2. *K.-O. Le dossier qui dérange*, Paris, Stock, 2011.

Métro 92 en mai 2014. Sonné, groggy, le visage en sang, le trois-quart international fut autorisé à rejouer sans avoir été soumis au protocole « commotion ». Ce K.-O, saisissant et télévisé, a réveillé l'aréopage du rugby qui consent désormais à admettre les dégâts collatéraux d'un fléau qui ne disait pas son nom, en raison notamment d'un syndrome dévastateur dit du « second impact ». « Il y a vingt ans, les commotions, on appelait ça des K.-O », rappelle Jean-Claude Peyrin. « On n'allait pas plus loin que ça. Ça faisait même rire de voir des types tituber. On leur faisait alors respirer des sels d'ammoniaque et ça repartait... »

Depuis, les huiles du rugby n'ont surtout pas versé d'huile sur le feu : le cas Florian Fritz a suscité quatre mois plus tard... un rappel à l'ordre par courrier de la LNR, destiné au président du club toulousain, Jean-René Bouscatel, « pour lui rappeler les obligations qu'il y a au niveau du protocole ». Un rappel à l'ordre ? « Il n'y a pas de sanction car le règlement ne le prévoit pas », a évacué le président de la LNR, Paul Goze. Il prévoit quoi, le règlement ? Un bouquet Interflora envoyé au type fracassé ?

Il y a vingt ans, le professionnalisme n'existait pas, et le rugby de haut niveau s'est chargé de multiplier cette grave cause d'accidents. « Il y a beaucoup de commotions sur le terrain, beaucoup plus qu'avant », évalue Gilles Daubinet, sachant que 90 % des commotions se produisent sans perte de connaissance. « Elles augmentent d'année en année », constate Marc Geneste. Jean-François Chermann estimait en 2011 que « deux ou trois rugbymen sont victimes de commotion sans perte de connaissance à chaque journée de Top 14 ». Le syndicat des joueurs professionnels avance que « pratiquement un tiers des commotions cérébrales sur la saison » 2013-2014 n'a pas fait l'objet d'un diagnostic et n'a pas été suivi d'une sortie de terrain.

Les deux autres tiers – soit la partie visible de l'iceberg – prennent de plus en plus d'envergure. « Au début des années 2000, sur les mille deux cents à mille quatre cents blessures répertoriées par saison en Top 14[1], on relevait une quinzaine de commotions », se souvient Jean-Claude Peyrin. « Dès qu'on a procédé à un suivi cérébral en 2010, on en a constaté une soixantaine. » Soit quatre fois plus… « Oui, on peut dire qu'on les avait sous-estimées, négligées », reconnaît-il. Y a-t-il un docteur dans la salle pour arrêter le massacre ? Y a-t-il un entraîneur pour le regarder en face ? Y a-t-il un joueur pour l'accepter ?

Un état de fait dont l'ancienneté n'appartient toutefois pas au seul rugby français. Le spectaculaire K.-O. de Florian Fritz réveilla les consciences et poussa l'IRB à actualiser le protocole médical en cas de commotion. Il faut dire que les études publiées dans le *British Journal of Sports Medicine* portant sur la période 2008-2012 venaient d'accoucher de résultats accablants : 56 % des joueurs commotionnés restaient sur le terrain ; la fédération internationale reconnut que ce chiffre culminait à 50 % lors des éditions du Mondial junior ; ou que le championnat anglais en recensait 56 % entre 2001 et 2010[2].

La prise de tête était universelle : dans son ouvrage

1. Ces blessures – regroupées dans un logiciel par tous les médecins du Top 14 – vont d'une plaie ouverte lors d'un entraînement, qui réclame quarante-huit heures de repos, à la commotion cérébrale.

2. *Idem*.

intitulé *Rainbow Warrior* et paru en 1999, l'ancien capitaine des Springboks François Pienaar livrait un fait d'armes au moins aussi désarmant : mis K.-O. à dix minutes de la fin d'un match international opposant l'Afrique du Sud à la province néo-zélandaise de Wellington en 1994, Pienaar expliquait avoir été plongé dans les vapes « non pas une minute, mais pendant presque une heure après la rencontre » : « Evan Speechly [le physiothérapeute] et le docteur Frans Verster furent critiqués pour m'avoir sorti eux-mêmes groggy du terrain alors qu'une civière eût été plus appropriée, mais ils avaient ordre de masquer la commotion qui aurait signifié trois semaines de suspension alors que le premier test-match [contre la Nouvelle-Zélande] avait lieu sept jours plus tard[1]. »

« Dès qu'un point de règlement est instauré, on essaie de le contourner ; il n'y a plus que le résultat qui compte. » Le constat ne provient pas d'un médecin mais de Jean Arhancet, président depuis 1991 de la fondation Ferrasse – créée l'année précédente – qui vient au secours des grands blessés du rugby, amateurs pour la plupart. Cloué dans un fauteuil et tétraplégique depuis 1977 et un match de novembre disputé avec l'ASPTT Pau qui lui brisa deux cervicales, l'ancien pilier et sa petite équipe de bénévoles déploient une générosité et un dévouement permanents auprès des compagnies d'assurances pour leurs « frères d'armes tombés sur le champ » : « Depuis 1990, nous avons pu faire indemniser cent vingt-deux joueurs pour un total de 7,9 millions

1. François Pienaar, *Rainbow Warrior*, Londres, Collins Willow, 1999 (je traduis).

d'euros. » Cinq grands blessés par an en moyenne qui se retrouvent lourdement handicapés ou en fauteuil roulant : c'est une autre réalité du rugby que le secteur professionnel semble occulter à ses yeux : « Le jeu en Top 14 est devenu une machine de guerre et le médecin a toujours beaucoup de difficultés à jouer son rôle, notamment au niveau des commotions », estime-t-il. « On tire tous les ans le signal d'alarme mais le K.-O. a toujours été considéré comme faisant partie du folklore. Dans vingt ou trente ans, dans quel état seront ces joueurs ? On est en train de constituer une bombe qui va éclater un jour. »

Le corps médical n'en touche mot mais ne peut le contredire : « La masse étant un élément déterminant, le rugby est devenu un sport de collision, coincé désormais entre le jeu à XIII et le foot américain », soupire Hubert Vidalin. « Certes, le rugby a pris en charge les problèmes des traumatismes crâniens et cervicaux », admet Armand Mégret, le médecin de la Fédération française de cyclisme qui est aussi président des médecins de fédérations sportives. « Mais a-t-on le droit d'accorder une licence à un athlète blessé à répétition ? Et quel est l'avenir locomoteur de ces joueurs ? Le médecin doit se recentrer sur son métier. »

Un quart des effectifs pros à l'infirmerie !

« Aujourd'hui, il y a beaucoup de casse », reprend Jean-Philippe Hager, « et le nombre de blessés varie au gré des saisons. En 2012, je me souviens que c'était la "cata" au Lyon OU, les joueurs tombaient comme des mouches ; en revanche, en 2014, si l'on a déploré quelques ligaments croisés en début de saison, on n'a pratiquement rien vu pendant les neuf mois suivants.»

Pour l'ancien médecin du Racing Métro 92 Gilles Daubinet, «l'infirmerie ne désemplissait pas: sur trente-cinq joueurs sous contrat, sept ou huit étaient indisponibles chaque week-end». Ce que Gilles Garet traduit à sa façon: «Entre un quart et un tiers de l'effectif d'un club pro est blessé en permanence.» Une fourchette que retient également Nicolas Barizien, médecin de la FFR entre 2009 et 2013: «Entre un quart et un tiers, oui, c'était déjà ça en 2008.»

Son confrère et ancien président du syndicat des joueurs Provale, Serge Simon, a d'ailleurs donné un énième coup de klaxon à cet égard[1], sans que cela gêne la circulation. Alors, pour endiguer l'hémorragie, Alexis Savigny a une idée, qu'il livre sans détours: «Il faut augmenter les effectifs. Faisons comme les staffs des franchises de football américain: ils sont quatre-vingt-dix joueurs par équipe[2], vivent dans leur bulle, font ce qu'ils veulent en sachant que la santé est un risque conscient.» On lui parle d'«escalade sans fin»; il répond «arrivée des protections pour le joueur» et «hypocrisie ambiante». Oui, inspirons-nous du foot US: quatre mille anciens joueurs, matraqués

1. «Au bout de la chaîne, ce sont les joueurs qui paient. Tous les voyants sont au rouge. Il y a eu 30 % d'augmentation de blessures entre les saisons 2012-2013 et 2013-2014. On ne peut pas tolérer une usine à péter les mecs.» (*Le Journal du Dimanche*, 16 novembre 2014.)

2. En fait, une équipe de football américain aux États-Unis est composée en moyenne d'une cinquantaine de joueurs titulaires et d'une vingtaine d'autres placés sur la liste des blessés et dans une *team* dite d'opposition pour les entraînements. Le staff technique (entraîneurs, assistants...) comprend une vingtaine d'encadrants.

notamment par les stéroïdes et dont l'espérance de vie est désormais de 53 ans, ainsi que mille cinq cents épouses ou enfants de joueurs retraités ont attaqué en août 2013 la NFL – l'association d'équipes professionnelles de football américain – en justice pour recevoir 765 millions de dollars en retour des coups reçus.

Parmi les lésions recensées en est apparue une nouvelle pour bon nombre d'observateurs assidus, anciens joueurs et médecins : la rupture d'un tendon. « On n'en voyait jamais avant », s'étonnait l'ancien trois-quart centre du Racing Éric Blanc sur le plateau de L'Équipe 21. « C'est vrai qu'on en parle plus parce que des joueurs emblématiques comme Thierry Dusautoir en ont été victimes mais, statistiquement, il n'y en a pas plus qu'avant », relève le médecin en chef de la fédération, Jean-Claude Peyrin. À quoi Christian Bagate, son prédécesseur à la tête de la commission médicale de la FFR, répond : « Moi, quand je vois un tendon qui pète, je me dis que ce n'est jamais innocent. Les tendons ne peuvent pas suivre. Il y a la suspicion d'une toxine. »

Nous nous sommes alors tournés vers la LNR pour avoir une idée de l'épidémie des lésions, mais Bernard Dusfour a habilement botté en touche. Jean-Claude Peyrin, alors ? Avant de chapeauter la commission médicale de la fédération depuis 2012, il a piloté celle de la LNR à partir de 1996. L'ancien talonneur grenoblois se garde bien d'actualiser les chiffres mais dresse cependant un rapide diagramme : « Dans les années 2000, sur un effectif de trente-cinq joueurs, chaque club comptait en moyenne cinq joueurs indisponibles chaque week-end, soit en raison d'une blessure, soit parce qu'ils étaient en rééducation. Ce chiffre a augmenté progressivement et, quand je suis parti de la ligue en 2013, les clubs étaient en moyenne à neuf joueurs indisponibles par week-end. L'année dernière, je sais qu'on est passé à dix. En gros, on a doublé ce chiffre en dix ans. En revanche », enchaîne-t-il rapidement, « la durée moyenne des blessures n'a pas augmenté. » Voilà qui rassure.

Quand on sait que l'effectif moyen d'un club pro recense quarante joueurs (trente-trois contrats professionnels et sept contrats « espoirs »), c'est bien 25 % des employés qui sont sur le carreau. Ces joueurs sont alors déclarés en accident de travail et pris en charge à 100 % par la sécurité sociale, qui a fixé un plafond de remboursement. « Pour un joueur blessé au salaire de 8 000 euros, la sécurité sociale verse 2 556 euros au club par droit de subrogation », détaille Jean-Claude Peyrin. « Le reste est réglé par le club qui est remboursé par une mutuelle ou une assurance. »

Dommage collatéral méconnu : l'augmentation du nombre des blessures ne va pas aider à combler le trou de la sécu : à raison de dix joueurs en permanence sur le flanc pour trente clubs professionnels – soit trois cents joueurs –, l'addition frôle les 10 millions d'euros annuels… On casse tout au rugby, sauf les prix !

CHAPITRE VI

Tube à essais

En l'espace de quinze ans, comme un adolescent qui pousse sur le tard, le rugby a grandi vite, très vite. Et remis à demain – ou à jamais – le soin de se pencher sur les séquelles de sa subite croissance. À mesure que les corps gonflent, ses dirigeants ont d'autant plus conscience de ce qui se trame qu'une myriade d'indices et de faits saillants constituent aujourd'hui un profil inquiétant, nourri pour partie aux stéroïdes, aux anabolisants et à la cocaïne…

À la lecture de la liste des joueurs déclarés positifs à un contrôle antidopage depuis l'an 2000, il n'y a pourtant pas de quoi déclencher un plan Vigipirate. « Des vrais dopés, des dossiers lourds, j'en ai à peine un par an », opine Christian Bagate. Entendez par là prise de stéroïdes ou d'anabolisants, sans aller au-delà. Le Monsieur Intégrité de la FFR dit vrai : treize professionnels suspendus en quatorze ans pour autre chose qu'une prise de cannabis, voilà qui ne témoigne pas d'une frénésie addictive. Et bien qu'étant classée dans la famille des stupéfiants parce qu'elle joue sur le système nerveux central, on sait que la fumette d'un chichon n'a qu'un intérêt bien relatif dans la recherche du bonus offensif…

Pour être honnête, l'état du dopage dans le rugby n'a jamais été rendu plus évident que par un pis-aller. On parle ici des trois défauts de localisation qui ont coupé les jambes de l'ailier international toulousain Yoann Huget, suspendu quatre mois et privé de Coupe du monde en 2011, puis de son alter ego parisien Djibril Camara, écarté six mois la saison suivante pour le même motif. Mais la famille ADAMS[1] du rugby n'a rien de macabre : deux actes de contrition plus loin, mâtinés d'une insouciance d'écoliers écervelés et d'excuses publiques, et l'affaire était entendue.

On semble d'autant plus un pisse-vinaigre que les contrôles antidopage des grands événements diligentés par l'IRB – Coupe du monde, Tournoi des VI Nations... – débouchent immanquablement sur des communiqués sereins et rassurants. Zéro cas, zéro tracas. Pas de positifs, pas de dopage : l'antienne est connue, rabâchée, amendée à la marge. En 2013, la fédération internationale a juste relevé 3 cas positifs sur les 1 831 contrôles menés, soit une tâche de 0,18 %. Autant dire quasi rien.

Certes, ce ratio n'est bizarrement plus le même quand on lit les chiffres publiés par l'AMA en juillet 2014 sur la même saison : sur 6 126 échantillons analysés, 1,3 % d'entre eux présentait un taux anormal de substances prohibées. D'accord, les 79 cas positifs à l'échelle de la planète ne vont pas blackbouler les valeurs de l'Ovalie. Mais voilà, l'agence précisait que, toutes disciplines confondues, le rugby à XV était le sport collectif présentant le taux le plus élevé

1. Anti-Doping Administration and Management System, nom du logiciel antidopage confidentiel dans lequel les sportifs renseignent leur localisation.

de cas de dopage, plus que le cyclisme ou l'athlétisme, et qu'il n'était devancé sur le podium que par l'haltérophilie (3,4 %) et le catch (2,3 %)... Après le « hit-parade » national, certes biaisé, de François Lasne devant la commission sénatoriale en mars 2013, voilà que le rugby tutoyait un voisinage guère fréquentable au niveau mondial...

Comme aux grandes heures de l'Union cycliste internationale et du Tour de France d'un côté, et de l'AFLD de l'autre, les instances s'envoient des pourcentages à la face selon qu'elles se situent côté ouvert ou en mêlée fermée.

L'effet Obélix

Seulement, ces chiffres témoignent d'une double réalité : de la faillite des contrôles et de leur insignifiance.

La faillite tout d'abord : l'historien du dopage qu'est le docteur Jean-Pierre de Mondenard rappelle que « le premier contrôle antidopage mené dans le rugby remonte à janvier 1978 lors d'un match CASG [Paris]-Clamart », soit treize ans après ceux instaurés dans le cyclisme. Mieux, « jusqu'à la fin des années 1990, [les contrôles] étaient rarissimes et ne recherchaient qu'une catégorie limitée de stimulants », comme les amphétamines et autres joyeusetés qui ont fait florès dans le rugby français. Encore mieux, « les contrôles se sont focalisés à 90 % sur le cyclisme jusqu'au milieu des années 1990 ». Le vélo érigé en bouc émissaire, mais pourquoi ? « Parce qu'on avait des infos », explique simplement Michel Rieu, l'ancien conseiller scientifique de l'AFLD. « Le rugby, lui, a joui longtemps d'une bonne réputation. Progressivement, sans qu'on y prenne garde, les choses se sont dégradées. Depuis deux, trois ans, ça devient manifeste. »

L'insignifiance des contrôles ensuite. Au niveau international, ils sont diligentés par l'autorité de contrôle – en l'occurrence la World Rugby, anciennement IRB. « Pour les événements internationaux type Tournoi des VI Nations, selon un accord passé entre l'IRB et l'AFLD, on se limite à deux joueurs tirés au sort, soit hors du groupe cible, pour être contrôlés, et ce n'est pas satisfaisant », confirme Bruno Genevois, le président de l'AFLD. Deux sur vingt-trois joueurs inscrits sur une feuille de match, voilà qui laisse 90 % de chances d'y échapper. Voire 100 %... « Il faut savoir que le code mondial antidopage », poursuit-il, « stipule que l'équipe encourt une sanction si plus de deux de ses membres ont été convaincus de dopage. On renonce donc par avance à toute possibilité de sanction sportive. » Et pour les matches de Coupe d'Europe ? « Les contrôles sont là encore tributaires de l'IRB. L'AFLD n'intervient pas. » En revanche, l'IRB est toute fiérote de sa campagne de prévention à travers son « site dédié » – décliné en trois langues et qui n'intéresse que ceux qui cliquent sur l'onglet[1] – et ses tee-shirts floqués du slogan éponyme lors de tournois de jeunes.

Autant dire que, mises bout à bout, ces dispositions sont de nature à évaluer un phénomène qu'on soupçonne, pas de l'enrayer.

Rétrospectivement, les autorités du rugby naviguent à vue quand il s'agit de répertorier les dévoiements à l'équité

1. KeepRugbyClean.com

sportive ; elles se nourrissent plutôt des rumeurs internationales qui ont fait frissonner des époques, comme les Sud-Africains victorieux de « leur » Coupe du monde en 1995 sous les yeux de Nelson Mandela, avant qu'une épidémie de maladies dégénératives ne réveille des inquiétudes ; ou encore les gabarits bodybuildés des Anglais en 2003[1] lorsqu'ils ont mis le grappin sur le trophée Webb Ellis à Sydney, avant que les constantes physiologiques de deux transfuges anglais dans notre Top 14 – au CA Brive – n'effraient nos experts du passeport biologique.

Certes, le dopage, comme l'enfer de Jean-Paul Sartre, c'est les autres, mais qu'en était-il en France ? « Chez nous, les anabolisants sont apparus dans les années 1990 », estime Jean-Philippe Hager, le responsable du pôle scientifique de la fédération et médecin de club lui-même. Un constat approuvé d'un mouvement de tête par le président de la commission médicale de la LNR, Bernard Dusfour, quand on lui en fait part. « Les stéroïdes anabolisants constituent le dopage le plus performant », souligne pour sa part Jean-Pierre de Mondenard. « L'athlète va prendre de la densité physique, courir plus vite, sauter plus haut et maintenir durablement son niveau de performance car ils font augmenter les taux

1. Même Jonny Wilkinson y fait référence (!) dans son ouvrage (*Mémoire d'un perfectionniste*, Paris, Lattès, 2012) lorsqu'il mentionne à deux reprises que les All Blacks surnommaient les joueurs anglais « orques sous stéroïdes ». L'ancien demi d'ouverture du XV de la Rose et du RC Toulonnais évoque par ailleurs la préparation de l'équipe d'Angleterre pour la Coupe du monde de 1999 : « En contrepartie, nous aurons droit à de petites compensations. Certains ont donc droit à une trentaine de différentes pilules ou comprimés à avaler chaque jour. Ils y tiennent tellement qu'au beau milieu de la nuit on doit se réveiller à intervalles réguliers pour avaler nos doses de protéines. »

d'hémoglobine et de globules rouges dans le sang. *Grosso modo*, l'athlète en recherche musculaire va gagner quatre ans par rapport aux méthodes naturelles d'entraînement. »

P…, quatre ans ! Et ce n'est pas fini… « Ces produits agissent sur le flux de synthèse des protéines musculaires et vont donc construire le muscle », ajoute Xavier Bigard, conseiller scientifique de l'AFLD depuis octobre 2012 – mais pas seulement[1]. « Une fois que les stéroïdes exogènes sont éliminés par l'organisme, la masse musculaire persiste si l'athlète maintient la charge de travail à l'entraînement. » Ce que l'ancien médecin de l'USA Perpignan Olivier Lambert traduit par une image gauloise très parlante : « On a effectivement découvert récemment qu'un individu qui a pris des stéroïdes pendant un certain temps constatera que leurs effets demeurent. Il a donc un avantage qu'il ne perdra pas même s'il arrête de se doper. On appelle ça l'effet Obélix[2]. »

Par Toutatis, on comprend que le raccourci puisse être emprunté par quelques fous du volant quand l'autoroute du rugby est saturée par un embouteillage de compétitions. Et Christian Daulouède, spécialiste de médecine physique et

1. Président de la Société française de médecine du sport ; ancien médecin militaire, physiologiste, chercheur en biologie musculaire et en nutrition ; responsable de l'Institut de recherche biomédicale des armées.

2. Repris par Laurent Bénézech dans son livre *Rugby, où sont tes valeurs ?, op. cit.* Un ancien joueur de la Section Paloise, l'Écossais Paul Dearlove, avait rédigé un article en ce sens en 2009. Dearlove rappelait une conversation tenue en 2007 avec un préparateur physique qui lui expliquait que « la prise de stéroïdes anabolisants pendant un cycle de huit semaines pouvait changer [sa] carrière sportive. Par son expérience, il avançait même qu'un joueur qui n'effectuerait qu'un seul cycle de huit semaines pouvait néanmoins conserver 60 % des bénéfices obtenus ».

sportive, d'en rajouter sur la bande d'arrêt d'urgence : « Ce qu'on veut dans le rugby, c'est faire prendre de la masse, du muscle et de la vitesse », détaille l'ancien médecin du CA Béglais (1995-2000). « Ce qui vient à l'esprit sont donc les hormones anabolisantes telles que la testostérone et l'hormone de croissance, qui, elle, part du cerveau et va faire secréter les anabolisants dont les effets gonflent la fibre musculaire. Elles développent la masse musculaire et diminuent la masse graisseuse. On sait maintenant qu'elles permettent également d'augmenter le taux de globules rouges et peuvent alors jouer le rôle de l'EPO. »

Suivi, passeport et passoire

À s'entendre détailler les modes d'emploi, on pourrait penser que la martingale pour déjouer les tricheurs est connue. Rien n'est moins sûr. « Les amphétamines, on trouve », relance Christian Bagate. « Les anabos, on peut trouver. » Ou pas. « Au regard de la palette des produits accessibles par Internet[1], il faut être soit sot, soit maladroit pour être positif à un contrôle », s'amuse Jean-Pierre de Mondenard. Ce qui n'est guère flatteur pour les trois bougres contrôlés positifs aux anabolisants en quatorze ans de contrôles antidopage dans le rugby français… « Ces hormones

1. La recherche des mots-clés « achat de stéroïdes » sur Google propose plus de trois millions de réponses. Selon MarkMonitor, société américaine spécialisée dans la protection des marques sur Internet, le nombre de sites proposant des stéroïdes anabolisants a progressé de 35 % en 2012 et de 135 % pour les anabolisants (cf. le premier tome du rapport de la commission d'enquête du Sénat sur l'efficacité de la lutte contre le dopage).

sont le socle du dopage», affirme Christian Daulouède, «elles sont à la fois extrêmement efficaces et difficilement détectables.» Allons bon…

Et Jean-Pierre de Mondenard de prendre appui sur deux exemples récents: «Le laboratoire antidopage de Cologne a annoncé il y a quelques mois [en novembre 2013] qu'il venait de mettre au point une technique fiable de détection du stanozolol. C'est ce produit qui avait fait tomber le sprinter canadien Ben Johnson lors des Jeux olympiques de Séoul en 1988. Ce qui signifie que, pendant vingt ans, celui qui se dopait au stanozolol pouvait passer au travers des contrôles. Le laboratoire antidopage de Moscou a fait de même avec un autre anabolisant, le Turinabol, pilule bleue avalée pendant vingt ans par les athlètes de l'ex-RDA. Là aussi, il a fallu vingt ans de recherches…»

Diable! Quatre ans d'avance d'un côté, vingt ans de retard de l'autre… On se tourne alors vers les pare-feu ultimes que constituent suivi longitudinal et passeport biologique, que tous les joueurs, entraîneurs, managers, présidents, agitent dans tous les sens comme un gage de probité absolue[1]. Ces deux dispositifs, mis respectivement en place en 2001 et en 2008 dans le rugby, constitueraient le *nec plus ultra* en matière de parade aux yeux des optimistes, dont fait partie Jean-Claude Peyrin. Le président de la commission médicale

1. Pour exemple, l'avis de Philippe Saint-André, l'actuel manager du XV de France: «Nous, à l'époque, on jouait dix-huit, vingt minutes, maintenant on est à quarante. Je crois que la fédération et la ligue ont anticipé cela. On a été le premier sport où il y a eu des suivis longitudinaux, où tous les joueurs de Top 14 ont deux, trois prises de sang dans l'année.» (Rugbyrama.fr, 13 mai 2013.)

de la FFR est ravi de préciser que « le suivi longitudinal a permis d'endiguer les injections de cortisone qui faisaient chuter le taux de cortisolémie ».

Mais de nombreux experts en rappellent la véritable portée : « Le suivi longitudinal, qu'on appelle aujourd'hui surveillance médicale réglementaire, comporte plusieurs examens dont les contenus sont définis par la fédération et la ligue », expose Armand Mégret. « Il ne s'agit de rien d'autre que d'une médecine d'aptitude ; on est dans le sanitaire. » « Il ne détecte que les variations hormonales dans l'équilibre sanguin », douche de Mondenard. « Il est incapable de détecter les anabolisants, les stimulants, l'Actovegin, la créatine injectable, l'hormone de croissance.... » « Certains anabolisants comme le clenbutérol ou le salbutamol sont détectables, d'autres le sont si leurs prises sont systématiques et répertoriées, mais combien d'autres sont sur le marché ? », soupire Michel Rieu, l'ancien conseiller scientifique de l'AFLD. Et son successeur Xavier Bigard se tient sur la même ligne : « Le suivi longitudinal est un bon moyen de surveiller la santé d'un joueur, mais en aucun cas un mode de détection de prise de produits dopants. »

Soit, mais le passeport biologique, dont on a loué l'efficacité ? « Avec les prélèvements urinaires et sanguins mis en place hors du giron des fédérations, on est à la recherche de preuves indirectes de manipulations ou de modifications sous-jacentes au dopage qui permettent de prendre des décisions disciplinaires », reprend Armand Mégret, le membre de la commission médicale du CNOSF et responsable médical de la Fédération française de cyclisme. Du théorique brinquebalé par la réalité du terrain : « En

France, les instances du rugby font prélever trois échantillons sanguins par an, mais c'est pour vérifier la santé du joueur, pas pour détecter des stéroïdes ou d'autres produits interdits », témoigne John Daniell, l'ancien deuxième ligne néo-zélandais qui a passé neuf ans dans trois clubs français jusqu'en 2006. » Un toubib de Montpellier m'a dit qu'une quelconque anomalie serait suivie mais qu'il ne serait pas possible de confirmer que le joueur est coupable de dopage sur cette seule base. »

Sur cette question, Xavier Bigard prend de la hauteur : « Quand le sport s'abrite derrière le suivi longitudinal et le passeport biologique pour justifier sa propreté, il n'est pas cohérent. Il ne faut pas mélanger les genres : le suivi longitudinal est un suivi médical grâce auquel on peut dépister l'utilisation de glucocorticoïdes s'il y a des modifications ; le passeport biologique, c'est le dépistage et la surveillance de substances dopantes par des biais indirects. »

Pour résumer, la situation n'est guère réjouissante : les corticoïdes sont abondamment utilisés, voire sans réserves, en injection, avec tous les effets retors qu'ils induisent (tendons fragilisés, décalcification osseuse…) ; la cocaïne se balade en toute impunité ; très peu de stéroïdes anabolisants sont détectables ; l'hormone de croissance a une traçabilité si réduite (quelques heures) qu'elle a une chance infime d'être confondue par les seuls prélèvements sanguins. Quant à l'EPO et à l'autotransfusion sanguine, elles font dire à Christian Bagate « qu'il y en a certainement pour les grosses compétitions. Mais c'est compliqué, voire impossible à détecter ». Un constat que Bruno Genevois reformule à sa manière : « L'absence de contrôles positifs ne signifie surtout pas absence de dopage. Nous assistons même à une baisse des positifs ; pas sûr que ça corresponde à une baisse de prise de produits dopants. »

En somme, à force de supputations, d'observations et d'extrapolations, les instances sanitaires et médicales se sont forgé une conviction. « Le développement du rugby pousse au dopage », résume Christian Daulouède. « C'est la conclusion de déductions, pas le produit d'une expérimentation. La plupart des records d'athlétisme ont été le fruit de la découverte d'une nouvelle molécule. »

Quel que soit le spécialiste de la question, il dit connaître le mode opératoire, le circuit emprunté, les périodes propices à la « charge », les phases de vulnérabilité du joueur... « Il y a deux moments », décortique Bruno Genevois, « dans la carrière d'un joueur pendant lesquels les risques de dopage sont les plus forts : je veux changer de statut en passant de très bon amateur à professionnel ; j'ai atteint un pic de performance et je veux me maintenir coûte que coûte. » « Le dopage survient souvent quand le joueur est victime d'une blessure », commente Christian Bagate. « Il veut reprendre au plus vite pour ne pas être décramponné. Il a peur d'être oublié. Alors, il va voir un préparateur pour être remis sur pied rapidement, et tu découvres un type avec un potentiel énorme quand il revient. C'est un peu l'histoire de Corréa [1] :

1. Yogane Corréa, alors joueur à Albi, en Pro D2, avait été suspendu deux ans pour usage d'anabolisants en 2006. Auparavant, le deuxième ligne franco-sénégalais avait joué au FC Grenoble, en 2002-2003, suivi par le docteur Jean-Claude Peyrin : « À l'époque, je l'avais trouvé étonnant : il était sec, musclé. Je lui avais fait des prises de sang supplémentaires mais je n'ai jamais rien trouvé. » D'où la limite des contrôles... « Après sa suspension, on l'a pris en sympathie. Il est allé raconter sa

un gentil garçon mais qui, en fin de carrière, rencontre un type dans une salle de musculation qui va lui vendre du rêve, en l'occurrence du stanozolol, un stéroïde des années 1960. » « Dans un club, il arrive qu'un joueur soit soumis à une longue interruption en raison d'une blessure et tu le perds de vue », enchaîne Olivier Lambert. « Parfois, j'ai été troublé par le volume musculaire de certains à leur retour au club. »

« La démarche dopante est malheureusement simple », ajoute Hubert Vidalin, l'ancien médecin de l'ASM. « On lui fait d'abord prendre des ergogènes, des psychostimulants, des vitamines pour commencer, ce qui peut rendre certains joueurs vulnérables ; puis il se retrouve dans une salle de fitness où il découvre les boîtes de protéines avec lesquelles il prend deux kilos. La mécanique est enclenchée : il prend trois kilos avec un autre produit, puis on le téléguide vers les anabolisants. C'est un cheminement externe au club. » « En pareil cas, pas mal de joueurs disparaissent de l'entraînement et se débrouillent seuls », ajoute Christian Bagate. « Comme ils ne font pas confiance aux préparateurs physiques officiels des clubs dans ces situations bien particulières, ils se tournent alors vers un coach privé dans l'une de ces salles. Et c'est comme ça que ça démarre. » Mais peut-on l'arrêter ? Christian Bagate verse dans le fatalisme : « Des infos, nous en avons. Des médecins de clubs voient bien ce qui se passe chez eux, mais ils ne veulent pas intervenir pour garder leur place au chaud. Tout le monde est en danger. »

---

connerie dans certains centres de formation. Selon lui, il avait pris des trucs dans des salles de muscu parisiennes avant d'arriver à Grenoble. »

L'Afrique du Sud, hors normes en hormones

Si le recours à la surmédicalisation – licite ou non – est bien la face cachée des débuts du professionnalisme en France, un autre phénomène a probablement accéléré ce processus : l'arrivée d'une main-d'œuvre étrangère peu regardante en la matière. Au début des années 2000, la FFR s'était inquiétée en catimini de la tournure que prenait le rugby. « Bernard Lapasset, alors son président, et Bernard Laporte, l'entraîneur du XV de France, étaient venus de leur propre initiative devant le collège du CPLD [l'ancêtre de l'AFLD], composé des neufs sages du conseil scientifique », se souvient le professeur Michel Rieu, qui assistait à la rencontre au siège de l'agence en tant que son conseiller scientifique. « C'était peu de temps après la création du Conseil et c'était la première fois qu'une fédération exposait ainsi son inquiétude. Rappelez-vous, c'était deux ans après l'affaire Festina et le Collège[1] avait été agréablement surpris de cette démarche. » Et qu'avait-il été dit ? « Ils étaient préoccupés par ce qui arrivait », ajoute Michel Rieu. « Ils n'avaient pas de cas précis, juste une impression générale, des rumeurs. Il leur semblait que des joueurs venant de l'hémisphère sud, et plus spécifiquement d'Afrique du Sud, avaient des comportements douteux auxquels le rugby français n'était pas habitué. On pouvait déduire de leurs propos alambiqués que la main-d'œuvre étrangère venait avec son attirail, qui allait se répandre

1. Sorte de conseil d'administration de l'AFLD qui ne regroupe que des personnalités scientifiques.

dans le rugby français. Peut-être espéraient-ils que le CPLD pourrait intervenir… »

Pourtant, quatre ans plus tard, les instances du rugby repassent les plats… « Une réunion s'était tenue au sujet des stéroïdes anabolisants entre Bernard Lapasset, Jean-Claude Peyrin, Serge Blanco, Christian Bagate et Jean-Philippe Hager », se souvient un témoin. « Les premiers suivis longitudinaux mis en place révélaient des désordres hormonaux chez des joueurs professionnels provenant d'Afrique du Sud et d'Europe de l'Est. Bernard Lapasset était fou de colère. Il disait que, s'il y avait un dossier qui sortait, il perdrait ses sponsors [de la fédération]. Des courriers sont alors partis vers les fédérations concernées et le message est passé. On n'a plus revu ce genre d'affaire. » Du moins, à la surface.

Jean-Claude Peyrin nie que pareille réunion se soit tenue. Il admet juste : « Des discussions [ont eu lieu] entre nous quand le secteur professionnel s'est créé. » Et que disaient-ils ? « Nos préoccupations portaient sur des joueurs du Sud venant avec des habitudes inhérentes à leur culture, particulièrement les Sud-Africains. On avait des informations selon lesquelles ils faisaient de la musculation en prenant des produits interdits. Ils sont formés comme des adultes à 20 ans. On ne voulait pas qu'ils fassent la même chose chez nous. »

« Oui, c'est vrai, l'Afrique du Sud nous a fait un peu mal là-dessus », consent Bernard Dusfour. « Ils sont arrivés avec leurs "trucs" en France et, à partir de 2003, il y a eu un problème. On l'a réglé, pas définitivement. Mais quand ils sont piqués trois fois par an chez nous, ce n'est plus la même musique. »

Ainsi replacées dans leur contexte, on comprend mieux les inquiétudes du désormais président de World Rugby devant la commission d'enquête sénatoriale en mars 2013, quand il reconnaissait que « l'hémisphère sud est dubitatif et manifeste des réticences marquées sur le processus antidopage » et, surtout, « qu'un cas de dopage pour une fédération est une sanction qui la place dans une situation difficile ».

Bref, en quatre ans, ce qui était censé provenir d'Afrique du Sud s'était propagé jusqu'en Géorgie ou ailleurs. Et si la patrie des Springboks, championne du monde en 2007, est ainsi montrée du doigt, c'est parce qu'il existe un tombereau de constats accablants. Constats qui portent en premier lieu sur les terres de la nation arc-en-ciel.

L'un des derniers en date est révélé par une campagne – « I Play Fair – Say No ! To Doping » – menée depuis quelques années dans le milieu sportif scolaire par l'Institut sud-africain pour un sport sans dopage. L'Institut, créé en 1998 et rattaché au ministère des Sports, a lancé une action de sensibilisation auprès des lycées, mais a également réalisé quelques prélèvements en 2010 : dix-huit des soixante-deux échantillons révélaient « des produits si dangereux qu'ils pouvaient mener à la mort », avait annoncé Khalid Galant, le responsable de l'institut. Un an plus tard, ce chiffre s'élevait à cinquante tests positifs.

Côté rugby ? Eu égard à la difficulté d'agir avec des mineurs, la campagne s'est circonscrite en 2011 à un important tournoi provincial[1] concernant les moins de 18 ans et à un nombre

1. The Craven Week Schools Rugby Tournament, qui est l'objet de toutes les attentions des « scouts », les recruteurs pour le haut niveau.

réduit de participants. Bilan : quatre joueurs adolescents ont été contrôlés positifs aux stéroïdes anabolisants, soit 8,5 % du panel. « Si la majorité des joueurs étaient *cleans*, cela ne signifie pas qu'ils ne se dopent pas », remarquait encore Khalid Galant. « Certains ont pu stopper leur usage de stéroïdes quelques semaines avant la compétition pour échapper au contrôle. »

On ignore si le phénomène rampant s'est insinué jusque dans nos territoires par la grâce des sites internet, mais l'Afrique du Sud a vécu un demi-siècle en autarcie, jusqu'à ce que les chaînes de l'apartheid soient brisées en 1991, quelques mois après la libération de Nelson Mandela. Associé au culte du corps abondamment entretenu chez les Afrikaners, l'isolement géopolitique et sportif de la nation arc-en-ciel a contribué à sanctuariser la performance qui n'a été révélée aux yeux du monde qu'avec… la Coupe du monde de 1995, événement emblématique de la réconciliation nationale.

Invictus, le film de Clint Eastwood sorti en 2009, a fort bien mis en scène le contexte sociopolitique naissant sur lequel s'est greffée l'épopée des Springboks. Une symbolique qui s'achève sur la remise du trophée Webb Ellis par le nouveau président sud-africain, Nelson Mandela, au capitaine François Pienaar, dans l'antre extatique du Ellis Park Stadium de Johannesburg. Le scénario ne pouvait pas s'attarder sur les moyens d'y parvenir, mais deux éléments embarrassants sont apparus dans le décorum.

Le premier est l'œuvre de François Pienaar en personne. Dans ses mémoires, l'emblématique meneur d'hommes de la province du Transvaal ne fait pas mystère des usages en cours. Extraits : « De mes premières années [à la faculté de droit de] l'université de RAU [Rand Afrikaans University de Johannesburg] à l'équipe du Transvaal, la plupart des joueurs tendaient leurs mains quand le médecin passait avec des petites boîtes de pilules avant les matches. Il y en avait des rouges et des jaunes. Un talonneur que je connaissais bien ne serait jamais allé sur le terrain sans une pilule appelée Reactivan, un stimulant interdit partout ailleurs dans le monde. Ça faisait partie du jeu. J'ai alors commencé à prendre ces pilules comme les autres. Mon expérience me fait dire qu'elles m'ont aidé à tenir quatre-vingts minutes, surtout quand vous vous battez pour être en bonne condition physique. » Étonnamment, François Pienaar explique ensuite avoir changé de mode de fonctionnement : « Une fois que je suis monté dans les plus hauts échelons de la compétition, j'ai peu à peu repoussé les offres faites dans les vestiaires. Je dois cependant admettre que j'ai pris goût aux pilules données après les matches. Elles permettaient de rester éveillé et de danser sur les pistes des boîtes de nuit jusqu'à leur fermeture. »[1]

Les confessions de l'icône, dont l'ouvrage parut quelques jours avant l'ouverture de la Coupe du monde de 1999, suscitèrent de telles réactions que l'auteur tenta tant bien que mal de maîtriser l'incendie qu'il avait déclenché : en expliquant que ces fameuses pilules n'étaient… que de simples comprimés de vitamines. Des vitamines qui procurent les mêmes effets que les amphétamines, voilà qui ferait fureur ! En fait, François Pienaar, qui fut joueur (1996-2000) puis

1. François Pienaar, *Rainbow Warrior*, *op. cit.* (je traduis).

entraîneur (2000-2002) de l'équipe anglaise des Saracens où évolua notamment Thomas Castaignède, souffla sur les braises en annonçant dans la foulée qu'il « n'y avait rien d'illégal » : « C'était des vitamines mais, plus tard, elles ont été interdites, alors on a tout arrêté. »

Des vitamines interdites, il a vu ça où ? ! ? Ou bien parlait-il de vitamines B12, qu'on retrouve en accompagnement de prise d'EPO, dont son partenaire et champion du monde 1995 Kobu Wiese a reconnu qu'elles étaient injectées régulièrement à tous les membres de l'équipe ?

Cette dernière prise de parole de l'ancien capitaine des Boks est intervenue au milieu du dernier épisode marquant du rugby sud-africain. Un épisode mortifère : la succession de maladies dégénératives qui frappent les Springboks de l'époque. Le reportage de Nicolas Geay et Mathias Barrois, réalisé en janvier 2014 puis diffusé dans l'émission « Stade 2 » deux mois plus tard, marqua les esprits. Vingt ans à peine après ce titre mondial à la portée hautement symbolique, deux internationaux de cette génération sont décédés, deux autres peuvent à peine se mouvoir ou parler : le demi de mêlée des champions du monde 1995, Joost van der Westhuizen, est cloué dans un fauteuil roulant depuis 2011 et ses 40 ans en raison d'une sclérose latérale amyotrophique, plus connue sous le nom de maladie de Charcot, qui paralyse progressivement la masse musculaire ; son compatriote et « ami » Tinus Linee, international en 1993 et 1994[1], en est mort en novembre 2014 à l'âge de

1. Tinus Linee avait pris part à neuf matches des tournées en Europe des Springboks mais sans que ses apparitions soient officiellement considérées comme des sélections.

45 ans, dix-huit mois après la déclaration de cette maladie qui touche une personne sur cent mille. L'ancien troisième ligne André Venter (soixante-six sélections de 1996 à 2001) souffre d'une myélite transverse depuis ses 36 ans, en 2006. Cette inflammation de la moelle épinière atteint en moyenne une personne sur un million. Autre pathologie, Ruben Kruger, international de 1993 à 1999 (36 sélections) et champion du monde en 1995, est décédé en janvier 2010 d'une tumeur au cerveau. C'est lui qui avait inscrit l'essai de la victoire si controversée (19-15) contre les Bleus de Berbizier sur la pelouse marécageuse de Durban, en demi-finale de la Coupe du monde de 1995.

Le monde de l'Ovalie s'était ému de ce reportage, spectaculaire et inquiétant, d'autant que trois joueurs d'une même équipe avaient été frappés par des maladies rares à un âge aussi jeune. Trois joueurs, et trois hypothèses pour expliquer cette récurrence : la répétition des chocs, le dopage et… les pesticides utilisés sur les terrains. Les seuls pesticides des seuls terrains de rugby des seules villes d'Afrique du Sud où ces joueurs ont mis le nez dans l'herbe ? Et pourquoi pas l'arrosage des plantes vertes dans le « clubhouse » ?

L'absence de recul épidémiologique jouait en faveur d'un questionnement sans réponse[1]. Un édifiant reportage publié sur LeMonde.fr en octobre 2011, livrait toutefois une radioscopie lugubre des principes de réalité du rugby

1. « C'est en effet statistiquement surprenant. J'ai regardé dans la littérature médicale, mais je n'ai rien trouvé de probant en lien avec l'absorption de substances interdites. Les causes de ces maladies sont multiples, on ne peut donc que spéculer. » (Ross Tucker, spécialiste de médecine sportive à l'université du Cap, LeMonde.fr, 6 octobre 2011.)

sud-africain, des professionnels aux plus jeunes amateurs, à grand renfort d'injections de stéroïdes chez les adolescents. Et l'émotion, si elle n'est pas bonne conseillère, témoignait d'un effroi grandissant.

En mai 2014, Pierre Montlaur s'était rendu au chevet de Joost van der Westhuizen accompagné de Laurent Cabannes et d'Olivier Roumat. « Le reportage de "Stade 2" nous avait choqués », rappelle l'ancien international (1992-1994) agenais. « Merde, il va nous quitter, qu'on se disait. On a joué contre lui, Lolo [Cabannes] a joué avec lui, Roumat a joué en Afrique du Sud... Ce n'était pas un pékin, ce mec. » Le trio français a passé quatre jours sur place. « Franchement », reprend Pierre Montlaur, « on a été surpris de le voir comme ça. On est restés deux heures avec lui. Un moment étrange : il riait en revoyant avec nous des photos. À notre départ, il pleurait. Il ne pouvait pas bouger les bras. [François] Pienaar nous a expliqué ensuite qu'on lui donnait un an tout au plus. » La neurologue qui suit Van der Westhuizen est moins définitive : de deux à cinq ans.

Voilà près d'un an que Joost van der Westhuizen se bat pour repousser les limites mais l'inéluctable rôde. Et les spéculations avec. « Bien sûr qu'on se pose des questions », enchaîne Pierre Montlaur. « Eux se sont chargés, c'est sûr. Ils ont fait n'importe quoi pour gagner cette Coupe du monde. » Si le capitaine des Bleus Thierry Dusautoir tenait également le dopage pour responsable[1], un seul est

1. « On ne peut que regretter qu'il y ait du dopage dans le sport mais je ne pense pas que c'est quelque chose qu'on puisse véritablement éviter [...], c'est très triste de voir ces grands joueurs dans cet état-là » (« Stade 2 », France 2, 23 mars 2014).

resté droit dans ses bottes dans la mêlée des doutes : Serge Simon[1]. Décidément.

Aux dires de tous les témoins rencontrés, les us et coutumes du rugby sud-africain auraient donc été la cause de la prolifération jusqu'à nos plages immaculées de pratiques répréhensibles. Pratiques que les nobles institutions s'empresseront de qualifier de révolues, ici plus qu'en Afrique du Sud. Problème : « À chaque rencontre, un rugbyman professionnel [sud-africain] a à peine 4 % de chances d'être contrôlé[2] », expliquait au site du Monde.fr le chercheur de l'université du Cap Ross Tucker. « Croyez-vous qu'aucun d'entre eux n'a fait ce calcul ? »

Autre problème de ce supposé déferlement barbare : il ne fait qu'enfler. Au cours de la saison 2001-2002, le championnat de France, alors Top 16, ne comprenait que... 5 joueurs sud-africains, soit 0,9 % de l'effectif professionnel de l'élite ! En 2003-2004, ils étaient 10, soit 2 % ; puis 44 (8 %) au départ de la saison 2009-2010. Et en 2013-2014, le Top 14 recensait 49 joueurs sud-africains sur 476 joueurs,

1. À la question : « Les cas de cancers et de maladies dégénératives chez les Sud-Africains ne vous interpellent pas ? » posée par *Le Journal du Dimanche* (16 novembre 2014), l'ancien double président de Provale avait répondu : « Non. Mon logiciel de médecin me permet de rester dans la rationalité, pas dans l'émotion. Aucune étude n'a prouvé un lien de causalité entre ces maladies et le dopage. Ce sont des insinuations fallacieuses. »

2. Et pas seulement en Afrique du Sud... Alors capitaine de l'équipe des Saracens, François Pienaar expliquait à l'époque que les contrôles antidopage en Angleterre « sont une plaisanterie [...]. Je n'ai jamais été l'objet d'un seul test. Je n'ai pratiquement jamais vu quelqu'un se faire contrôler. Les chances de se faire pincer en Angleterre sont quasiment inexistantes » (*Libération*, 7 septembre 1999).

soit 10 %[1], et de loin le plus gros contingent d'étrangers dans le championnat de France...

Et parmi ceux-là, la plus retentissante onde de choc dans le lagon du rugby français.

De Villiers en première ligne... de coke

Nous sommes le 10 juin 2010 à Paris, aux abords du quartier latin. À l'initiative de l'AFLD, l'Institut océanographique[2] accueille un colloque... sur le dopage. L'édifice est prestigieux mais un tantinet étrange pour parler stéroïdes et taux d'hématocrite au milieu d'aquariums ou d'expositions permanentes dédiées à la mer. La raison en est simple : Pierre Bordry, alors président de l'agence française, est également vice-président du conseil d'administration de l'Institut.

Tout l'aréopage de la lutte antidopage en France est alors présent pour assister aux différents exposés. Parmi eux se trouve le responsable médical de la Fédération française de cyclisme depuis 1997. Armand Mégret raconte : « Je ne me souviens plus du thème qui était abordé quand Christian Bagate, alors dans la salle en auditeur libre, s'est levé pour prendre la parole. Et sans qu'on s'y attende, il a expliqué que, dans le rugby, il existait des pratiques d'association corticoïdes-cocaïne hors compétition. C'est la première fois

1. 2001-2002 : 531 joueurs, 102 étrangers (19 %), 5 Sud-Africains (0,9 %) ; 2003-2004 : 543 joueurs, 256 étrangers (47 %), 10 Sud-Africains (2 %) ; 2013-2014 : 476 joueurs, 220 étrangers (46 %), 49 Sud-Africains (10 %).

2. L'établissement sera rebaptisé Maison des océans en janvier 2011.

que j'entendais ça. Et Christian Bagate n'était pas sommé de le dire. »

Corticoïdes-cocaïne ? Armand Mégret connaît bien le tandem surnommé « pot belge royal » dans le jargon du cyclisme, soit pour les grandes occasions ! « Mais la salle n'a pas réagi », poursuit-il. À croire que les effets du cocktail sont paralysants.

« Oui, je me souviens d'autant mieux de la scène que j'avais lancé le débat sur les problèmes d'utilisation et de mésusage des corticoïdes », renchérit Gérard Guillaume, médecin de l'équipe cycliste de la FDJ. « Quand Bagate est intervenu, les gens se sont regardés, interloqués. Mais, comme dans tout bon séminaire universitaire strictement minuté, les relances embêtantes ont été évacuées faute de temps. Les organisateurs nous ont répondu que ce n'était pas le sujet de la conférence. » Une personne n'aura rien entendu : la ministre de la Santé et des Sports de l'époque, Roselyne Bachelot, arrivée en retard.

Mégret et Guillaume avaient eu à gérer cet épineux dossier des corticoïdes qui polluait le petit monde du vélo depuis des lustres et voilà qu'il apparaissait dans un autre milieu. « Alors, on a voulu en savoir plus au sortir de la conférence », reprend le premier. « Avec Gérard, on a coincé Bagate dans les couloirs pour qu'il nous en dise plus. Mais il est resté évasif, a éludé la question. » Ce que Gérard Guillaume confirme : « Ça a déménagé, mais Bagate a aplani les angles, se bornant à réciter un laïus sur la question. » Et Mégret de ponctuer la sortie de Bagate : « L'explication que j'en avais retenue, c'est que les corticos étaient utilisés dans le rugby en guise d'antidouleur et la coke comme un moyen pour mieux supporter les charges d'entraînement. »

Christian Bagate est un facétieux. Jamais en retard d'un bon mot, d'une relance théâtrale, d'un effet de surprise aussi, comme ce jour de mars 2014 au siège du CNOSF, quand il annonça tout de go qu'un club de rugby français s'était « dopé de manière institutionnelle », avant de jouer les filles de l'air. Dans l'auditorium de l'Institut océanographique, le Bordelais avait même gardé une surprise dans sa poche. Une formule magique : le DLM.

« Le DLM, pour dimanche-lundi-mardi, ou LMM pour lundi-mardi-mercredi, selon le jour du match, provient de l'hémisphère sud, et plus particulièrement d'Afrique du Sud », clarifie Jean-Yves van den Steen, le médecin de l'équipe de France de cyclisme sur piste, qui connaît bien le rugby pour avoir joué au Paris UC et côtoyé en permanence ses confrères de l'Ovalie. « Chez eux, du lundi au mercredi, c'était corticoïdes et cocaïne ; le mercredi, ils enchaînaient par des séances vidéo et ils refaisaient du rugby le jeudi. C'est un collègue australien qui m'en a parlé. Il m'a dit que ça se faisait dans le football australien et dans le Super 12[1] notamment. Ce n'est pas compliqué : les corticos, par voie orale, lyophilisés ; ils fondent en dix minutes sous la langue. La coke, elle, se sniffe ou se passe à l'intérieur des joues ou sur les gencives. »

On retrouve Christian Bagate dans sa chambre d'hôtel parisien, au cinquième étage du Concorde Opéra, tout proche

1. Le Super 12 (devenu Super 15 en 2011) est une compétition internationale regroupant des franchises néo-zélandaises, australiennes et sud-africaines.

de la gare Saint-Lazare, où se tient un comité directeur de la FFR. Là encore, l'ancien président de la commission médicale de la fédération accepte d'en dire un peu plus sur ce qui a motivé son intervention surprise quatre ans plus tôt, propos qu'il réitérera lors d'un colloque organisé en mars 2014 par le Sénat, à la Maison de la chimie, sans qu'on lui ait rien demandé là non plus.

« Cet usage du DLM a existé pendant un moment dans le cadre de la préparation physique jusqu'au début des années 2000 », relève-t-il. « Pour le savoir, on avait ce fameux contrôle et d'autres gens nous ont confirmé que ce cocktail se baladait. » Si Christian Bagate parle de « gens » et non de joueurs, la question est ailleurs : quel fameux contrôle ? « Le contrôle de Pieter de Villiers. »

Les folles soirées parisiennes

Rappelez-vous l'émoi qu'avait provoqué en 2003 ladite affaire de Villiers, premier joueur évincé du XV de France pour soupçon de dopage alors qu'il comptait 29 sélections chez les Bleus... Le pilier droit sud-africain du Stade Français avait subi un contrôle antidopage inopiné, diligenté par le CPLD le 18 décembre 2002, et l'analyse révéla une positivité à l'ecstasy et à la cocaïne. Suspendu provisoirement le temps de la procédure qui lui fera manquer le Tournoi des VI Nations, de Villiers sera finalement blanchi en commission d'appel pour vice de forme. Il refusera de se soumettre à un prélèvement sanguin ou capillaire et se rasera la tête. Et reprendra le fil de sa carrière internationale jusqu'en 2008. Il est aujourd'hui consultant chargé de la mêlée de la sélection des Springboks. Fin de l'histoire ? Pas tout à fait.

« C'est moi qui ai décidé de le blanchir en commission d'appel parce qu'on n'avait pas le droit de chercher ce qu'on a trouvé en période d'entraînement », insiste Christian Bagate. S'il avait été pris à l'occasion d'un match ou d'une période de compétition, il aurait été sanctionné, mais pas dans ce cas de figure. La cocaïne et les corticoïdes ne sont pas recherchés à l'entraînement, c'est l'un des grands paradoxes de la loi antidopage. Les joueurs peuvent en disposer puisqu'on ne peut juridiquement rien faire en les trouvant. »

Avant que l'affaire ne soit soldée début mars 2003 par le bureau fédéral de la FFR, qui entérinera la décision de la commission d'appel, le cas de Villiers – un cadre du XV de France – avait toutefois miné les dirigeants de la fédération. Le compte rendu du comité directeur de la FFR du 21 février 2003, alors présidé par Bernard Lapasset, était grinçant : « Les premières analyses indiquent qu'il a absorbé des produits stupéfiants, produits qui ne font pas partie de la liste des produits à détecter à l'occasion d'un contrôle inopiné. Si la procédure en cours est cassée pour vice de forme, aucune sanction ne pourra être prise par la commission de première instance de lutte contre le dopage. Il demeure que le contrôle positif porte atteinte à l'image du rugby [...]. Bernard Lapasset annonce la création d'une commission d'éthique chargée d'examiner tous les faits et actes qui, indépendamment de leurs rapports avec les cadres juridiques et législatifs, sont considérés comme contraires à l'esprit dans lequel la FFR situe le sport. »

Commission d'éthique et de déontologie présidée par l'élégant Pierre Albaladejo[1], avant qu'il n'en démissionne en novembre 2010. « Depuis plusieurs mois, je me demandais à quoi nous servions. Je me voyais mal continuer dans ces conditions[2]. » Et le « machin » a été mis en sommeil.

Mais le cœur de l'histoire est ailleurs. Du contrôle inopiné réalisé sur Pieter de Villiers, Christian Bagate tire une extrapolation : « D'autres gens [joueurs] nous ont parlé de ce cocktail dont la durée de vie est très courte dans les urines. » Et de tenter une conclusion : « Il y a eu un semblant de dopage institutionnalisé dans ce club [le Stade Français]. »

C'est une manie ! Après le CA Brive des années 1990, le Stade Français des années 2000... Sauf que, si l'on suit Christian Bagate, il ne s'agit plus uniquement de dopage mais d'une affaire relevant du pénal avec des stupéfiants qui se baladent sous la mêlée ! En clair, le joueur peut se poudrer le nez jusqu'à la glotte en toute légalité dans les fenêtres dites « hors compétition », mais se fera serrer par la brigade des stupéfiants dans la même situation...

La chose est si incongrue que même le président de la commission médicale de la LNR était persuadé lors de notre entretien que la cocaïne était interdite en toutes circonstances pour le sportif. « Les sportifs ont parfaitement le droit de prendre de la cocaïne hors compétition »,

1. Surnommé « Monsieur Drop », Pierre Albaladejo a été un joueur international (trente sélections) dans les années 1950 et 1960. Réputé pour son fair-play et son élégance dans le jeu, il a disputé toute sa carrière à l'US Dax. « Bala » a par ailleurs été au côté de Roger Couderc pour commenter les matches du Tournoi des V Nations de 1974 à 1999.

2. lequipe.fr, 1er novembre 2010.

déplore le directeur de la commission médicale du CNOSF, Patrick Magaloff, qui a également entendu la saillie de Christian Bagate à l'Institut océanographique, en juin 2010. « Christian Bagate avait précisé que cette association corticoïdes-cocaïne n'était pas utilisée en période ludique pour une soirée, mais pour assurer l'entraînement. Dans un cadre disciplinaire, il ne peut pas y avoir de sanction, même si ce n'est pas légal car elle appartient à la famille des stupéfiants. » « En fait, l'AMA ne l'interdit pas », relève Xavier Bigard. « Un médecin du sport ne préconise pas de prendre de la cocaïne, ne serait-ce que parce qu'elle n'a pas d'effet antalgique comme la morphine. Mais il existe une ambiguïté de l'usage de la cocaïne dans le sport. » Une ambiguïté et même un malaise : « Si je suis placé devant ce fait corticos-cocaïne, il y a un gros, un énorme malaise ! » soutient Jean-Yves van den Steen. « Je serai lié à la performance et sous le coup de la loi. »

Que ce soit Max Guazzini, l'emblématique président du club parisien à l'époque, ou Bernard Laporte, son non moins charismatique entraîneur, les deux hommes étaient montés au créneau pour évoquer la péripétie de Villiers comme un malentendu sans lendemain, un écart isolé, et même une main sournoise qui aurait versé une poudre maléfique dans le verre du joueur qui traînait sur le zinc d'une discothèque. Des soirées festives et délurées, le Stade Français en était d'ailleurs très friand.

Or le contrôle de Pieter de Villiers a eu lieu le mercredi 18 décembre à l'Aquaboulevard, un grand parc aquatique du XVe arrondissement parisien où les joueurs pratiquaient leurs séances de musculation, soit quatre jours après le match Stade

Français-Harlequins comptant pour le Challenge européen. À moins que les joueurs ne festoient trois jours durant, l'excuse récréative ne tient pas, les effets conjugués disparaissant après quarante-huit heures maximum. Autre ironie : les contrôleurs du CPLD n'étaient pas venus uniquement pour Pieter de Villiers mais pour un autre joueur… « Quelqu'un qui parle à la télé », sourit Christian Bagate. Ce que nous confirme un membre de l'AFLD : « En fait, c'est l'IRB qui nous avait demandé de pister Fabien Galthié. » Fabien Galthié, l'ancien capitaine du XV de France ? L'ancien joueur puis entraîneur du Stade Francais ? L'ancien entraîneur de Montpellier, aussi fin stratège qu'il fut un grand joueur et dont on dit qu'il dirigerait depuis longtemps les Bleus si sa couleur politique épousait celle des dirigeants fédéraux ? Ce même Galthié qui, en mars 2013, s'étonnait que le dopage puisse exister dans le rugby[1] ?…

Notre source reprend : « L'équipe des contrôleurs s'est d'abord rendue au stade Jean-Bouin où on lui a indiqué que les joueurs s'entraînaient à l'Aquaboulevard. Une fois sur place, en milieu de matinée, Galthié n'y était pas. Les contrôleurs ont alors demandé qu'on le fasse venir. Il s'est pointé vers 17 h… » Et concernant Pieter de Villiers ? « En attendant Galthié l'équipe des préleveurs a procédé

1. À la question de savoir s'il a vu de ses propres yeux du dopage dans le rugby de haut niveau en France, l'ancien capitaine du XV de France répond catégoriquement : « Non ! » Mais pense-t-il qu'il est possible que des joueurs de rugby se dopent ? « Le rugby est un sport qui demande des qualités physiques antagonistes […]. C'est un sport de vitesse, de puissance, d'adresse, de communication, un sport où il faut rester lucide dans le combat. Je ne connais pas le produit miracle qui permettrait de maîtriser tout ça. » (lequipe.fr, 28 mars 2013.)

au contrôle de tous les joueurs présents, dont de Villiers» Quelques semaines plus tôt, ce même de Villiers avait fait faux bond en sautant par la fenêtre.

Pieter de Villiers avait finalement reculé pour mieux sauter. « La laborantine de Châtenay-Malabry n'avait pas à savoir si l'échantillon anonyme avait été prélevé en ou hors compétition et elle a envoyé son rapport, complète Christian Bagate. L'analyse a rendu un verdict positif à la cocaïne et à l'ecstasy. Tout ce qu'on soupçonnait s'en trouvait conforté. » À savoir ? « Que le cocktail circulait. » Et le phénomène de capillarité s'était enclenché : « Un joueur X qui croise un joueur Y en sélection ; un autre qui en parle à un pote, un suivant qui retourne dans son club, et ainsi de suite », décrypte le Monsieur Intégrité de la FFR. Bref, comme tout bon peloton cycliste des années 2000. « Ce sont des petits groupes "inter-clubs" mais il n'y en a pas eu tant que ça », tempère-t-il. Combien ? Christian Bagate évalue au doigt mouillé : « Deux ou trois par club, pas plus. » Soit une petite centaine, quand même.

Il reste que des spécialistes de la question du dopage sont toutefois dubitatifs sur les effets réels d'un tel cocktail. « Corticoïdes, je comprends, mais la coke, je ne vois pas trop pourquoi », résume Michel Audran, l'expert antidopage et professeur de biophysique à la faculté de pharmacie de Montpellier. « D'accord pour les corticoïdes, mais pour la cocaïne, qui est un psychostimulant puissant, ça m'échappe », s'interroge Xavier Bigard. « La cocaïne permet au joueur de ne rien ressentir au niveau de l'effort et de potentialiser sa puissance, estime Christian Bagate. Il va pouvoir soulever des masses supérieures sur des cycles plus longs. »

Christian Bagate serait un cachottier. Ou bien ses proches interlocuteurs des amnésiques… ? Connaissaient-ils la méthode DLM ou LMM et l'association corticoïdes-cocaïne ? « Non, ça ne me dit rien », répond Jean-Philippe Hager. « LMM, qu'est-ce que ça veut dire ? » enchaîne Bernard Dusfour. « Ça ne me parle pas. L'association corticos-cocaïne, bien sûr qu'on en a entendu parler. C'est ce qu'ils font dans le football américain. On a réalisé des contrôles aléatoires en début de semaine mais on n'a jamais eu à constater ce style de choses. Ça se serait vu. » Jean-Claude Peyrin, peut-être ? Après tout, l'un (Peyrin) succède à l'autre (Bagate) à la fédération et les deux tenaient conjointement les commissions médicales de la FFR et de la LNR depuis une quinzaine d'années… « LMM ? Non, je n'ai jamais entendu parler de ça. » Mais alors, de quoi parlent-ils lorsqu'ils se retrouvent fréquemment dans des colloques médicaux ?

L'ancien médecin de la FFR Gilles Garet est plus énervé par cette information… qui date d'une quinzaine d'années : « Bagate a parlé de ça ? C'est une connerie. Par rapport aux produits. Les corticos, d'accord. Ils sont pris en début de semaine et on arrête pendant quarante-huit heures pour les éliminer afin qu'il n'y ait pas de problème le week-end. À l'époque, dans un club que je connais bien, même les gamins venaient avec leur petit sachet de créatine le lundi, le mardi, le mercredi. Ça venait d'eux-mêmes ou du préparateur physique de l'équipe. Mais je n'ai jamais entendu parler d'association corticos-cocaïne, juste corticos. Pour la cocaïne, on a connu des cas isolés, pas plus. »

Avec toutes les frasques qu'il a déballées dans son livre du temps où il était « Superman », on pensait que

Raphaël Poulain pourrait éclairer cet épisode de Villiers, qui concernait le club où il évoluait. Mais le Picard fait le mort : « Quand Pieter s'est fait prendre, je n'étais pas sur place, j'étais blessé à l'épaule à cette époque », coupe l'ancien ailier du Stade Français. Mais plus largement, que peut-il en dire, lui qui a libéré ses chakras à livre ouvert, évoquant les fêtes, les murges, les délires, les interdits bravés, les défis relevés… ? « Au Stade Français, je n'ai jamais rien vu. » On sourit. « Ce n'est pas de la langue de bois. Moi, je n'ai jamais pris de protéines, de produits dopants ou de trucs qui ont amélioré mes performances. Jamais on ne m'a proposé un seul produit, jamais je n'ai vu un mec prendre des trucs. Personne ne prenait même de compléments alimentaires. » Un enfant de chœur, en fait, ce Raphaël… « Mon dopage », finit-il, « c'était rhum-bière-Coca Light. » Ce qui change toutefois du foie gras-cassoulet-gâteau basque qu'on nous sert pour évacuer la chose. Et lorsqu'il raconte dans son livre avoir pris huit kilos en un an ? « Euh, en fait, j'étais arrivé au Stade Français à 94 kilos pour monter à 99 kilos », minore-t-il. Question de balance.

Il en est un pourtant qui se souvient bien de ces soirées festives où il croisait des rugbymen dans les nuits parisiennes – celui qui fournissait à l'occasion : « Il m'est arrivé de refiler de-ci de-là de la coke à des joueurs, mais je ne connaissais pas leurs noms et c'était uniquement dans un cadre festif, sans négoce », révèle notre interlocuteur, qui a lui aussi fait les quatre cents coups dans son passé de sportif. « Je mettais la poudre dans des petites boîtes noires cylindriques de pellicule pour photo. Il y avait bien 20 grammes dans chacune d'entre elles. »

Lorsqu'on évoque ce « LMM » et duo corticoïdes-cocaïne devant Alexis Savigny, déjà médecin du Stade Français à l'époque, on devine que la formule ne lui est pas étrangère, mais la conversation tourne vinaigre. « D'abord, pour le "truc" de Pieter, je l'ai appris au téléphone par Max [Guazzini] dans ma voiture. Après, je ne l'ai pas revu pour lui en parler et il a été blanchi. Rideau », ponctue-t-il, en ne donnant pas envie d'y revenir. Et concernant le tandem corticos-cocaïne ? Le sang du Corse ne fait qu'un tour : « Merde, y'en a marre ! Il n'y a pas un jour qui passe sans qu'un journaliste me dise que les mecs se chargent ! Les corticos, c'est interdit et ça se voit sur les bilans ; il y a des contrôles inopinés. Si on doit faire une injection, on arrête le joueur, point barre. »

Cependant, il n'ignore rien des corticos, comme en témoigne un épisode qu'il a raconté au début de notre entretien : « Un jour, il n'y a pas si longtemps, je fais passer le bilan médical à un joueur australien qui venait d'arriver au club. Je le vois courir, il boite. J'interroge alors le préparateur physique, lui aussi australien : "Non, c'est rien, c'est juste sa manière de courir", qu'il me dit. Au cours de son deuxième match avec nous, ce joueur se fait une grave entorse de la cheville. Au vu du diagnostic, je l'informe qu'il lui faut quatre semaines d'arrêt, trois si on est bons. Là-dessus, il me répond : "Quoi, je ne joue pas le week-end prochain ? Mais c'est tout ce qu'il y a de plus normal pour moi, ça. On me fait une piqûre et je joue." Ce joueur m'a ensuite expliqué qu'avant d'arriver au Stade Français il avait disputé vingt-sept matches avec, à chaque fois, une injection de corticoïdes dans la cheville. Oui, vingt-sept injections. Pour moi, c'est plus grave de répéter le geste médical que de le faire une fois. »

Pour autant, si l'on en croit Armand Mégret, l'abus des corticoïdes s'est révélé trop massif au Stade Français pour ne pas être repéré. « Un tiers des joueurs du club de l'époque [années 2000] était en arrêt de travail du lundi au mercredi », croit-il savoir au gré des confessions de ses confrères. Des chuchotements que Jean-Philippe Hager élargit : « C'est vrai qu'il y a eu un problème de ce type dans certains clubs au début des années 2000 », consent le responsable du pôle scientifique de la fédération. « On avait constaté que le taux de cortisol de plusieurs joueurs était effondré[1]. Le problème a été réglé en interne. » Car, comme le susurre tout en malice Bernard Dusfour, « dans le rugby, lorsqu'il y a un problème, on ferme la porte, on s'explique, on relève la mêlée, et on fait tout pour que ça s'arrange ». À la bonne franquette, quoi. Ce n'est pas toujours le cas et Jean-Philippe Hager généralise : « À cette époque, certains de nos confrères ont certainement abusé des corticoïdes administrés en début de semaine, éliminés sous trois jours, rendant la pratique indétectable lors d'un possible contrôle antidopage le week-end. Je l'avais même vu dans des sélections de jeunes. »

1. Le cortisol est une hormone fabriquée par les glandes surrénales qui intervient dans l'équilibre du glucose sanguin et la libération de sucre à partir des réserves de l'organisme en réponse à une demande accentuée en énergie. Il joue aussi un rôle dans le métabolisme des graisses et des protéines, a des effets anti-inflammatoires et participe à la régulation du sommeil. Un taux de cortisol effondré est généralement le signe d'une prise exogène de corticoïdes. Le responsable du pôle scientifique de la FFR fait état d'études épidémiologiques qui constatent que la chute du taux de cortisol est l'une des causes de risque de mort subite inexpliquée.

Ces abus ont été comptabilisés jusqu'en 2005. Les corticoïdes étaient alors soumis à une interdiction plus stricte avant qu'un fort lobbying anglo-saxon ne force l'AMA à modifier son code mondial antidopage. « On avait constaté une flambée des demandes d'AUT [autorisation d'usage à des fins thérapeutiques] en 2002-2003 au niveau national, et on se demandait pourquoi[1] », intervient Gilles Garet. « Au plus fort, on est monté à près de huit cents demandes en 2009[2] », tempête encore Christian Bagate. « Il n'y avait plus que des grands malades. J'ai alors poussé une gueulante auprès des présidents de club. C'est rentré dans l'ordre : en 2012, il n'y en a eu qu'une trentaine[3]. » Parce que le problème s'est déplacé, comme il le reconnaît : « Oui, le règlement de l'AMA a été modifié. Il n'y a plus lieu de requérir une AUT pour prendre du salbutamol [Ventoline] ou de la cortisone ».[4]

« Le problème de l'usage des corticoïdes, ce sont les Britanniques », surprend Gilles Garet. « Pour eux comme

1. À cet égard, la réponse de Bernard Lapasset, alors président de la FFR, devant la commission d'enquête du Sénat le 17 avril 2013 est savoureuse : « J'ai toujours eu des interrogations. Pourquoi y a-t-il de plus en plus d'asthmatiques ? Ça m'a interpellé. J'ai questionné quelques personnes à la fédération. J'ai obtenu des réponses. »

2. Soit pratiquement l'équivalent des dossiers d'AUT transmis par l'ensemble des disciplines sportives à l'AFLD en 2012 (854)…

3. Soixante-cinq, pour être précis.

4. Plus généralement, tous les corticoïdes sont interdits en compétition par voie générale (comprimés par voie orale ou rectale, comme en injectable intraveineux et intramusculaire). Leur utilisation sous forme d'injections locales et intra-articulaires nécessite une justification médicale. Seuls sont autorisés sans préalable les corticoïdes par voie cutanée (pommades), nasale, oculaire (collyres), inhalations (asthme, fortes bronchites ou trachéites) et par voie péri-articulaire (les fameuses infiltrations).

pour les Américains, leur usage n'a aucune incidence sur l'amélioration de la performance. Alors, pour ménager tout le monde, on se retrouve avec cette ligne aberrante séparant le hors compétition de la compétition elle-même.» Une distinction qui n'est pas sans risque, comme le relevait le rapport publié par la commission d'enquête du Sénat[1]. «Pour qu'une molécule soit inscrite sur la liste des interdictions, reprend l'ancien médecin fédéral, il faut qu'elle réponde à deux des trois critères suivants: amélioration potentielle de la performance; danger potentiel pour la santé; contraire à l'éthique. Pour les Américains, les corticoïdes répondent seulement à "danger pour la santé".» *Thank you* pour les receveurs.

«L'un des problèmes majeurs du rugby, c'est la récupération après les matches, compte tenu de la répétition des contusions, des lésions musculaires, des écrasements de fibres musculaires qui nécessitent soixante-douze heures de repos pour retrouver leur élasticité», estime le conseiller scientifique de l'AFLD Xavier Bigard. «Abuser des corticoïdes, c'est ignorer leurs effets secondaires. La sur-utilisation

1. «La possibilité d'utiliser des produits dopants en dehors des compétitions constitue un message fâcheux à l'intention des sportifs, en particulier des plus jeunes, cette distinction étant très problématique d'un point de vue sportif [...]. Beaucoup des substances figurant sur la liste "restreinte" continuent d'avoir des effets directs sur la performance sportive au-delà du délai après lequel elles cessent d'être détectables dans un échantillon urinaire. Autrement dit, un dopage hors compétition peut avoir des effets en compétition. En outre, l'utilisation de certaines substances en dehors des périodes de compétition permet d'accroître les capacités d'entraînement de manière artificielle et a donc des effets indirects sur la performance en compétition. Surtout, les conséquences négatives sur la santé des sportifs sont identiques quel que soit le moment où les substances en cause sont utilisées.»

des anti-inflammatoires entraîne des dérèglements de la glande surrénale[1]. » Dernier détail : selon le docteur Hubert Vidalin, les fameux DLM ou LMM « sont toujours en cours ». C'est vrai, ça : pourquoi stopper un procédé que les contrôles antidopage ne recherchent pas ?

Pieter de Villiers avait donc sauvé ses arrières en raison d'un contrôle inopiné dit hors compétition. Mais où s'arrête un contrôle hors compétition par rapport à un contrôle en compétition ? Sur ce point, toutes les interprétations sont permises. Selon l'interlocuteur médical ou institutionnel qu'on interroge, la fenêtre est à multiples battants : « Dès qu'il arrive au stade », nous dit l'un ; « au coup d'envoi », nous répond l'autre ; « quand son nom est inscrit sur la feuille de match », estime un troisième. Une pétaudière. La réponse la plus sensée est celle de Cyril Troussard, responsable juridique de l'AFLD : « En fait, il n'y a pas de définition précise dans le code sportif pour ce qui est des sports collectifs. On s'en remet à ce qui est établi par chaque fédération internationale. » Soit, mais le manuel antidopage de l'IRB d'une quarantaine de pages n'apporte aucun distinguo. Et dans le cadre d'un contrôle lors de compétitions domestiques ? « Les situations sont appréciées au cas par cas. » Du pain bénit pour tout avocat qui chercherait à décortiquer les corticos…

Et ce n'est pas la fédération internationale qui va aider à y voir plus clair. Le dernier exemple en date provoque l'hilarité : c'est celui du Sud-Africain Chiliboy Ralepelle.

1. Ce qui provoque une fragilité des tendons et des muscles, des troubles cardiovasculaires, des ulcères, etc.

Contrôlé positif à un stimulant (la méthylhexaneamine) en novembre 2010, alors qu'il évolue avec les Bulls de Pretoria, le puissant talonneur Springbok est blanchi par sa fédération. Mais quatre ans plus tard, sous le maillot du Stade Toulousain, Chiliboy Ralepelle est contrôlé positif à un stéroïde, la drostanolone, quelques semaines après une opération au genou droit. Le contrôle remonte à mars 2014. Que s'est-il passé depuis ? Rien ou presque : l'échantillon B s'est brisé au moment de son examen ; Ralepelle a été suspendu à titre conservatoire et s'est exilé au Canada pour sa rééducation ; les dernières informations laissent comprendre qu'il pourrait rejouer prochainement pour Toulouse comme si de rien n'était ; l'IRB, devenue World Rugby entre-temps, laisserait-elle pourrir le dossier ? Qu'aurait-on entendu si Ralepelle avait été cycliste ? « Le passeport biologique est en vigueur auprès de toutes les disciplines sportives professionnelles et de haut niveau », annonce un membre du CNOSF. « Mais au niveau de l'IRB, quoi que ses dirigeants en disent, il n'y a rien. C'est du bla-bla. » Et zéro tracas.

L'Afrique du Sud, on y revient souvent, pourtant. Tenez, prenons appui sur l'expérience de John Daniell. Natif d'un petit village de vignerons de Nouvelle-Zélande, le longiligne deuxième ligne (2 mètres pour 115 kilos à son apogée) a joué et suivi ses études parallèlement en Angleterre et dans son pays d'origine avant d'effectuer toute sa carrière professionnelle en France, dans trois clubs différents, jusqu'en 2006[1].

1. Racing Club de France (1997-2000), USA Perpignan (2000-2003), Montpellier Hérault SC (2003-2006).

Sélectionné au sein de l'équipe nationale des collèges anglais, puis dans celle des moins de 19 ans de Nouvelle-Zélande, le bilingue John Daniell n'a laissé que des bons souvenirs partout où il est passé. Si sa première confrontation directe avec le dopage remonte à ses vertes années au « pays du long nuage blanc »[1], il se souvient d'un épisode marquant, alors qu'il venait de mettre depuis peu le pied dans l'Hexagone, au Racing Club de France. « L'époque était encore à l'amateurisme », situe-t-il d'abord. « On était peu d'anglophones dans l'effectif, donc on se rapprochait naturellement. Un jour, un équipier sud-africain, qui était alors indisponible pour cause de blessure, a eu un échange devant moi avec le préparateur physique du club, qui venait environ deux heures par semaine. Le joueur était un ancien flic, et il avait visiblement demandé un coup de main au préparateur. Celui-ci lui a tendu alors des ampoules de stéroïdes. Il s'en est débrouillé avec. Manifestement, il savait comment faire. » Autre connexion avec le rugby sud-africain lors de son passage au sein d'une équipe anglaise avant de rallier la France : « L'un de mes partenaires sud-africains, qui avait joué avec les Springboks, me racontait souvent en riant que ce qui avait fait leur rugby, c'était le steak et les stéroïdes. »

En France, jure celui qui est devenu journaliste indépendant par la suite, jamais il ne fut directement exposé à une pratique dopante. Tout juste se rappelle-t-il des conversations,

1. « J'avais une vingtaine d'années quand le coach m'a parlé de stéroïdes. Quand il a vu la tête que je faisais, il a ménagé ses propos : "Je parle de bons stéroïdes, tu sais, pas des mauvais." » Épisode que John Daniell relate dans son ouvrage, *Confessions of a Rugby Mercenary*, *op. cit.* (Je traduis.)

notamment lorsqu'il évoluait à l'USA Perpignan : « Oui, les joueurs en parlaient souvent entre eux. Ils s'interrogeaient, notamment après la finale du championnat de France perdue contre le Stade Français[1]. Dans ces cas-là, tu évoques un peu tout pour tenter d'expliquer la rouste. Certains étaient sûrs que les mecs du Stade Français se chargeaient[2]. »

En neuf ans de carrière professionnelle, John Daniell n'a jamais subi le moindre contrôle antidopage.

L'Afrique du Sud, on ne la quitte pas, même quand on nous assure que son « savoir-faire » remonte à un passé bien évidemment révolu. Julien Laharrague, qui fut un temps le fantasque arrière du XV de France (douze sélections entre 2005 et 2007, quatre essais), est de ceux qu'on appelle un bourlingueur[3]. Et un bringueur aussi, il le reconnaît. Incarnant à « merveille » l'esprit festif du rugby, dilettante, indomptable, sanguin parfois, le Tarbais avait naturellement ce petit côté *french flair* dans l'attitude ballon en main. Autour d'une table italienne dans le centre-ville de Toulouse, l'ancien arrière des Bleus consent à revivre deux épisodes significatifs, en club comme en équipe nationale :

1. Celle de 1998, défaite 34-7.

2. Dans un autre contexte, l'ancien deuxième ligne international Jérôme Thion (cinquante-quatre sélections entre 2003 et 2011) fut en proie au même doute lors d'un match de poule de Coupe d'Europe contre les Anglais de Leicester en novembre 2001 (défaite 54-15), selon ce que rapporte John Daniell dans son livre : « J'étais assis près de lui quand il feuilletait le programme du match. Jérôme secouait la tête : "Regarde-moi ces types de 2 mètres et 120 kilos qui courent comme des lapins. Ils voudraient nous faire croire qu'ils ne mettent rien de plus que du lait dans leurs céréales ?" »

3. De 1997 à 2013, le Tarbais a évolué dans dix clubs différents – Tarbes, Béziers, Agen, Dax, Béziers à nouveau, Brive, Perpignan, Sale (Angleterre), Montauban, Viadana (Italie) et Lourdes.

« Un jour, un [joueur] Sud-Af est face au toubib de l'USA Perpignan, Olivier Lambert, avec un paquet dans les mains. "C'est quoi, ça ?" questionne Lambert. "Ça vient d'Afrique du Sud", qu'il répond. Le toubib ouvre le paquet, puis relève la tête : "Mais ce sont des produits pour les chevaux !" Le Sud-Af n'a pas eu l'air affolé : "C'est le véto de la famille qui m'a envoyé ça en me disant que ça contenait les mêmes molécules que les médicaments pour les humains…" Lambert est pétrifié : "Tu vas prendre ça ?" L'autre ne s'inquiète pas plus que ça : "Ben ouais", qu'il fait. "Mais jamais de la vie ! Tu es complètement barge !" »

Olivier Lambert nous confirmera la scène, avec les précisions suivantes : « En fait, je faisais constamment le tour des vestiaires car ça relevait de ma responsabilité, au cas où un joueur se ferait prendre pour dopage. Et c'est en découvrant ce paquet dans le casier du joueur que je suis allé le voir. Le produit en question était à usage vétérinaire et il ne disposait d'aucune autorisation de mise sur le marché. Je l'ai mis à la poubelle sous ses yeux. Il n'a pas bronché, alors qu'il y en avait pour 1 000 euros. Je crois même qu'il était de bonne foi : il ne pensait pas se doper. »

L'Afrique du Sud, on peut encore y retourner avec Julien Laharrague. « C'était au terme de notre deuxième test-match contre les Springboks en Afrique du Sud [1]. Avec Vincent [Clerc], nous avions été désignés pour nous rendre au contrôle antidopage côté français. On s'est retrouvés dans la pièce dédiée au contrôle avec le médecin-préleveur

1. C'était en 2005. Une semaine après avoir fait match nul (30-30) à Durban, le XV de France s'était incliné 27-13 le 25 juin à Port Elizabeth.

et deux joueurs sud-africains. Pendant qu'on allait pisser à tour de rôle, le médecin m'a demandé ce que je prenais comme médicament. "Rien", que je lui réponds. Le médecin questionne alors l'un des deux joueurs sud-africains de la même manière. De tête, il lui a sorti une liste interminable ! Tout en notant les produits, licites ou non, le médecin a eu l'air étonné, mais rien de plus. En revanche, avec Vincent, on s'est regardés : on n'en croyait pas nos oreilles. Déjà que torse nu dans les vestiaires on passait pour des allumettes, mais, là, tu as quand même un petit doute ! »

L'Afrique du Sud, enfin, on la retrouve en 2007, quand elle s'adjuge pour la deuxième fois de l'histoire de la Coupe du monde le trophée Webb Ellis.

Christophe Mombet a dans le rugby une carrière longue comme le bras : joueur (successivement au Paris UC, au Racing Métro 92, puis au Stade Français de 1968 à 1991) ; entraîneur (du Racing, du XV de France juniors, espoirs, puis des Bleus en tant qu'adjoint de Pierre Berbizier) ; manager (du Racing, de l'ASM Clermont Auvergne, puis de l'équipe nationale des moins de 19 ans) ; directeur technique national adjoint, directeur du pôle France de la FFR. Et il est depuis 2011 le directeur sportif du Racing Métro 92 pour lequel il a principalement la charge du centre de formation et de tout ce qui touche au secteur non professionnel. Autant dire que cet ancien troisième ligne aile, qui a aussi eu une vie professionnelle en parallèle, connaît sur le bout des doigts (presque) tous les gènes comme les structures de l'Ovalie. Des gènes que son père Jacques lui a légué dès son plus jeune âge

Globalement, Christophe Mombet retient deux points

clés concernant l'hémisphère sud : « Leurs joueurs nous ont apporté deux choses : *primo*, l'exigence, le toujours plus, le perfectionnisme. *Secondo*, un mode de vie : tu vas dans n'importe quelle piaule d'un joueur sud-africain, tu trouveras des pots entiers de créatine ou autre. C'est ainsi. C'est clair, ce n'est pas forcément *clean* au regard de la conception qu'on peut avoir du jeu. »

Et cette ambiguïté, Christophe Mombet l'a vécue lors de l'événement phare qui a largement contribué à populariser le ballon ovale en France : « Les organisateurs de la Coupe du monde de 2007, dont Bernard Lapasset, m'avaient sollicité pour faire partie de la gestion du groupe qui pilotait les matches. J'avais été désigné comme le responsable du groupe sportif appelé à gérer sur le site du Stade de France ce qu'on appelle la *running sheet*, c'est-à-dire la feuille de route du jour des rencontres. Après le match de poule opposant l'Afrique du Sud à l'Angleterre[1], je me suis retrouvé dans le vestiaire des Springboks. Sur place, ils avaient laissé leurs seringues. J'ignore ce qu'elles pouvaient contenir, du sérum physiologique ou autre chose. Je ne les crois cependant pas assez fous pour avoir laissé ça dans les poubelles s'il s'agissait de quelque chose de prohibé. Je crois bien que ça s'est reproduit sur les autres matches les concernant[2]. Toujours est-il que, des seringues dans le monde du rugby, ça interpelle. Ça n'a concerné que le vestiaire des Sud-Africains. Je n'avais jamais vu ça. »

1. Le 14 septembre 2007. L'Afrique du Sud avait battu l'Angleterre 36-0.

2. En demi-finale contre l'Argentine (37-13), le 14 octobre ; en finale contre l'Angleterre (15-6), le 20 octobre.

Pluie de stéroïdes sur la planète ovale

Si les joueurs sud-africains sont décriés comme les « patients zéro » de cette épidémie, que penser des éléments mis au jour rétrospectivement ? D'abord, cette information délivrée par Christian Bagate au cours de son face-à-face de… cinq heures avec Laurent Bénézech, organisé par le site de *L'Obs* au stade André-Moga de Bègles, le 6 décembre 2014 : repérés par les examens du suivi longitudinal, cent cinquante joueurs avaient été, en loucedé, placés en arrêt de travail (de deux semaines à trois mois) entre 2006 et 2008 en raison de dérèglements thyroïdiens ! Certes, les extraits thyroïdiens ne sont pas inscrits sur la liste des produits interdits, mais le nombre avait de quoi alerter ! « Leur présence, dans des proportions anormalement élevées, peut être liée à la prise de produits interdits, avait commenté Christian Bagate. Ces pratiques révélaient que des joueurs prenaient "à l'insu de leur plein gré" des produits dopants. » Pratiques que le médecin bordelais mit sur le compte d'un « pollueur d'une même région » ; en termes plus nets, un préparateur physique du Sud-Ouest.

Faut-il ne voir également que des Sud-Africains dans les résultats inquiétants d'une étude préventive menée en 2008 par l'AFLD, révélant un pourcentage significatif de prise de stéroïdes ? Début mars 2009, l'agence française rendit publics ses travaux à stricte visée scientifique. De février à décembre 2008, cent trente-huit sportifs de quatre disciplines – football, rugby, athlétisme, cyclisme – avaient été soumis à des prélèvements capillaires, une méthode fiable puisque utilisée dans les affaires judiciaires pour confondre un meurtrier, mais non retenue par les instances antidopage. Trente joueurs provenant des deux clubs parisiens du Top 14 – Stade Français et Racing Métro 92 – composaient le panel rugby, qui ne risquait donc aucune sanction disciplinaire. Les résultats révélèrent la présence de stéroïdes anabolisants pour cinq d'entre eux, soit 16,7 % de la population concernée. « Des stéroïdes, des anabos, y a pas ça chez moi », nous avait juré le docteur Alexis Savigny. « Les joueurs qui viennent d'autres pays, je ne sais pas ce qu'ils ont fait avant. Les miens, ceux issus du centre de formation, sur la tête de mes enfants, je peux les garantir. Le Stade Français, c'est ma patrie, ma famille. Mais pas question de jouer à ce jeu-là, de filer une merde à un joueur et de me retrouver interdit de faire mon métier ; y a des médecins qui font ça, et j'en connais. »

Bref, qu'en a-t-on retenu à la LNR comme à la FFR ? Qu'il ne fallait surtout pas que la mise en place d'un profil stéroïdien réclamé par l'AFLD soit opérationnelle ! Car le coup de semonce de l'étude menée en 2008 pourrait se transformer en coup de massue. Rappelons-nous de l'unique expérience préventive pilotée, avec la bénédiction de l'Union cycliste internationale, sur le recours aux corticoïdes lors du Tour de France de 1999 : à la vue des résultats, les instances du cyclisme prirent peur et firent marche arrière…

L'antidopage en matière de rugby passe pourtant par là. « Ce profil stéroïdien, c'est une arme fatale », nous assure un membre de l'AFLD. Encore faut-il pouvoir la dégainer. Depuis 2008, le professeur Yves Le Bouc travaille sur la détection de l'utilisation de facteurs de croissance dans le milieu sportif. Chef de service à l'hôpital parisien Saint-Antoine,

Yves Le Bouc dirige une unité de recherche de l'Institut national de la santé et de la recherche médicale, spécialisée dans les perturbations pathologiques de la courbe de croissance. Sa fonction de président du collège scientifique de l'AFLD l'a amené à s'intéresser au profilage stéroïdien. « Le professeur Le Bouc dispose d'une connaissance basée sur ses propres travaux ainsi que sur une sérothèque [1] étendue mais qui est centrée sur des disciplines d'endurance », précise Xavier Bigard. « Il souhaitait la développer avec des disciplines de force. »

Pour que l'AMA valide sa méthode de dépistage, il faut en effet obtenir une certitude scientifique confortée par des études expérimentales. Autrement dit, des « cobayes », comme pour l'étude menée par l'AFLD en 2008. Voilà pourquoi, au gré des symposiums et autres séminaires, Yves Le Bouc réclame depuis plus de huit ans une autorisation d'opérer auprès des instances du rugby… qui font la sourde oreille. « Le Bouc ne peut pas aller plus loin », relance l'ancien conseiller scientifique de l'AFLD Michel Rieu. « Il ne peut rien publier sans une autorisation unanime. Toutes les fédérations sollicitées ont donné leur accord. La FFR n'a jamais décliné, mais nos interlocuteurs jouent les ingénus. Christian Bagate nous a parlé de lourdeurs administratives. » Une lourdeur qui pèse pratiquement cent mois.

À notre tour d'interroger Christian Bagate sur la question. « Ce n'est pas moi qui refuse cette proposition de profil stéroïdien, mais la LNR », se défend-il. « Le Bouc a entièrement

1. Une sérothèque – bibliothèque de sérums – est un lieu de stockage de liquides biologiques au sein d'un laboratoire de biologie médicale.

raison mais la ligue est extrêmement casse-pieds par rapport au secret médical. Elle a peur qu'un nom sorte alors que les analyses sont anonymes. » Qu'en pense Jean-Claude Peyrin, qui, comme on le sait, fut président de la commission médicale de la LNR jusqu'en 2012 avant d'être celui de la FFR ? « J'ai participé à une réunion où le professeur Le Bouc voulait mettre en place ce procédé avec le rugby et il y a eu un conflit, plus d'hommes que d'idées. Mais je n'en sais pas plus[1]. »

Et on tient là aussi à ne pas le faire savoir ! Car ces cachotteries en masquent d'autres : le fameux suivi longitudinal des rugbymen, dont les examens sont définis par la fédération et la ligue, et dont les résultats ne sortent pas de ces seules instances. « Jamais on n'a pu avoir accès aux bilans globaux », regrette Michel Rieu.

Pourtant, légalement, le champ est libre : « L'AMA prévoit un volet stéroïdien opérationnel depuis le 1er janvier 2014 », précise le président de l'AFLD. « Il exige moins de prélèvements, sert à orienter les contrôles et, si les écarts sont significatifs, on peut apporter la preuve indirecte de prise d'anabolisants. Cette méthode, comme celle relative au profilage endocrinien qui repose sur la détection de l'utilisation de facteurs de croissance, c'est l'avenir. » Mais apparemment pas celui du rugby.

1. Interrogé sur les dispositions prises par la FFR après les tests capillaires menés par l'AFLD en 2008, le docteur Peyrin avait eu une réponse tout aussi sibylline lors de son témoignage pendant le procès qui opposa Laurent Bénézech à Provale, le 27 juin 2014 : « La fédération a fait beaucoup plus attention et a surveillé les paramètres stéroïdiens sur le suivi longitudinal. » Circulez…

La loi du poids

Dans la philosophie ludique du jeu de rugby, tout individu a sa place, toutes les morphologies. Un puzzle à quinze pièces qui s'emboîtent pour constituer le portrait d'une famille idéale au complet, au point même de friser la caricature : les « gros » devant, les longilignes derrière, les petits à la charnière. Mais la photo doit désormais changer de cadre au vu des corpulences affichées. Et le « lutin lourdais » Jean Gachassin[1] (1,62 mètre) ne doit plus y retrouver ses… petits.

Au gré des époques, tous les observateurs conviennent d'un développement spectaculaire des gabarits. « Avec son 1,86 mètre, Lucien Mias était considéré comme un colosse dans les années 1950, se souvient Henri Garcia, qui commença à suivre en 1958 les tournées du XV de France pour *L'Équipe*. Le premier international à toiser 1,90 mètre s'appelait Bernard Mommejat[2] et on n'avait jamais vu ça ! Quant aux piliers de ces années-là, les Roques ou Domenech à la force herculéenne, ils ne passaient pas les 100 kilos. » Vingt ans après, les profils n'avaient pas significativement évolué : « Quand je jouais, je faisais 75, 78 kilos et j'étais considéré comme une bête à mon poste », sourit notamment Jean-Pierre Elissalde, demi de mêlée international du Stade Rochelais, à cheval sur les années 1970 et 1980. Et à chaque

1. Jean Gachassin, actuel président de la Fédération française de tennis, compte trente-deux sélections en équipe nationale de rugby dans les années 1960 et a joué à quatre postes différents (ailier, ouvreur, centre, arrière).

2. Deuxième ligne international de 1958 à 1963.

décennie sa valeur étalon : « À notre époque [les années 1990], Philippe Sella était considéré comme un monstre avec ses 85 kilos », rapporta Pierre Berbizier lors de son audition devant la commission d'enquête sénatoriale au printemps 2013. « Aujourd'hui, il y a peu de trois-quarts à moins de 100 kilos. »

Prenons le *Média Guide*[1] de la saison 1999-2000 publié par la LNR : l'élite professionnelle, qui a 2 ans d'âge, est alors composée de vingt-quatre clubs pour un effectif total de 845 joueurs. Parmi eux, 140 pesaient moins de 80 kilos (16 % des joueurs pros) ; à l'opposé de la balance, ils étaient 349 joueurs à plus de 100 kilos (41 % des troupes).

Quatre ans plus tard, l'élite est passée à seize clubs et le *Média Guide* de la saison 2003-2004 recense 543 joueurs. On en retrouve alors 52 sous les 80 kilos (9,5 %) et 256 au-dessus des 100 kilos (47 %).

Et récemment, le *Média Guide* de la saison 2013-2014 du Top 14, qui regroupe 476 joueurs, fait apparaître 19 joueurs à moins de 80 kilos (4 % de l'effectif total) et 280 joueurs à plus de 100 kilos (59 %). Plus largement, plus de neuf joueurs sur dix (91 %) de notre Top 14 sont maintenant au-delà de 95 kilos !

Le dernier « lutin » de l'élite, qui a tiré sa révérence en juin 2013, s'appelait Romain Teulet. Même taille à un centimètre près (1,63 mètre) que Gachassin, mais avec vingt kilos de mieux…

1. Ouvrage portant sur les activités sportives des clubs professionnels et destiné à la presse. « Les mensurations et poids des joueurs nous sont fournis par les clubs eux-mêmes », assure le service communication de la LNR.

« C'est la transformation naturelle de l'espèce humaine », relativise Jean-Claude Peyrin. Certes, l'évolution anthropométrique naturelle de l'être humain le fait grandir et prendre de la masse au fil des siècles – sans parler de l'obésité rampante de nos sociétés développées. Mais, dans le cas du rugby, cette évolution s'apparente cependant à une subite accélération. S'appuyant sur le récent registre des études épidémiologiques en matière de rugby, l'actuel responsable de la commission médicale de la FFR apporte les conclusions sur un plateau : « Le joueur professionnel a pris dix kilos et dix centimètres en quinze ans. » La formule sonne comme un slogan. Dix centimètres, pas si sûr. En revanche, question masse...

Une étude menée en 2012 par un collège de scientifiques médicaux de l'Irmes[1] a étudié les 2 692 joueurs qui ont participé aux six éditions de la Coupe du monde, de 1987 à 2007. En vingt ans, mais jusqu'en 2007, les joueurs ont pris en moyenne 6,65 kilos. Aux dires des physiologistes, c'est ce qu'apportent peu ou prou les programmes spécifiques actuels (musculation avec accompagnement nutritionnel), en une grosse saison, pour un joueur professionnel. Et l'une des conclusions de cette étude est édifiante : « Lors de toutes ces éditions, les équipes les plus performantes avaient les plus grands joueurs dans leurs lignes arrière et les plus lourds dans leurs packs de devant. » Un constat, une réalité, une incitation...

1. L'Institut de recherche biomédicale et d'épidémiologie du sport, créé en 2006, concentre trois activités : la physiopathologie du sport, les études épidémiologiques entourant la performance et la prévention par le sport et pour le sportif de haut niveau.

Un an plus tard, en 2013, une autre étude épidémiologique de l'Irmes s'est intéressée à la courbe anthropométrique des joueurs français. Sur une échelle de vingt ans (de 1989 à 2009), en passant au crible les 2051 joueurs élite du championnat domestique disputé de 1988 à 2009, l'étude révèle que les joueurs pèsent dans leur ensemble douze kilos de mieux[1] et qu'ils ont grandi respectivement de 5,4 centimètres (pour les arrières) et de 2,9 centimètres (pour les avants). On est donc loin des « dix centimètres » mais au-delà des « dix kilos » évoqués par Jean-Claude Peyrin.

Prenant appui sur un panel important de joueurs juniors et de moins de 15 ans, les conclusions démontraient également une prise significative de taille et de poids, au-delà de l'évolution naturelle, chez les meilleurs jeunes français au cours de la même période[2]. Et de résumer : « L'étude démontre que la sélection de "tailles larges" est désormais présente dès le plus jeune âge. » La belle image d'un jeu pour tous est à feuilleter dans les albums de souvenirs.

« On constate que le rugby s'oriente vers des jeunes de gabarit supérieur », acquiesce Jean-Claude Peyrin. « Comparés aux Anglais ou aux Australiens par exemple, les moins de 18 ans qui constituent l'équipe de France donnent l'impression visuelle d'avoir deux ans de moins. Tenez, au championnat du monde de cette catégorie d'âge qui s'est tenu en Bretagne en 2013, j'ai croisé les joueurs

1. L'individu français moyen a pris quatre kilos sur cette période, passant de 73 à 77 kilos.

2. Une moyenne de cinq centimètres et dix kilos et demi pour les 145 joueurs de moins de 21 ans, et de cinq centimètres et cinq kilos sur l'ensemble des 448 joueurs ayant moins de 15 ans.

sud-africains dans les couloirs : c'était impressionnant ! Les nôtres passaient pour des gosses. »

À l'inverse des cyclistes, le petit déjeuner est l'ami de la prise de masse pour le joueur de rugby, afin de répondre aux exigences sans cesse augmentées du haut niveau. La charge pondérale réclame d'ailleurs le passage obligatoire des joueurs sur la balance au petit matin. Mais elle a son revers lorsque sont rendus publics des chiffres qui, s'ils ne sont pas sciemment minorés par les clubs, peuvent parfois laisser perplexes.

Il est curieux d'observer le différentiel des poids selon qu'ils sont diffusés par la LNR ou par le club concerné, censé transmettre ce paramètre à la « maison mère », à l'aube de la saison 2013-2014. Deux poids deux mesures alors qu'ils proviennent tous de la même source…

Rien que pour le club toulonnais, le troisième ligne anglais Steffen Armitage est pointé à 96 kilos (sur le site du club) et à 105 kilos (dans le *Média Guide* de la LNR) ; Mathieu Bastareaud navigue entre 120 kilos (site du club) et 111 kilos (LNR) ; Alex Palisson passe de 77 kilos (LNR) à 85 kilos (site du club), Joe van Niekerk monte de 103 kilos (LNR) à 108 kilos (site du club) et Jonny Wilkinson oscille entre 86 kilos (LNR) et 90 kilos (site du club).

Cette variation est même visible pour une seule et même source ; en trois saisons, par exemple, les *Média Guide* 2010-2011 et 2013-2014 de la LNR révèlent des Clermontois montant singulièrement en puissance tels que Brock James (de 83 à 89 kilos), Davit Zirakashvili (de 113 à 120 kilos), Vincent Debaty (de 120 à 127 kilos), Julien Pierre (de 106 à 114 kilos), ou encore l'un des derniers joueurs à avoir intégré le XV de France, Clément Ric (de 102 à 114 kilos). Même constat pour l'Argentin de Toulouse, Patricio Albacete (de 118 à 130 kilos).

Ces variations ont une explication toute terrestre, celle d'un pèse-personne posé sur le carrelage d'une salle de musculation. « Un staff technique qui doit faire un choix entre deux joueurs pour le même poste penchera naturellement vers celui qui est le plus lourd, nous confie un préparateur physique. Le plus léger, même de deux ou trois kilos, devra vraiment faire une grosse différence en termes d'endurance et de maniabilité du ballon s'il veut être titulaire. » Un peu comme au marché de la truffe noire pour un profane : le poids vaut plus que le parfum.

CHAPITRE VII

Peut-on croire Alain Camborde ?

Une dénonciation anonyme auprès du service des douanes en juillet 2010, une enquête ouverte dans le mois qui suit, une mise sur écoute, deux perquisitions, dont une qui découvre des cachets de clenbutérol, une mise en examen en octobre 2011, puis, en guise de conclusion, un procès en juin 2013 pour « importation et détention de marchandises prohibées et exercice illégal de la profession de pharmacien ». Pas de doute : Alain Camborde a le profil et la trajectoire d'un Willy Voet [1] du rugby.

Son passé – disons même son passif – ne plaide pas non plus en sa faveur. Voilà un accro au culturisme, un revendeur de compléments alimentaires provenant d'Espagne, un préparateur physique et nutritionniste autodidacte, un travailleur solitaire à l'écart des structures professionnelles, un consultant auprès de la surprenante équipe nationale argentine en 2007 [2] : l'abondance de ces éléments semble

1. L'arrestation du soigneur belge avait été le point de départ de l'affaire dite Festina sur le Tour de France en 1998.

2. Les Pumas ont terminé sur le podium de la Coupe du monde après avoir corrigé le XV de France lors du match pour la troisième place (34-10).

légitimer une réputation sulfureuse et les résultats de certains joueurs dont il s'occupe paraissent trop spectaculaires pour être honnêtes.

L'ombre d'Alain Camborde a plané sur la face cachée du rugby français de 2004 à 2013 – de ses premières interventions à la Section Paloise jusqu'au verdict rendu par le tribunal correctionnel de Pau. Quatorze mois d'instruction, quatre tomes de procédures, et la rumeur qui le désigne comme le pourvoyeur officieux du rugby français en produits dopants. L'idée était séduisante : un seul homme pour cristalliser toutes les rumeurs nauséabondes et « dans le viseur de la FFR depuis longtemps » selon Christian Bagate, alors président de la commission médicale de la fédération ; l'idée semblait logique : tous les indices recueillis dessinaient son portrait-robot ; l'idée était rassurante : Camborde condamné, le dopage était anéanti, le rugby assaini.

Le 20 juin 2013, un bon mois après la comparution des quatre prévenus[1], le tribunal correctionnel de Pau condamnait Alain Camborde à trois mois de prison avec sursis et à 2000 euros de dommages et intérêts au bénéfice de l'Ordre national des pharmaciens. Déception. Non seulement les peines étaient en deçà des réquisitions du Parquet, mais le prévenu était relaxé pour « fait de commerce de compléments alimentaires » et pouvait continuer à exercer sa profession de « coach sportif ». Le petit monde du rugby institutionnel bougonna : les juges n'avaient rien compris, ou se seraient fait mener en bateau. Le pestiféré rêvé, le paria idéal, s'en

1. Alain Camborde, mais aussi deux autres culturistes et le cousin de l'un d'eux.

sortait les mains dans les fouilles, prêt à les remettre dans les boîtes à pharmacie. Forcément.

Mais au-delà de ce jugement, somme toute dérisoire au regard de ce que l'accusé incarnait, et du torrent médiatique inévitable qui accompagna l'homme par qui le scandale était arrivé, l'histoire d'Alain Camborde n'est pas seulement révélatrice d'un tabou et d'une paranoïa, mais aussi des faillites d'un sport qu'on pourrait croire professionnel jusqu'au bout des doigts.

Vice-champion du monde de body-building

On le retrouve dans un bistrot des faubourgs, sur les extérieurs de Pau, pas très loin de la petite échoppe de compléments alimentaires dont il s'occupe encore avec son épouse. La fin de l'été s'étire en langueur mais Alain Camborde n'en a guère profité. Plus d'un an après sa condamnation, le quinquagénaire reconstruit une vie partie en lambeaux. Il s'est remis à fumer, sa silhouette s'est arrondie et les ennuis le poursuivent. Alain Camborde tourne mécaniquement sa cuillère dans le double expresso, nous montre le sachet de médicaments qui ne le quitte pas – « vingt et un cachets par jour, un vrai cycliste », sourit-il –, va même jusqu'à exhiber les deux boîtes de comprimés qui le soulagent d'un asthme apparu « tout gamin ».

Palois de souche, Alain Camborde a d'entrée baigné dans le rugby. Son père fut l'entraîneur de la Section Paloise en 1964 et, alors que la discipline était encore empirique, avait modélisé une préparation spécifique dans la salle de culture physique qu'il tenait en parallèle. « Il y emmenait souvent les joueurs de la Section et reconstituait des mêlées sur les dalles de béton. J'ai vécu là-dedans. » Lui-même joua au club en minime et cadet, demi de mêlée et capitaine – « mais je n'étais pas très bon » –, et opta bien vite pour des sports individuels, notamment le karaté qu'il pratiqua douze ans jusqu'à une ceinture noire. « Comme j'avais un petit gabarit, 1 mètre 80 pour 65 kilos au départ, mon entraîneur de l'époque m'a suggéré de faire de la musculation pour me renforcer. Je m'y suis mis à fond. Diététique, musculation : j'adorais cet esprit de compétition envers soi-même, cette exigence qui n'autorise pas le relâchement. Je suis parti là-dedans. »

Ce qui l'a amené à s'inscrire quelques années plus tard à une compétition de culturisme, puis à prendre une licence à l'International Federation of Body-Building, « où il y avait des contrôles antidopage », insiste-t-il à dessein. On sourit, il répète. On évoque les salles fermées pour trafics de produits interdits, le retrait de l'agrément ministériel pour toute fédération de culturisme ou dérivé, le discrédit permanent… Il reprend : « Je n'ai jamais utilisé de produits dopants, je n'ai jamais été pris positif. » On fait la moue : trop d'exemples de contrôles négatifs qui ne permettent pas de conclure à l'absence de dopage[1]. Il enchaîne : « Vous savez, j'aurais aussi bien pu choisir la boxe ou un autre sport individuel. J'ai arrêté l'école en quatrième, quand mes frères et sœur ont obtenu leur bac, et c'était le seul moyen de m'en sortir. Je me suis dirigé alors vers la préparation

1. Armstrong, Virenque, Riis, les sportifs de l'ex-République démocratique allemande, Florence Griffith-Joyner et on en passe…

physique. J'ai obtenu un diplôme d'État[1], monté ma salle de remise en forme tout en participant aux championnats de France amateurs de body-building. »

Camborde, champion de France de sa catégorie des plus de 90 kilos en 1991[2] à Nice, intègre l'équipe de France amateur et participe à plusieurs concours internationaux avec une quatrième place aux championnats d'Europe de 1992 à Budapest et un titre de vice-champion du monde en 1993 à Séville. « J'avais alors 32 ans, pas d'enfant et, si l'idée de passer professionnel m'a effleuré, j'ai dit stop en voyant les body-builders américains. » Pourquoi ? « Je ne connaissais d'eux que ce que les magazines spécialisés en montraient mais, quand je me suis approché de leur monde, j'ai réalisé que c'était une autre planète. Cette discipline réclame déjà énormément de contraintes alimentaires, presque toutes mes prises de sang montraient que j'étais anémié, mais leurs préparations sont encore bien plus complexes pour être hyper sec avec beaucoup de volume. » On emploie le mot « dopage », il ne nie pas tout en nuançant : « Oui, c'est une discipline entachée par le dopage mais, aux États-Unis, ils font ce qu'ils veulent, ils ont un autre regard sur le corps. Moi, jamais je ne me mettais en maillot sur une plage. »

À Pau, le rugby n'est jamais bien loin et le hasard des rencontres l'amène à croiser la route de Pierre Triep-Capdeville, pilier du club local qui évolue dans ce qui était

1. Diplôme Hacumese (haltérophilie, culturisme, musculation éducative, sportive et d'entretien).

2. Soit une augmentation musculaire de… vingt-cinq kilos *a minima* depuis ses débuts.

alors le Top 16. « C'était le style Moscato, très ouvert, et il est venu me voir un jour car il avait des problèmes de cervicales. Le toubib lui avait recommandé d'entamer un programme de renforcement musculaire. C'est le premier joueur avec qui j'ai commencé un travail spécifique. J'ai découvert avec lui mon goût pour le coaching. Les résultats étant probants, le club m'a alors appelé pour m'occuper du groupe. »

On est en 2002, le pied est dans l'étrier. Ou le ver dans le fruit, diront ses détracteurs. « Frédéric Torossian était l'entraîneur et Marc Touzelier le préparateur physique », reprend-il. « Marc avait un gros bagage universitaire. Moi, je me focalisais sur la musculation. » Les joueurs ont alors pour noms Philippe Carbonneau, le Roumain Marius Tincu, Marc Dal Maso, Lionel Faure, Damien Traille, l'Argentin Patricio Albacete, Imanol Harinordoquy… « J'ai sympathisé d'entrée avec Carbonneau, qui jouait à la charnière. Il était sympa, un gros brin fêtard et, quand il se pointait le lundi matin, il arrivait avec *L'Équipe* et *Midol* [*Midi olympique*] sous le bras et passait sa matinée à les feuilleter. J'ai commencé à lui faire aimer la muscu en lui donnant de petits défis à relever. »

Les bras de serpent d'Imanol

À la Section Paloise, le secteur de Camborde est bien délimité mais, en cours de saison, « Monsieur muscle » est appelé à remplacer au pied levé Marc Touzelier, indisponible, pour un déplacement du groupe professionnel à Perpignan. « La préparation d'avant-match, je n'avais jamais fait ça », poursuit-il. « J'appelle un peu en panique

Philippe Carbonneau, qui me donne les principes de base et je me retrouve dans le chaudron de l'USA Perpignan. Je prends mon rôle à cœur, déborde effectivement de mon cadre pendant l'échauffement sur la pelouse d'Aimé-Giral, galvanise les joueurs "à l'ancienne" comme je voyais mon père le faire... Le courant passait, je crois. »

Pour un résultat inattendu : « On a pris une tôle mais Torossian, en accord avec les joueurs, a décidé de me garder dans ce rôle toute la fin de saison. » Apparemment, la voix de Camborde porte haut mais cette nomination peut étonner dans un rugby professionnel et bien structuré. « C'est vrai que j'ai pris une importance à laquelle je ne m'attendais pas, mais ça me branchait bien », reprend l'intéressé, qui va progressivement s'attirer la sympathie des joueurs. Et en premier lieu celle d'Imanol Harinordoquy. « Imanol était international, avait la Coupe du monde de 2003 en ligne de mire et les propos tenus par Bernard Laporte, qui disait en interne qu'il avait "des bras de serpent", avaient fait mouche. "Il faut que tu me prépares", m'a demandé Imanol. J'ai bien évidemment accepté. »

Qu'entendait-il par préparation ? « Une préparation individualisée en fonction des attentes du joueur », répond-il. « Pour faire court, Imanol est un ectomorphe, c'est-à-dire qu'il a une prédisposition à la minceur et au métabolisme rapide, et comme c'est aussi un nerveux il ne parvenait pas à prendre du poids. En somme, compte tenu de son activité, il fallait qu'il mange beaucoup plus de calories. Et qu'il commence avant toute chose par prendre un petit déjeuner, chose qu'il négligeait. Je lui ai rebâti son programme diététique, je suivais personnellement ce qu'il absorbait et, en dehors des séances de muscu au club, Imanol venait dans la salle de fitness de mon épouse. »

Et les complémentations alimentaires ? « Il en prenait mais ce n'était pas la base. D'ailleurs, ce n'est la base de personne. Le sportif de haut niveau doit d'abord savoir s'alimenter en produits naturels en fonction de ses besoins. Ce n'est qu'à partir de là qu'on établit un programme personnalisé. »

À cette époque, Imanol Harinordoquy n'avait rien caché de cette collaboration et de sa prise de masse. « Il avait gagné quelque chose comme six, sept kilos de muscles en deux mois et demi », se souvient Camborde. On lui fait alors part des conclusions de plusieurs médecins et physiologistes du sport qui estiment qu'un sportif adepte de musculation et soumis à un régime nutritionnel adapté ne peut raisonnablement prendre plus de cinq à sept kilos par an. Camborde se cabre : « Mais il ne mangeait rien et mal, comme beaucoup de joueurs, il trichait un peu à l'entraînement en se plaignant d'un genou, d'une épaule... » On revient sur la suspicion des spécialistes. « Mais il faut connaître les habitudes alimentaires des lascars avant de se faire une opinion », se défend-il. « Les types, ils prenaient une chocolatine avant d'entrer sur le terrain. Combien se vautraient sur leur canapé et s'enfilaient des Pitch au chocolat en guise de petit déjeuner ? Combien arrivaient en costard à l'entraînement parce qu'ils débarquaient directement d'une boîte de nuit ? Combien s'enfilaient bière sur bière et alcool fort au détriment d'une hygiène de vie en rapport avec le haut niveau ? C'était la norme, en ligne avec le festif qu'ils avaient connu plus jeune et qui est une marque de fabrique du rugby. Alors, quand Imanol s'est mis à bosser sérieusement, son corps s'est redessiné. Il a été bon lors de la tournée d'été de 2003 disputée en Argentine puis en Nouvelle-Zélande, tout comme lors de la Coupe du monde qui suivit en Australie. »

Hébergé à Londres par Castaignède

Son café est froid. Alain Camborde nous propose de passer à son magasin, situé entre la vitrine étriquée d'un tatoueur et une maison à louer, qu'il cogère avec un associé. L'enseigne annonce « Protéine Nutrition Sport ». « J'ai un jeune joueur de Mont-de-Marsan qui est venu tout à l'heure avec sa mère pour mettre au point un programme nutritionnel », lance-t-il tout en se dirigeant vers l'arrière-boutique.

Sur une cinquantaine de mètres carrés, des bidons de protéines de toute contenance sur des étagères. Tout en haut, plusieurs ballons de rugby aux emblèmes de clubs et signés par les joueurs dominent l'ensemble : le Lyon OU, l'AS Montferrand, la Section Paloise, l'Aviron Bayonnais, le Stade Rochelais, Tarbes Pyrénées... Quand il avait ses entrées un peu partout. C'est là, deux ans plus tôt, qu'une perquisition mit la main sur des cachets de clenbutérol[1]. « Une

1. Inscrit sur la liste des produits interdits, le clenbutérol est à l'origine un anabolisant vétérinaire destiné à certaines pathologies respiratoires des chevaux. Il est recherché pour ses effets anabolisants qui permettent de brûler les graisses et de prendre du muscle sans entraînement ; il est également utilisé pour augmenter le flux sanguin et développer la ventilation. Le cycliste espagnol Alberto Contador l'avait rendu célèbre à son insu lors de son contrôle positif rétroactif qui lui avait valu son déclassement sur le Tour de France de 2010 et une suspension de deux ans.

douzaine», minore Alain Camborde. Plus d'une vingtaine dans le procès-verbal. «C'était des comprimés périmés», jure-t-il. «Oui, j'en avais pris quand je faisais du "body", mais des années auparavant. Je crois bien qu'ils dataient de 1999 ou 2000. J'ai laissé la boîte dans un coin et, en mettant la main dessus, ils ont cru gagner le jackpot...»

Il ne s'attarde pas sur ce point, préfère reprendre la conversation où on l'avait laissée, en 2003, pour détailler son cheminement. «Après la Coupe du monde», relance-t-il, «Damien Traille est venu me voir à son tour avec son épouse dans la salle de remise en forme que tenait ma femme. Après les civilités d'usage, je lui ai dit que je pensais connaître les raisons qui expliquaient sa mauvaise Coupe du monde en Australie; en gros, il ne s'était pas préparé en conséquence. Damien, qui était en colocation avec Imanol quand ils jouaient tous deux à Pau, avait été relégué au second plan dans le XV de France derrière la paire de centres titulaires Jauzion-Marsh et il était en partance pour Biarritz. Il m'a rappelé plus tard et je lui ai mis le marché entre les mains: je m'occupais de lui pour zéro euro. Damien a accepté. D'entrée, je lui ai fait faire beaucoup de terrain et de PMA[1], j'ai modifié sa diététique, il venait dans ma salle deux fois par semaine, il en a bavé et il a très vite pris quatre à cinq kilos. Et quatre kilos, c'est trente chevaux de plus dans le moteur.»

C'est ainsi qu'Alain Camborde mit progressivement un

1. Puissance maximale aérobie. Elle correspond à la puissance atteinte à la consommation maximale d'oxygène (VO2 max) qu'un organisme peut utiliser. S'exprimant en watts, la PMA s'évalue par différents tests de terrain.

pied, puis deux, au Biarritz Olympique car la métamorphose de l'arrière international n'était pas passée inaperçue. « Quand il est arrivé au BO, Damien avait pris des épaules, il pétait tous les records aux tests physiques et le staff était impressionné. Poussé par les joueurs, Laurent Rodriguez, le manager, a accepté que je vienne m'occuper de son groupe. J'ai très vite eu à disposition le bureau du médecin du club où je recevais une fois par semaine les joueurs pros, du moins pratiquement tous, les Barcella, Yachvili, August... Et ce sont eux qui me payaient individuellement. »

Il se voit rétorquer qu'on est alors très loin de la séance de musculation et que la préparation dont il parle requiert d'autres qualifications, qu'il ne possède pas... « Mais parce que mon expérience s'est faite sur le terrain », justifie-t-il. « J'ai été obligé de m'intéresser à la nutrition car elle conditionne les entraînements. Elle permet de travailler ensuite plus durement, et un type a beau multiplier les séances d'abdos, s'il s'empiffre de barres de chocolat, il n'arrivera à rien. Par exemple, lors de mon parcours en "body", j'ai visité pas mal de centres de fitness aux États-Unis avant de me faire une opinion sur ma trajectoire personnelle. J'ai également vu la préparation dans un club de football américain à Los Angeles. Et puis j'ai eu la chance de rencontrer Thomas Castaignède. »

Alain Camborde vient de citer un joueur qui a été l'objet des plus vives rumeurs sur sa métamorphose physiologique lors de ses sept ans passés dans le club anglais des Saracens, surnommé « Saraboks » en raison de l'apport en nombre de joueurs sud-africains, dont l'emblématique capitaine des Springboks François Pienaar, qui y fut tour à tour joueur puis entraîneur. Avec Thomas Castaignède, Alain Camborde découvre un « type adorable » qui avait accepté d'être son chaperon une semaine pour qu'il puisse découvrir de plus près les méthodes de préparation dans un club anglais. « J'ai passé une semaine chez Thomas qui a eu la gentillesse de m'héberger et j'ai eu accès au club où j'ai retrouvé notamment Raphaël Ibañez. Ils faisaient ni plus ni moins ce que j'avais mis en place. *Grosso modo.* » À savoir ? « Des préparations individualisées. En France, les gens me cassaient Castaignède en disant que sa prise de masse n'était pas naturelle mais, moi, je l'ai vu s'entraîner. Les types s'y enfilaient de 8 heures à 16 heures ; leurs entraînements étaient filmés et ils avaient droit au décryptage personnalisé de quatre préparateurs physiques. C'était des séances courtes mais très denses car ça ne sert à rien de s'entraîner des heures quand le temps de jeu effectif est d'une grosse demi-heure. En revanche, ils étaient suivis, et même marqués à la culotte par les prépas qui les fracassaient en permanence. Et ils déjeunaient ensemble sur place quand, pendant ce temps-là, les gars de l'Aviron [Bayonnais] allaient se taper le plat du jour dans un resto du Petit Bayonne. »

Le cas Tillous-Borde

Des exemples de joueurs qui traînent leur misère avant d'être remis en selle pour la compétition, Alain Camborde en fournit à la pelle. Il cite notamment Xavier Garbajosa, nouvelle recrue de l'Aviron Bayonnais en 2007 après treize saisons passées au Stade Toulousain. « C'est Richard

Dourthe, alors manager de l'Aviron, qui m'avait demandé de m'occuper de lui, commence Camborde. Garba était une grande gueule mais profondément attachante. Il était arrivé à Bayonne avec ses deux genoux flingués[1] et il était tellement maigre que les gars l'appelaient le “sidaïque”. Pour lui, le petit déjeuner, c'était café-clope. Au départ, il n'était pas partant pour revoir son programme nutritionnel et, ainsi, établir un programme d'entraînement adapté. Après plusieurs discussions, il a accepté que je le prenne en main. Je l'ai mis à la diététique, j'ai renforcé ses quadriceps pour soulager ses genoux, j'ai stoppé les courses, multiplié les étirements, et je lui ai fait comprendre l'importance de l'alimentation. Un matin, il venait de faire Bayonne-Pau en voiture, soit une heure et demie de trajet, et était prêt pour l'entraînement quand je lui ai demandé s'il avait pris un petit déjeuner avant de partir. Il m'a répondu que non. “Non ? Alors pas d'entraînement. C'est aussi efficace que d'aller buter avec des espadrilles.” Garba a compris peu à peu de quoi je parlais. D'ailleurs, quand j'ai été attaqué de toutes parts quelques années plus tard, il n'a pas hésité à dire publiquement sur l'antenne de RMC que je l'avais remis sur pied quand il était au fond du seau. »

Il est près de 13 heures quand on lui propose de déjeuner. Un restaurant chinois voisin fera l'affaire. Une salade thaïe, « sans sauce », un plat à base de légumes et soja, un café.

1. Victime d'une rupture des ligaments croisés antérieurs et du latéral externe du genou droit en 1995, l'arrière international (trente-deux sélections entre 1998 et 2003) est stoppé par une rupture des ligaments croisés du genou gauche en 2004 et met un terme à sa carrière en 2008. Il est actuellement entraîneur adjoint au Stade Rochelais.

« Je me suis réinscrit depuis peu dans une salle de sport. » Alain Camborde est disert, multiplie les exemples où son intervention a été salutaire au devenir sportif d'un joueur. Il cite notamment le cas du jeune demi de mêlée de la Section Paloise, Thibault Daubagna (1,77 mètre, 75 kilos), qui souhaitait prendre dix kilos « pour ne plus se faire croquer par le troisième ligne d'en face ou rester groggy sur un tampon. Le régime alimentaire, qui est adapté au morphotype du joueur, l'obligeait à se lever plus tôt pour satisfaire ses besoins nutritionnels, à observer des pauses pour une collation... Il découvrait tout ça. Aujourd'hui, il est à 83 kilos. Pareil pour Jérôme Porical, qui était à l'USA Perpignan avant de rejoindre le XV de France[1] : il a dû prendre sept, huit kilos pour être en accord avec le rugby d'aujourd'hui. Parce qu'il faut bien se dire qu'à la base ce ne sont pas des sportifs de haut niveau, mais des joueurs de ballon ».

Et de préciser sa pensée sur son approche : « On a affaire à des joueurs au métabolisme différent : il y a l'ectomorphe, le mésomorphe et l'endomorphe, c'est-à-dire, dans ce dernier cas, un joueur qui prend facilement du poids, comme le pilier de l'ASM [Clermont Auvergne] Thomas Domingo, et pour lequel il faut réduire les calories provenant des glucides qu'on trouve notamment dans les pâtes, le pain ou le riz. Dans ce cas de figure, il faut deux grammes de protéine par kilo de poids de corps. Pour un type de cent kilos, deux cents grammes de protéines par jour. Quand on sait que, dans cent grammes de blanc de poulet, il y a vingt grammes de protéines, cela signifie qu'il faudrait qu'il mange un kilo

1. En juin 2010 pour la tournée d'été.

de blanc de poulet par jour… », conclut-il, laissant entendre qu'il est nécessaire de recourir aux boîtes de protéines.

Il évoque encore la progression du demi de mêlée international Sébastien Tillous-Borde, qui fut également au cœur de bien des discussions du fait de sa transformation physiologique spectaculaire… « Quand il est venu me voir pour la première fois, il était à Biarritz[1] et devait faire 74 kilos », reprend Camborde. « Un jour à l'entraînement, ce devait être en 2006, Tillous me raconte qu'il sèche Betsen qui part sur un côté alors qu'il se trouve en opposition sur une sortie de mêlée. Tillous devait faire 75, 76 kilos, personne ne comprenait, mais tout le monde disait que je le chargeais. »

On lui rappelle les conclusions des médecins et nutritionnistes sur la prise de masse musculaire… « Cinq, six kilos par an maximum ? Mais c'est complètement faux ! Tout dépend de l'alimentation et de l'activité. Ce qu'il faut savoir, c'est que Tillous a monté sur trois ans un entraînement carré, qu'il bouffait six repas par jour, que sa diététique était pointue, qu'il ne commettait aucun écart. Combien de fois je l'ai vu trier ses aliments au resto ? À la Section, j'en vois encore qui bouffent un steak-frites le lundi à 9 heures du matin parce qu'ils ne se sont pas couchés de la nuit. Tillous, lui, venait même m'emmerder à la salle les jours fériés. Des types comme lui, comme Baget, Roumieu[2], ne se reposaient jamais. Je devais même les calmer. »

Tillous-Borde, qui fait actuellement son trou dans l'effectif

1. De 2004 à 2007.

2. Marc Baget (troisième ligne) a joué au Biarritz Olympique (2003-2006), à l'Aviron Bayonnais (2006-2013) et aujourd'hui à l'AS Béziers (Pro D2) ; David Roumieu est talonneur à l'Aviron depuis 2007.

« galactique » du RC Toulonnais au point de revenir à 29 ans au sein du XV de France après cinq ans d'absence, a d'autres partisans : « Je l'ai vu se dépouiller comme peu le font », fait remarquer Jean-Philippe Hager, l'ancien médecin des Bleus. « Lui, l'entraînement, il s'y envoyait. Et plus largement, quoi qu'on puisse penser du personnage Camborde, ses programmes de préparation étaient plutôt bons. »

« Aujourd'hui », reprend Camborde, « Tillous doit être à 94 kilos parce qu'il s'y est enfilé, parce qu'il a adopté l'attitude d'un pro. Mais il ne dépassera pas 94 barres, il est allé au maximum. » « Je ne dis pas que ma méthode est facile », ajoute-t-il. « Il m'arrive de les faire sortir de leurs gonds, de les mettre en colère ; ils peuvent être à la limite de l'écœurement. Les mecs peuvent décrocher. Je les suis pendant six semaines, leur prodigue mes recommandations mais, après, ils font ce qu'ils veulent. »

Entre cent et cent cinquante joueurs entre ses mains !

Comme pour témoigner encore et encore de sa bonne foi, Alain Camborde énumère quelques joueurs de renom qui ont fait appel à ses services de coach sportif. « J'ai eu Maxime Mermoz et Farid Sid à Perpignan, Yoann Huget quand il a explosé à Bayonne, Maxime Médard à Toulouse, Yannick Caballero à Castres, Matthias Rolland… Ils venaient tous à Pau », poursuit-il. « Par exemple, Matthias, quand il jouait à Montauban, était venu me voir avec Caballero : il voulait perdre de la beuge[1]. J'ai modifié son alimentation

1. Du ventre, en patois.

et, au final, il a perdu six kilos de gras et pris deux kilos de masse musculaire[1] grâce à une méthode appelée superset. Son entraîneur, Laurent Travers, m'avait appelé pour me féliciter. Un jour, j'ai même vu débarquer Thierry Dusautoir. » Le futur capitaine du XV de France chez Camborde, mais pour quoi faire ? « Il venait d'intégrer le Stade Toulousain[2] et il est arrivé en compagnie d'Albacete et du talonneur argentin Vernet Basualdo. Il venait pour la diététique car rien n'avait été mis en place dans son club. Moi, pas de problème, je faisais mon taf. » Autrement dit, celui que les clubs ne mettaient pas en œuvre ? « Oui, ils étaient un peu livrés à eux-mêmes et, d'après ce que je sais, c'est toujours le cas. »

Dans ses « belles années », de 2003 à 2007, Alain Camborde intervenait publiquement devant les staffs des équipes professionnelles et ses interventions étaient même réclamées par ces derniers. « Au plus fort de mes interventions individualisées, j'avais en clientèle cent cinquante joueurs environ, principalement en Top 14 », détaille-t-il. En somme, c'est plus d'un joueur de Top 14 sur dix qui passait par ses mains… « Les joueurs me payaient au forfait, entre 100 et 150 euros pour une durée limitée, un programme d'environ six semaines. Sauf que ça débordait souvent. »

C'est à cette période, en 2005, qu'il lance sa gamme de

1. Il faut savoir que le muscle (qui contient 75 % d'eau et 20 % de protéines) est plus dense – donc plus lourd – que la graisse à volume égal. Le ratio varie selon les individus et la localisation des tissus. En moyenne, un « litre » de muscle aurait pour masse 1,06 kilo là où celle d'un litre de graisse serait de 0,9 kilo.

2. En août 2006, après deux saisons passées au Biarritz Olympique et deux mois après ses débuts internationaux lors de la tournée d'été.

compléments alimentaires, Physicoach Nutrition, fabriqués par le laboratoire espagnol Tegor, dont il devient le distributeur exclusif en France. « À certains, je vendais mes compléments nutritionnels ; à d'autres, je ne faisais rien payer. En échange, ils acceptaient d'apparaître sur mon site de vente en ligne. Et croyez-moi, c'est plus rentable de vendre des compléments que de faire du coaching. »

Plus rentable, assurément, mais plus téméraire aussi : car, indépendamment du risque de passer pour un commerçant autant que pour un préparateur, le rugby d'Alain Camborde frayait ainsi avec le culturisme, régulièrement marqué par des fermetures de salle pour trafic de produits interdits… « Monsieur Camborde préparait tout l'effectif du BO ; tous auraient donc dû être suspectés », raisonne malicieusement maître Frédéric Bellegarde, son avocat. Et c'est bien là le problème.

Son Tour de France des stades

De bouche-à-oreille et de prises de contact en rendez-vous, la sphère d'influence d'Alain Camborde prend une ampleur insoupçonnée : fin 2006, le voilà au chevet de l'équipe nationale d'Argentine… « Tout est parti de Pato [Patricio Albacete], que j'avais connu à Pau. Il était arrivé de Colomiers en 2004 et n'arrivait plus à marcher : ses deux genoux étaient carbonisés en raison d'un cartilage qui partait en vrac. On l'a remis doucement sur pied pendant plusieurs mois, en le privant de jogging, en renforçant ses quadriceps, en modifiant sa diététique, ce qui lui a permis de signer à Toulouse en 2006. De là, pendant un an, il a pris sa voiture pour venir me voir tous les jeudis. » Et les préparateurs du Stade Toulousain, qu'en pensaient-ils ? Alain Camborde élude le sujet, revient sur Albacete et les joueurs de l'équipe d'Argentine rassemblés pour préparer la Coupe du monde en France : « Quand ils ont vu arriver Pato lors de leur regroupement en Suisse, ils n'en revenaient pas : ils le croyaient foutu pour de bon. Mon nom a circulé et c'est ainsi que j'ai rejoint les Pumas dans leur hôtel d'Enghien-les-Bains avant un match amical contre la France en novembre 2006[1]. J'y ai rencontré Marcelo Loffreda, l'entraîneur, de même qu'Agustín Pichot, le capitaine, qui jouait alors au Stade Français. Pichot m'a alors mis le marché entre les mains : "Est-ce que ça t'intéresse de faire la préparation avec nous ? Je te préviens, on n'a pas d'argent. On a juste la caisse des joueurs." Ce n'était pas un souci pour moi. J'ai juste demandé deux choses : être défrayé pour mes déplacements et aller à la rencontre des joueurs dans leurs clubs respectifs pour entamer une préparation individualisée. »

Et c'est ainsi qu'Alain Camborde, au vu et au su de tous, effectua pendant huit mois un mini Tour de France : « Chaque jeudi, je prenais ma voiture pour me rendre à Toulouse voir Omar Hasan, à Clermont-Ferrand pour Ledesma et Scelzo, au Stade Français pour Hernández et Pichot, à Montpellier pour Todeschini... À chaque fois, je sollicitais le préparateur physique du club concerné et il m'est souvent arrivé de déjeuner avec les entraîneurs. »

1. La France bat l'Argentine 27-26 au Stade de France le 25 novembre 2006.

Parallèlement, Camborde, employé à plein temps à la Section Paloise le reste de la semaine, suivait individuellement des internationaux français, et notamment trois figures du Biarritz Olympique (Harinordoquy, Traille et Thion) qui se rendaient régulièrement dans la salle de fitness de son épouse. « À l'époque », se souvient-il, « j'avais même eu Bernard Laporte au téléphone, alors l'entraîneur du XV de France. Il savait que je bougeais de club en club et il voulait avoir des infos sur ma méthode de préparation. Laporte m'avait déjà appelé à cause d'Imanol [Harinordoquy] quelques années auparavant. Il aime les Golgoths, il adore la muscu ; il voulait des bouchers, des types qui dézinguent. Je lui avais alors proposé de me faire bosser pour la fédé, le XV de France. "La fédé ? qu'il me répond. Mais jamais ils ne vont vouloir, les vieux[1]…" »

La méthode Camborde fait visiblement mouche mais, en jouant sur tous les tableaux, le préparateur palois devient peu à peu encombrant : « Je marchais bien, c'est vrai, et je sentais bien que je dérangeais dans le milieu. C'est à partir de là que ça a commencé à merder. »

1. Lors de son audition devant la commission d'enquête du Sénat le 16 avril 2013, Bernard Laporte a joué les oies blanches sur le cas Camborde : « Des joueurs [suivis par Alain Camborde], j'en ai eu en équipe de France. Je leur disais : "Y a des suspicions." Ils me répondaient : "Non, y en a aucune. On fait des exercices avec lui qu'on ne fait pas [dans nos clubs]." Il y avait un rapport de confiance. Il leur vendait des compléments alimentaires et autres [*sic*]. Sur ce qu'ils me disaient, il n'y avait aucun souci. Ça n'a été que des rumeurs et, sincèrement, il n'y a rien eu. »

La descente aux enfers

C'est lorsqu'il s'est occupé des Argentins dans les mois qui ont précédé la Coupe du monde de 2007, organisée en France, que les dents ont commencé à grincer. Parallèlement, les internationaux tricolores qu'il suivait se rendaient aux rassemblements du XV de France, à Marcoussis, avec ses propres boîtes de protéines Physicoach sous le bras… « Parce que les joueurs n'avaient rien à disposition là-bas », soutient-il. « En fait, ceux qui ont voulu me dézinguer réalisaient que j'avais de l'emprise sur certains joueurs importants. Ils pensaient que je les dopais. Je savais qu'à la fédération ils ne pouvaient pas m'encadrer. Alors, avec les Argentins qui ont terminé sur le podium, j'ai été fini[1]. Ma collaboration avait été éventée dans la presse, du genre "le Français qui fait perdre les Français"… »

Le petit monde du rugby a pris peur. En l'espace de quelques mois, le roi de la Pampa était devenu un lépreux. « Au cours de l'hiver 2007 », raconte-t-il, « j'ai su que Serge Blanco, toujours grand manitou au BO même s'il n'en était plus le président, avait demandé à Damien Traille qu'il disparaisse de mon site internet, tout comme Jérôme Thion. Jérôme n'a pas cédé, Damien si. À l'époque, l'essentiel de mes revenus provenait de la commercialisation de ma gamme de compléments alimentaires. J'en vendais à des joueurs, même à un club tout entier, l'Aviron Bayonnais, et à des boutiques réparties un peu partout. »

1. Le XV de France s'était lourdement incliné 34-10 (cinq essais à un), au Parc des Princes, pour l'attribution de la troisième place face aux Pumas, révélations de la Coupe du monde.

Mais les rumeurs enflent. Si Camborde conserve encore un temps son emploi de préparateur de la Section Paloise, il n'est plus de bon ton que son nom soit associé au sien. Les clubs se passent le mot : plus question de bosser avec le Palois, jugé trop « limite », trop risqué. Les joueurs qui apparaissaient sur son site vont peu à peu disparaître du paysage ; d'autres lui tournent le dos ; certains cependant lui conservent leur confiance, mais en toute confidentialité. Camborde tente bien d'enrayer la machine en joignant fin 2008 Marc Lièvremont, alors tout frais sélectionneur du XV de France. « Nous avons eu un ou deux échanges, mais il a coupé court à la discussion[1]. »

Pratiquement dix-huit mois plus tard, début juillet 2010, un rapport de la brigade des douanes de Pau fait état d'une information anonyme : des produits dopants seraient distribués et vendus dans une salle de sport de la ville béarnaise, dont Alain Camborde est le gérant. Presque au même moment, Yann Péguillet, un jeune Palois, qui s'adonne à la musculation dans la salle de Camborde, est intercepté par les douanes suisses, près de Genève, en possession de produits interdits. « J'ignore d'où c'est venu. Soit d'un concurrent, parce que je faisais sûrement des jaloux, soit de quelqu'un de la fédération. Je n'étais pas à proprement parler du sérail, je venais du "body" donc j'étais un chargeur », raisonne Camborde avec distance.

1. Marc Lièvremont confirme qu'il a « eu un échange au téléphone avec Alain Camborde » peu après sa prise de fonctions : « Il voulait qu'on se rencontre mais je n'étais pas chaud du tout. Je connaissais sa réputation et un médecin m'avait rapporté le cas d'un joueur de Dax qui le consultait et qui a connu des problèmes physiologiques. Alors, c'est vrai, j'ai plutôt expédié la conversation. »

Dans le Béarn, tout le monde sait que le Palois s'occupe de nombreux joueurs de rugby et les enquêteurs pensent avoir mis le grappin sur un trafic important. Une information judiciaire est ouverte le 6 août pour détention et transport de produits dopants. Camborde est placé sur écoute, filé. D'ailleurs, des conversations enregistrées semblent donner raison à ses détracteurs : un interlocuteur proche de l'Aviron Bayonnais lui explique au téléphone qu'il a « la réputation de charger les gonzes » tandis que le président de la Section Paloise, Bernard Pontneau, qui s'en est officiellement séparé en 2008, lui dit que « les entraîneurs du Racing Métro ne voient pas d'un bon œil [son] intervention auprès de leurs joueurs ».

D'autres conversations également écoutées seront à l'origine de l'enquête qui aboutira à une comparution devant le tribunal correctionnel de Pau en mai 2013, avant le jugement de l'affaire un mois plus tard. Voici la version d'Alain Camborde : « Les douaniers m'ont dit que j'avais été surveillé pendant un an et qu'en fait il y avait deux affaires dans l'affaire : la mienne et, parallèlement, celle d'un petit trafic local, comme l'a signifié la présidente du tribunal. J'ai été mis dans la boucle des écoutes téléphoniques. Tout est parti d'un pote à moi, Didier Junqua, qui venait à la salle pour s'entretenir. Il m'a dit par téléphone avoir acheté des anabolisants. Je lui ai répondu que c'était des conneries et il m'a détaillé l'affaire : il les avait achetés auprès de Kevin Secundino, un type qui venait lui aussi à la salle et qui travaillait comme vigile dans une boîte de nuit. Secundino, lui, se vantait notamment de gagner 10 000 boules [euros] par mois parce que le patron ne faisait que du black. Surtout, son fournisseur était son cousin, qui habitait en Espagne. La BRI [Brigade de recherche et d'intervention] a été mise sur l'affaire et est remontée jusqu'à moi. »

En octobre 2011, le domicile comme le siège social de sa société sont l'objet de perquisitions par les douaniers de Bordeaux. Alain Camborde est alors mis en examen après deux jours de garde à vue, puis placé sous contrôle judiciaire, tout comme les trois autres comparses : s'il peut continuer son activité de coach sportif, il lui est interdit de commercialiser ses compléments alimentaires. « Un matin, vers les 6 heures, une dizaine de douaniers de Bordeaux ont déboulé chez moi. Ils ont fouillé mon ordi, les pièces, et c'est dans un tiroir qu'ils ont mis la main sur les cachets de clenbutérol que j'avais laissés traîner là depuis des années. Puis ils m'ont demandé de les accompagner à ma salle de sport. Franchement, je ne comprenais rien à ce qui se passait. Sur la route, je pensais qu'ils s'intéressaient à mes compléments alimentaires. Ils ont fouillé partout, ont embarqué des boîtes de protéines. Pendant la garde à vue qui a suivi, on m'a simplement dit que j'étais tombé sur un réseau de trafiquants. Je sais aussi que les douaniers sont allés interroger des joueurs, notamment Albacete, en lui disant qu'on avait trouvé chez moi des quantités considérables d'anabolisants. Parmi eux, il y en a même qui ignoraient que j'avais fait du body-building. Quand on m'a relâché, j'avais interdiction de vendre des compléments alimentaires et de travailler dans le rugby. Je vivais alors sur le salaire de mon épouse et du coaching que je pouvais faire auprès de quelques papys et mamies. Pendant ce temps, les articles de presse m'enfonçaient plus bas que terre.

Bagate[1] affirmait que mes joueurs avaient des profils sanguins qui déconnaient, mais il mentait ; jamais il n'a pu avancer la moindre preuve, la moindre analyse. Je ne comprenais pas ce qui m'arrivait : j'étais l'ennemi public, le salopard, on me regardait de travers. Et j'en ai entendu : "Ah, voilà pourquoi Albacete est revenu au plus haut niveau, voilà pourquoi Tillous a pris tant de poids..." T'as juste envie de te foutre en l'air... Je sais que plusieurs joueurs ont été interrogés par la BRI : Albacete, Baget, Roumieu, Tillous-Borde, Garbajosa, Barcella, et puis, je crois, Traille et Harinordoquy. Les flics étaient persuadés que je leur vendais des anabolisants. Huit mois plus tard, je me suis retrouvé dans le bureau de la juge d'instruction Nathalie Lacaule. "On n'a rien sur vous", m'a-t-elle dit. J'ai craqué, pleuré comme une madeleine. »

En mai 2013, la comparution devant le tribunal correctionnel de Pau tournera à la farce. Quatre heures d'audience, quatre prévenus – un videur de boîte (Secundino), un artisan carreleur (Péguillet), un boucher-charcutier (Junqua) et un coach sportif (Camborde) – dont le point commun est la gonflette, et la salle de sport d'Alain Camborde le lieu de rencontre. Quatre culturistes amateurs contre lesquels le dossier d'instruction est bien mince, les charges étant même significativement revues à la baisse. Nous sommes à des années-lumière d'un trafic de produits dopants arrosant le rugby français... Bizarrement, la FFR ne s'est pas portée partie civile. « Pourquoi ? Je ne sais pas », commente laconiquement Christian Bagate. Plus bizarrement encore, un

1. Alors responsable de la commission médicale de la FFR.

membre du service des douanes de Bordeaux nous expliquera que « Bagate n'a pas été vraiment coopératif avec [eux][1] ».

En juin 2013, Alain Camborde écopera, comme on l'a dit, de trois mois de prison avec sursis et d'une amende de 2000 euros, tout comme les trois autres prévenus. « On a analysé mes compléments alimentaires, on n'a rien trouvé, continue Camborde. Mais comme cette affaire avait fait tant de ramdam, que cette enquête avait coûté un bras, ils ne pouvaient pas me mettre moins de 2000 euros d'amende, m'a fait savoir mon avocat, maître Bellegarde. En fait, on a tous écopé de la même chose alors que je n'avais rien traficoté. » Et quid des autres produits interdits – testostérone, nandrolone, stéroïdes, médicaments classés au tableau des substances vénéneuses – découverts par les douaniers ? « C'est un amalgame », rétorque-t-il. « C'est Secundino qui les vendait. »

Alain Camborde a raison sur plusieurs points : quatorze mois d'enquête judiciaire (d'août 2010 à octobre 2011), de filatures, de mobilisation des services policiers et judiciaires, pour aboutir à un pareil résultat, voilà ce qui s'appelle un magistral coup de filet ! Quant au milieu du rugby, qui a abondamment utilisé ses services pendant des années avant de le vouer aux gémonies, il n'en sort pas grandi. « Moi, je ne suis pas issu du rugby, je viens de l'univers du culturisme et ce qui était profitable pour les clubs un jour est devenu détestable le lendemain », constate Camborde. Une hypocrisie qui perdure encore aujourd'hui puisque le

1. L'avocat d'Alain Camborde avance une explication sur l'effacement de la FFR : « Franchement, la fédération a bien fait. Car M. Bagate s'était beaucoup trop avancé sur ce dossier. »

pestiféré est toujours en activité en Ovalie, malgré tout ce qui a pu être proféré contre lui[1]...

A contrario, sa version souffre de quelques omissions. Alain Camborde minore la quantité de comprimés de clenbutérol trouvée chez lui; oublie que la perquisition a mis également la main sur du Boldenone Undecylenate – un stéroïde injectable aux propriétés anabolisantes équivalentes à celles de la testostérone – et sur « un ensemble très important de produits d'apparence pharmaceutique » ; et le réquisitoire de renvoi devant le tribunal correctionnel de Pau, prononcé le 24 juillet 2012, énonce qu'Alain Camborde « déclarait également s'être fourni auprès de Didier Junqua-Lamarque, notamment en clenbutérol ». Au cours de sa garde à vue, Didier Junqua déclara d'ailleurs « se fournir à l'étranger par Internet, également pour le compte d'Alain Camborde, à qui il rétrocédait ces produits », selon la même ordonnance de juillet 2012. Et Didier Junqua avait de l'énergie à revendre, à en croire la perquisition réalisée à son domicile: nandrolone, testostérone, stanozolol, drostanolone, clenbutérol, soit une famille élargie de stéroïdes.

1. Indépendamment de la déclaration du président de la Section Paloise dans le *Sud-Ouest* du 14 novembre 2011 – « Nos joueurs n'ont plus le droit de travailler avec lui pour la préparation individuelle. Alors, certes, un ou deux sont encore allés le voir l'année dernière pour de la muscu, mais nous avons fermé les yeux pour cette fois » –, des joueurs sollicitent toujours Alain Camborde pour sa préparation et/ou ses compléments alimentaires.

Boîtes de nuit, alcool, joints…

S'il est cependant un point sur lequel Camborde fait une certaine unanimité, c'est la préparation peu ou mal suivie de bien des joueurs professionnels. Plusieurs de nos témoins – entraîneurs, préparateurs, médecins – déplorent à demi-mot leur frustration devant ce dilemme : comment le rugby peut-il faire cohabiter son aspect festif – marque de fabrique habilement exploitée à des fins marketing – avec les exigences du sportif de haut niveau ?

La version d'Alain Camborde, qui dit n'avoir jamais travaillé avec d'autres sportifs, est ici convaincante. « Les bouffes après les matches, les petits fours des banquets, les bières… Je ne veux pas caricaturer, mais l'hygiène de vie de la plupart des joueurs de rugby est aux antipodes de ce qui se pratique dans d'autres disciplines, comme le cyclisme ou l'athlétisme, témoigne-t-il. Je vois, ou on me rapporte, ce que font les gars d'ici [Pays basque et Béarn] : la fête dans les bars de la région ; ils vont même jusqu'en Espagne où ils se mettent minables dans les *ventas*[1] qui ont maintenant attiré des boîtes et des bordels. Sans parler des Îliens qui fument de l'herbe à tire-larigot. Des joueurs m'ont également parlé des soirées à Toulon : ça siphonne, ça se tape des clopes, ça se bourre comme des coings ! D'accord, Wilkinson a sa propre salle de musculation, a fait venir deux préparateurs

1. Les *ventas* sont à l'origine des petites boutiques (tabac, alcool, parfum, carburant…) situées en zone frontalière, où les prix de vente sont très attractifs. Elles sont peu à peu remplacées par des ensembles commerciaux.

physiques d'Angleterre et fait l'ouverture et la fermeture des sessions d'entraînement. Mais, pour un Wilkinson, combien d'autres se mettent en travers ? Non, franchement, il y en a très peu qui mettent tout à niveau – l'entraînement, la musculation, l'alimentation – pour être performants. Et si ça ne se voit pas, c'est parce qu'ils sont tous peu ou prou logés à la même enseigne. »

Assis à la terrasse d'un autre bistrot pour le café qui suit le déjeuner, Alain Camborde est intarissable. Car, au-delà de ce comportement global des joueurs qui, selon lui, n'est pas en adéquation avec les impératifs du haut niveau, il s'en prend également aux modes de préparation… « J'ai des joueurs qui m'ont montré leur programme d'entraînement et, là aussi, il y a beaucoup à dire sur la méthodologie », considère-t-il. « La plupart du temps, les préparateurs ont de beaux diplômes, ont fait les STAPS[1] mais la majorité n'a jamais taquiné une barre de sa vie. Ceux que j'ai observés au club londonien des Saracens savaient de quoi ils parlaient, eux. En France, j'ai vu dans des clubs des instructeurs de musculation qui n'en avaient jamais fait eux-mêmes, ce qui ne les empêchait pas d'expliquer… » À peine le temps de tremper ses lèvres dans la tasse blanche que Camborde enchaîne : « Les clubs français sont mal équipés. La formation des préparateurs n'est pas adaptée au rugby actuel et, surtout, le suivi des joueurs n'est pas individualisé. Je prends l'exemple de Joe M'Bu, un ailier fidjien venu du club anglais des Wasps, qui

1. Les « sciences et techniques des activités physiques et sportives » sont une filière universitaire qui forme les futurs personnels d'encadrement sportif (entraîneurs, professeurs de sport, préparateurs physiques, éducateurs sportifs…).

avait atterri à Pau en 2005. Le type était sacrément "tanké", un potentiel énorme, et une crête jaune en guise de chevelure comme autre signe distinctif. Seulement, il n'arrêtait pas de faire la fête. Un jour, je l'ai pris entre quatre yeux : "Arrête tout, je lui ai dit. Arrête de t'entraîner, arrête la muscu, le cardio, ne touche pas à une barre. Va juste voir le kiné et continue à écumer les bars." Joe ne comprenait pas, disait non mollement. Pendant quinze jours, il n'a rien fait sauf la "boumbala" jusqu'au mardi de la troisième semaine. Le mercredi, lors de la mise en place, il a été énorme au point d'être sur la feuille de match. Joe avait faim de jeu. Le jour de la rencontre, il a planté deux essais contre Dax qui jouait la montée en Top 14. Joe a alors signé à l'US Dax où on lui a fait bosser le foncier pendant l'intersaison. Bilan : il n'a pas fait un match correct avec son nouveau club. Pourquoi ? Parce qu'il était crevé alors qu'il était frais comme un gardon quand je l'avais en main. »

Il évoque dans la foulée Fabien Barcella, victime de trois ruptures de tendon en l'espace de dix-neuf mois[1] qui ont fait jaser en leur temps : « Je sais qu'on a parlé de dope mais c'est plus simple que ça », estime le préparateur palois, qui s'était déjà occupé du pilier international au moment de sa période biarrote. « Fabien souffrait de fragilité tendineuse et son entraînement n'était pas adapté. Je l'ai vu faire des rép[2] de 3-4 avec des charges très lourdes alors qu'il fallait

1. Ligament postérieur du genou gauche en janvier 2010 (trois mois d'indisponibilité) ; rupture totale du tendon d'Achille en août 2010 (six mois) ; déchirure du tendon du biceps en août 2011 (un mois).

2. Pour « répétitions », soit des mouvements répétés de soulèvement d'haltères.

qu'il parte doucement sur des rép de 12 à 15. Un bon préparateur, c'est celui qui fait bouger un joueur, pas celui qui le détruit. »

« Ferme-le, ferme-le ! »

Et le dopage dans tout ça ? Alain Camborde évite souvent le terme, sauf lorsqu'il évoque l'avenir ; il parle plutôt de « types qui se plantent » quand il évoque de possibles dérapages. D'ailleurs, selon lui, « il n'y a pas ça dans le rugby » et il renvoie aux contrôles antidopage, au suivi longitudinal, au passeport biologique, des indicateurs fiables selon lui, selon bien d'autres, et qui ne le sont pourtant pas.

Au cours de la conversation, il estimera un peu plus tard que : « [le dopage] provient de démarches individuelles, d'après ce que j'en sais. Les joueurs vont écouter des conneries, prendre des conneries, commandent leur bouffe par Internet sur des sites extra-européens qui peuvent être douteux. Tenez, certains produits interdits en France peuvent être commandés auprès de la société Maximuscle, qui sponsorise le championnat anglais. »

Il n'y a pas de dopage mais Alain Camborde se met à parler de deux joueurs – étrangers – de l'ASM Clermont Auvergne dont il est convaincu « qu'ils ont pris à un moment donné ». Et de raconter la scène : « Un jour que j'étais au stade Michelin pour m'occuper de Mario Ledesma, on s'est dirigés vers les vestiaires. J'allais ouvrir un casier qui n'était pas le sien quand Ledesma m'a crié dessus : "Ferme-le, ferme-le !". »

Il n'y a pas de dopage mais Alain Camborde est persuadé

« qu'il y en aura de plus en plus », ce qui sous-entend qu'il y en a déjà un peu… « Il y aura du dopage parce que je vois maintenant des physiques hors du commun et aucune information ne circule sur le sujet, que les clubs comme les institutions ne veulent pas mettre leur nez dedans ou préfèrent détourner les yeux. Il y en aura parce que l'argent déboule et on sait que des joueurs de l'hémisphère sud débarquent avec leur "savoir-faire", qu'ils arrivent d'autres clubs et continuent à prendre ce qu'ils prenaient. » Prendre quoi ? Camborde demeure évasif – il n'est pas le seul –, parle de « saloperies » et d'un rugby qui « réclame aujourd'hui des mecs de plus en plus "tankés". C'est une hypocrisie générale. »

Il n'y a pas de dopage mais il croise « presque tous les jours des jeunes rugbymen qui [lui] parlent de boosters de testostérone ou de vasodilatateurs à même pas 20 ans » ! Il précise : « Certains viennent vers moi parce qu'ils ont vu que Tillous a pris plus de quinze kilos. Je suis inquiet de l'ignorance des gens qui absorbent des trucs qui ne leur servent à rien. Les joueurs viendront tout seuls au dopage parce qu'ils n'auront pas de réponses aux questions qu'ils se posent. » « Et puis », relance-t-il étonnamment, « il existe tellement de balises à mettre en place avant de passer éventuellement au dopage. Si, dans l'absolu, tous les impératifs du haut niveau étaient respectés, je pourrais comprendre que certains veuillent passer à l'étape supérieure… »

Tegor, ça va fort !

Tel est Camborde dans sa sincérité, ses contradictions aussi. Puisque des doutes subsistent.

La main sur le cœur et « la vérité sur la tête de [ses] enfants », Alain Camborde jure « qu'aucun joueur ne [lui] a demandé quelque chose [un produit dopant] ou un speed, genre éphédrine, pour les matches, comme [il n'a] jamais proposé quelque chose à un joueur ». Soit. Il jure qu'il n'a jamais été contrôlé positif lors des compétitions amateurs de culturisme auxquelles il prenait part, « même lors de contrôles inopinés », ce qui peut ne pas convaincre tant cette discipline, qui n'a plus d'agrément ministériel, est riche d'affaires de trafic.

Il jure encore n'avoir « jamais essayé de testostérone ou d'anabolisants », expliquant les cachets de clenbutérol trouvés à son domicile par un achat, un jour, sur Internet. Uniquement pour son utilisation personnelle et afin de brûler des graisses. Pour prouver sa bonne foi et montrer qu'il souffre d'asthme depuis qu'il a « l'âge de 7 ans », il agite ses boîtes de Seretide et de Pulmicort, deux médicaments contenant des corticoïdes, et se prend un peu les pieds dans le tapis en rappelant : « J'en prenais de temps en temps quand je faisais du "body" ; ça me séchait, ce n'était pas détectable, ils ne le cherchaient pas. » En 2011, il jurait aussi, dans les colonnes de *Sud-Ouest*, qu'il ne travaillait plus avec des rugbymen depuis « trois, quatre ans », alors que Tillous-Borde était filmé en pleine séance de musculation sur son site internet en juin 2010 et qu'il a évoqué devant nous des programmes en cours avec des joueurs en 2014.

Enfin, il se dit « sûr à 100 % des produits complémentaires[1] » qu'il vend et qui sont fabriqués par le laboratoire espagnol Tegor, installé dans la province de Biscaye, près de Bilbao, au cœur du polygone industriel de la petite ville de Zamudio. « Parce qu'il n'y a pas de fabricant français de compléments alimentaires, assure-t-il[2]. Au départ, je travaillais avec Performance, une marque belge. Puis mon frère m'a parlé d'un super labo naturopathe faisant de la cosmétologie qui s'appelle Tegor. Comme c'est à deux cent cinquante kilomètres de Pau, j'ai pris ma voiture et rencontré l'un des responsables de la société, qui m'a fait visiter le site. Tegor venait de lancer un petit département de compléments alimentaires mais sur des segments spécifiques, genre combattre la perte de cheveux. La cible sportive a été développée via la gamme Tegor Sport Elite et je suis parti là-dessus avec eux en devenant leur distributeur exclusif pour la France. Ce sont ces produits que je vendais aux joueurs, et même au club de l'Aviron Bayonnais, avant que les dirigeants basques choisissent une autre marque pour des questions de pognon. »

Alain Camborde anticipe alors notre question : « Oui, je sais, tout ce qui vient d'Espagne sent mauvais mais, là, la boîte est hyper pro. Ils subissent des contrôles, sont en règle avec tout. » Ou presque tout.

1. Il faut distinguer les compléments alimentaires (vitamines, minéraux, ...) des produits diététiques de l'effort (boissons, barres, gels) et des poudres hyper-protéinées (*whey*, *gainer*).

2. Plus d'une vingtaine de laboratoires français fabriquant des compléments alimentaires sont pourtant répertoriés.

Le 7 juillet 2009, une vingtaine d'agents de police investissent à la première heure les locaux du laboratoire Tegor. L'opération est menée conjointement par la police nationale, la police basque (appelée *Ertzaintza*) ainsi que par des techniciens de l'Agence espagnole du médicament rattachée au ministère de la Santé. La fouille des installations, qui se prolonge jusqu'en fin d'après-midi, provoque l'arrêt de travail temporaire des cent dix salariés du site. Selon des médias espagnols qui ont rapporté à l'époque cette descente « spectaculaire »[1], la police soupçonnait le laboratoire Tegor de vendre des « produits miracle » en utilisant des substances interdites dans l'élaboration de leurs gammes cosmétiques et diététiques, de même que des anabolisants ou des stimulants dans les compléments alimentaires destinés aux sportifs.

Les saisies pratiquées sur place révélèrent que pour un nombre « très important » de comprimés ne figuraient aucune dénomination, composition, emballage ou notice. La seule information disponible pour le consommateur se limitait à un « numéro de registre alimentaire » qui correspondait à celui du laboratoire Tegor visité par les policiers, mais ne constituait en aucun cas une autorisation sanitaire. Trois personnes furent également arrêtées par la police : deux médecins, dont le propriétaire d'une clinique, et la responsable du laboratoire Tegor, Mme Lavin.

L'enquête avait débuté en 2008, suite à la plainte d'une patiente de Bilbao qui, selon un communiqué diffusé à l'époque par le ministère de l'Intérieur espagnol, souffrait

1. Principalement le quotidien national *El País*, le quotidien basque *Dario Vasco* et l'agence *Europa Press*.

d'une « hyperthyroïdie grave » depuis qu'elle avait suivi un traitement amincissant dans l'une des trois cliniques qui se fournissaient chez Tegor. Les analyses réalisées sur les produits utilisés par ces cliniques démontrèrent que les préparations diététiques « cachaient en réalité des diurétiques, anorexigènes et des hormones, des substances qui peuvent produire des dysfonctionnements physiologiques et métaboliques graves pour l'organisme avec des répercussions imprévisibles sur la santé », selon le même communiqué.

Ce n'était pas la première fois que le laboratoire Tegor, fondé en 1993, avait maille à partir avec l'État espagnol. En 2002, l'Agence du médicament avait ordonné le retrait de deux produits "brûle-graisses" préparés à partir d'espèces végétales médicinales qui n'étaient pas autorisées par l'administration sanitaire. Toutefois, la Cour de justice de l'Union européenne accepta le recours déposé par l'entreprise et annula cette interdiction sept ans plus tard, en mars 2009. En 2004, l'Agence du médicament déposait une nouvelle plainte – toujours en attente de jugement – à l'encontre de Tegor, accusé de commercialiser trois produits manufacturés et distribués sans autorisation. Dans ces deux procédures, Tegor fut contraint de modifier le contenu de ces produits pour répondre aux exigences du ministère de la Santé. Autant d'éléments qui n'empêchèrent pas Mme Lavin de recevoir dans les salons de l'hôtel Carlton, bondés de personnalités politiques et économiques, le prix de la « businesswoman de l'année 2014 de la province de Biscaye ».

La commercialisation souterraine des compléments alimentaires pose question, de même que leur composition. Il n'y a qu'à consulter deux références en la matière. La première remonte à 2002, quand le Comité international olympique rendit compte d'une étude à grande échelle sur la question. Les travaux, menés de novembre 2001 à octobre 2002, avaient porté sur six cent trente-quatre compléments alimentaires provenant de deux cent quinze fournisseurs (magasins, sites internet…) alimentant treize pays[1]. Quatre-vingt-quatorze d'entre eux – soit 14,8 % – étaient contaminés par des substances illicites, principalement de la nandrolone et de la testostérone. En revanche, impossible de distinguer la contamination accidentelle de l'acte délibéré du fabricant, voire même du consommateur qui recherche justement une « plus-value » dans ces compléments[2]. Quand on sait qu'un sportif sur cinq en France consomme des compléments alimentaires, on comprend que se multiplient les risques de contrôle positif… comme les excuses fantoches[3].

L'autre étude, menée dix ans plus tard par le site GymSante.eu, réputé pour son impartialité, n'infléchit pas la tendance. En mars 2014, le site a recensé une liste de… trente-neuf marques de compléments alimentaires ayant provoqué des contaminations dopantes chez les sportifs, involontaires ou non (les cuves utilisées pour la préparation peuvent être mal nettoyées, par exemple). L'étude

1. Douze États européens et les États-Unis.

2. Cité dans *Le Parisien* du 12 décembre 2001, un témoin anonyme raconte par exemple : « La seule créatine qui vaille, c'est celle qui est fabriquée dans certains pays car on sait qu'elle contient de la nandrolone. »

3. L'Espagnol Pep Guardiola, les Néerlandais Edgar Davids et Frank de Boer (football), ou le sprinter français Christophe Cheval ont affirmé, parmi d'autres, avoir été piégés par leurs compléments alimentaires après un contrôle positif.

relève également soixante-neuf marques qui intègrent des substances à risque ou des molécules interdites (déhydro-épiandrostérone, octopamine, méthylamphétamine...) en cas de contrôle antidopage dans les diverses gammes de leurs produits (énergisants, protéiniques, vitaminiques...). Et parmi elles, Tegor Sport.

Deux spécialistes en contrepoids...

Reste encore un point en suspens : l'argumentaire développé par Alain Camborde – régime alimentaire spécifique associé à des séances de musculation adaptées – pour justifier une prise de masse musculaire spectaculaire et naturelle. Nous avons soumis ce protocole à deux spécialistes de la question : une diététicienne-nutritionniste de l'Insep[1] ; et un second nutritionniste évoluant dans l'univers du rugby.

Ancienne judoka de haut niveau, professeure de sport, Véronique Rousseau fait partie du pool des diététiciens-nutritionnistes de l'Insep depuis 1993. Autant dire que sa lecture de l'apport alimentaire des sportifs de haut niveau est largement panoramique. La Sarthoise de 51 ans a également suivi ponctuellement, mais sur la durée, les professionnels du Stade Français de 1998 à 2006, avant d'encadrer les jeunes du centre de formation du club parisien suite à un intermède auprès des joueurs de football du Paris-Saint-Germain pendant trois ans. Précision utile : elle n'avait jamais

1. Institut national du sport, de l'expertise et de la performance.

entendu parler d'Alain Camborde et nous livre ci-dessous ses constatations après lecture de son récit :

« Je suis assez d'accord avec M. Camborde pour dire que la multiplication de séances de musculation associée à un régime alimentaire spécifique et adapté permet de prendre significativement du poids, principalement chez les jeunes. Dans cette perspective de prise de masse, l'un ne va pas sans l'autre.

« Maintenant, si ce développement peut être spectaculaire, il n'y a pas de règle commune et l'on ne peut tirer de généralités. En fait, il s'agit de cas par cas selon le poids de corps du joueur, la nature de l'entraînement, son acquis en la matière comme son comportement alimentaire précédent. Un joueur de rugby de gabarit léger, environ 70 kilos, peut significativement augmenter son poids de corps, mais lissé sur trois ou quatre ans, pas en quelques mois comme je l'ai lu. Ceux qui sont déjà massifs à la sortie de leur adolescence ne vont pas pouvoir prendre autant que lui. On sait par ailleurs que la prise de masse peut être exponentielle jusqu'à 25 ans, c'est-à-dire au stade de la maturité physique, mais beaucoup moins après cet âge.

« Concernant la constatation de prises de poids significatives pendant une intersaison, il faut modérer ces observations : elles sont souvent dues à un apport de masse grasse. Le poids de corps n'a de valeur que si l'on estime le pourcentage de masse grasse qui y est associé. À cet égard, je trouve que certains ont encore des masses grasses élevées.

« Au cours des évaluations réalisées auprès des joueurs du Stade Français, j'ai pu toutefois relever qu'un joueur de 94 kilos avait pris huit kilos sur un an, de juillet à juillet. Plus précisément, six kilos entre juillet et mars, car la prise de masse n'est pas linéaire. Il paraît donc possible de prendre une telle masse sur un poids de corps élevé. En revanche, sur un poids de corps plus faible, l'écart le plus important constaté sur une même durée annuelle a été de quatre kilos. En fait, tout dépend du métabolisme de chacun : selon mes relevés opérés au Stade Français, un joueur peut prendre sept, huit kilos sur un an, mais il ne peut pas le reproduire à chaque saison. D'un autre côté, un jeune de 19 ans n'avait pris que quatre kilos jusqu'à ses 22 ans.

« Globalement, l'hygiène de vie des joueurs professionnels s'est améliorée et, selon moi, il est rare de trouver aujourd'hui des joueurs qui s'adonnent à des excès tels que ceux décrits par M. Camborde. Les pros savent se gérer individuellement selon la programmation de leur suivi. Que certains sautent leurs petits déjeuners avant d'aller s'entraîner, peut-être ; je rappelle juste que cette routine est obligatoire dès le centre de formation.

« Le recours à la supplémentation alimentaire est un vaste sujet. À l'Insep, on préconise en premier lieu l'alimentation naturelle. Mais on va toutefois proposer des poudres de protéines de lait dotées de la norme Afnor[1], qui proviennent du milieu hospitalier et sont destinées aux dénutris. Avant, les produits étaient labellisés Sport Protect puis Wall Protect, car on est très vigilant par rapport à la

1. L'Association française de normalisation (Afnor) est l'organisme officiel français, placé sous la tutelle du ministère de l'Industrie, qui organise et édite la collection des normes NF identifiant habituellement un produit dans la nomenclature nationale. Wall Protect exerce les mêmes compétences au niveau international.

provenance des compléments alimentaires. C'est une préoccupation de tous les jours car nous savons, à l'Insep, dans le rugby ou ailleurs, que les plus jeunes "coupent les trajectoires" en développant leur masse musculaire tout en prenant des poudres de protéines alors que des marques circulent sans aucune garantie. Quand j'officiais au Stade Français, c'est le club qui fournissait les joueurs. Cela n'empêche pas qu'ils pouvaient se servir ailleurs, mais ils sont largement informés par leur staff médical sur cette problématique depuis longtemps, pratiquement depuis qu'ils sont pros. Il y a probablement eu au Stade Français des joueurs qui ont consommé des compléments alimentaires frelatés.

« Je suis enfin très étonnée que M. Camborde ait pu suivre autant de joueurs qu'il le dit. Au vu de ce qu'il énonce, je constate qu'il n'est pas animé par le code déontologique d'un professionnel de la santé. Nos professions sont encadrées ; on ne s'improvise pas diététicien-nutritionniste. Je ne vous cache pas que nous luttons contre ce genre de personnes qu'on appelle des commerciaux, car ils sont plutôt dans une dynamique de vente dc produits. Peut-être a-t-il fait des choses qui tenaient la route sur un plan alimentaire. Mais il n'est normalement pas habilité pour le faire. »

Didier Rubio, qui travaille au sein du département de médecine du sport du centre hospitalier universitaire de Toulouse, a été le nutritionniste du XV de France de 2005 à 2011, soit en partie pendant la « période » Alain Camborde, tout en continuant à suivre d'autres équipes de France de rugby (jeunes, à VII) jusqu'en 2013. Voici résumées ses conclusions au regard des propos d'Alain Camborde :

« Je rejoins Alain Camborde sur l'hygiène de vie des joueurs de rugby qui n'est pas irréprochable dans son ensemble, c'est vrai. Pour autant, de plus en plus s'y mettent sérieusement, tel un Vincent Clerc par exemple. Les stakhanovistes du travail, de la diététique, des Wilkinson en somme, ne sont pas nombreux. Faut-il le déplorer au regard de ce que le jeu de rugby incarne par ailleurs ?

« Je respecte la compétence d'Alain Camborde sur le plan de la préparation physique. Il faut savoir que beaucoup de joueurs vont chercher une expertise ailleurs que dans le staff d'encadrement de leur équipe qui ne peut individualiser les suivis, faute de temps.

« Camborde est crédible sur cet aspect-là et les joueurs le savent. Et à force d'être crédible sur la prépa, l'alimentation, et si les résultats des joueurs concernés suivent, tu peux vite passer pour un gourou…

« Quand on parle de développement musculaire en rugby, il faut distinguer deux choses : le volume et la masse. Faire du volume n'est pas intéressant pour le rugbyman car cela fait référence à la "gonflette" du body-builder qui apparaît rapidement, tandis que faire de la masse accentue graduellement la densité qui restera sur la durée.

« Un joueur peut effectivement prendre de la masse s'il travaille scrupuleusement tout en adaptant son alimentation, sans pour autant recourir au dopage. Dans ce cas de figure, un joueur peut largement gagner huit à dix kilos en un an selon son poids de départ, surtout s'il a la capacité d'"accrocher" du tissu musculaire à ses os. En revanche, qu'un professionnel puisse prendre vingt kilos sur toute une carrière, je n'y crois pas trop.

« Il faut toutefois savoir que le joueur qui va s'adonner sérieusement à la musculation va très vite devenir addictif ; il peut même tomber dans ce qu'on appelle la bigorexie[1]. On m'a rapporté que quelques joueurs faisaient de la musculation la nuit !

« Le contexte du rugby fait que le joueur doit à la fois s'entraîner et jouer simultanément. Cette alternance atténue la prise de masse. Voilà pourquoi ce renforcement de poids s'effectue à l'intersaison, par le biais de grosses charges de musculation et d'une alimentation riche et consistante, soit environ quatre à cinq mille calories ingérées par jour sans toucher un ballon. Ça signifie qu'il faut impérativement déséquilibrer sa balance énergétique, c'est-à-dire manger plus que ce qu'on dépense pour fabriquer du muscle. De fait, pendant l'intersaison, qui dure de cinq à six semaines en France, le joueur peut prendre quatre à cinq kilos. Il ne fera que se maintenir sur le reste de l'année.

« Prendre plus de cinq kilos par an ne paraît pas raisonnable car le joueur changerait alors de morphologie et entamerait ainsi ses prédispositions naturelles. Il n'y a que les Fidjiens, ou ceux qui retournent dans leurs îles du Pacifique, qui reviennent avec vingt kilos supplémentaires de masse grasse parce qu'ils se sont laissés aller, mais ils oscillent déjà entre 110 et 120 kilos à la base.

« Pour évaluer la prise de poids, il faut en fait raisonner en pourcentage par rapport au poids initial. Si un joueur pèse 110 kilos en juin et revient en août à 125 kilos, les quinze

1. La bigorexie est une conduite addictive qui concerne les personnes devenues dépendantes d'une pratique excessive du sport. L'Organisation mondiale de la santé la qualifie de maladie.

kilos pris correspondent à 12 % de son poids ; en revanche, quinze kilos pris par un autre joueur passant de 75 kilos à 90 kilos sur la même période représentent 17 % de son poids de départ.

« Indépendamment de nos programmes génétiques, prendre 15 % de masse tout au long d'une carrière, soit douze kilos pour un joueur de 80 kilos à 20 ans, ce n'est déjà pas mal. J'ai vu des joueurs aller jusqu'à 20 % de masse en plus entre le début et la fin de leur activité professionnelle, et même jusqu'à 25 %. Au-delà, ça paraît compliqué… Un joueur de 1 mètre 80 pour 80 kilos à ses 20 ans qui passe au-delà des 100 kilos, là, je n'y crois pas.

« Le poids réel d'un joueur de rugby se mesure à l'aide d'outils spécifiques qui répartissent la quantité de muscles, de masse grasse et d'os. C'est à partir de ces données, et non des évaluations, qu'on avait bâti le programme alimentaire des joueurs du XV de France pour la Coupe du monde de 2011. Le joueur prenait du poids, puis il se "séchait" afin d'être plus affûté et tonique. Et prendre de la masse musculaire passe par plusieurs cycles et nécessite du temps pour qu'elle soit harmonieusement acceptée par l'organisme.

« Dans le milieu du rugby, Alain Camborde était considéré comme apportant une plus-value aux joueurs. Pour autant, sa réputation, ce sont surtout ses casseroles. Son passé de culturiste est un sparadrap collé à sa notoriété. Quand tu viens du "body", tu es fatalement en contact avec les anabolisants. On sait aussi que quelques joueurs dont il s'est occupé ont été *border line*. Il y en a même un, qui joue pilier, qui a fini avec une insuffisance rénale.

« Camborde, je l'avais rencontré à Toulouse, en 2006 ou 2007, quand il s'était inscrit en vue d'un diplôme universitaire de nutrition dans un cycle d'études où j'intervenais comme enseignant. Mais il avait quitté les cours juste après la première session. Peut-être que l'environnement exclusivement médical l'avait gêné, qu'il avait estimé qu'il n'y apprendrait rien ou que l'obtention de ce diplôme permettait aux seuls médecins et diététiciens de prodiguer des conseils contre rémunération.

« Je l'ai eu ensuite au téléphone à l'époque où j'étais le nutritionniste du XV de France. Il venait de lancer sa gamme de compléments alimentaires Physicoach et me demandait de valider ses produits en apparaissant sur son site internet. J'ai refusé d'autant plus facilement que je travaillais avec des compléments alimentaires labellisés Afnor ou Wall Protect, fournis par plusieurs laboratoires français tels que Nutergia, UHS Nutrition ou Punch Power.

« Là où je suis surpris, c'est lorsqu'il raconte que les joueurs du XV de France n'avaient aucun complément alimentaire à disposition au centre de Marcoussis. Bien au contraire, nous avions de tout : des protéines, des acides aminés, et même de la créatine. Seulement, aux yeux de certains joueurs, cela peut paraître plus efficace si c'est recommandé par quelqu'un qu'ils ont choisi de consulter que par un représentant d'un corps médical qui préconise les mêmes produits pour tous. Que voulez-vous dire au joueur qui arrive avec sa propre boîte de protéines ?

« Je tiens à ajouter que je connais de jeunes rugbymen très bons qui sont toutefois systématiquement barrés par la dimension physique. Le poids devient le premier critère de sélection. Un joueur doué peut alors être tenté d'accélérer le mouvement pour peu qu'il croise un type qui va lui faire miroiter une progression facile. Et je sais qu'il y a des jeunes qui sont très *border line.* »

... et neuf autres en contrepoint

On le voit, bien des pincettes ici pour éviter des jugements définitifs. En revanche, les médecins ou préparateurs physiques qui travaillent – ou ont travaillé – au quotidien dans l'univers du rugby en prennent moins. Si elles varient dans leur approche, leurs expériences rassemblées débouchent sur des constats beaucoup plus nets qui battent en brèche certaines affirmations d'Alain Camborde et, partant, ouvrent un large pan de spéculations. Voici donc neuf brèves synthèses :

– Vincent Cavelier (médecin de l'ASM Clermont Auvergne de 2009 à 2013) : « À raison de six heures de musculation par semaine, associées à des compléments en protéines et de la créatine, un joueur peut prendre une masse musculaire significative. Mais c'est suspect au-delà de huit kilos par an. »

– Bernard Faure (ancien préparateur du CA Brive, du CS Bourgoin-Jallieu et du club anglais de Gloucester) : « Un joueur ayant naturellement de forts pouvoirs anabolisants et qui se saoule de musculation peut prendre 5 % de son poids de corps en un an et demi. Sur toute une carrière, on peut envisager qu'il augmente de 10 % en muscle sa masse globale au maximum, mais pas au-delà. »

– Bertrand Dusfour (président de la commission médicale de la LNR) : « Ce qui interpelle dans les volumes musculaires, ce sont ceux qui varient après l'âge de 25 ans. Un jeune de 18-19 ans qui s'adonne tous les jours à la musculation en s'appuyant sur un régime alimentaire spécifique peut prendre dix kilos jusqu'à ses 23 ans. Après 25 ans, il montera de trois, quatre kilos, pas plus. »

– Olivier Lambert (responsable médical de l'USA Perpignan de 2004 à 2009) : « Tout dépend du poids de corps initial et du pouvoir anabolisant sécrété par l'organisme. Un Tuilagi à 130 kilos et 15 % de masse grasse peut naturellement prendre douze kilos. Sommairement, plus on est lourd et plus on peut prendre du muscle. Un joueur qui prend sept ou huit kilos en trois mois, c'est possible, mais il faudrait alors qu'il parte de zéro en matière de musculation. Pour un joueur de classe internationale à 90 kilos, la barrière maximale est de dix kilos, soit environ 10 % de son poids de corps. »

– Jean-Philippe Hager (médecin du Lyon OU, du XV de France de 2008 à 2011, responsable du pôle scientifique du centre national de rugby de Marcoussis) : « Tillous-Borde, je l'ai eu dans l'équipe nationale des moins de 20 ans. Il avait pris dix kilos de muscles en deux ans. On disait qu'il était chargé. Il m'a montré ses carnets de séance : il ne faisait pas semblant. À cet âge-là, je pense qu'on peut prendre dix kilos en deux ans. Vous me dites vingt kilos ? Ah oui, là… »

– Christian Daulouède (médecin du CA Béglais de 1995 à 2000) : « Physiologiquement, naturellement, un joueur peut prendre dix kilos sur sa carrière. Au-delà, c'est qu'on lui a proposé des stéroïdes anabolisants avec comme produit princeps la testostérone. »

– Marc Bichon (médecin-préparateur du XV de France de 1991 à 1995) : « Pour un joueur qui part de zéro, prendre huit à dix kilos en un an par la musculation associée à un régime nutritionnel adéquat ne me paraît pas surnaturel, pour peu que ses qualités naturelles le permettent. Mais cette prise de masse stagnera après coup. Dans ce cas de figure, l'organisme ne peut pas aller au-delà. Si cette prise de masse s'effectue en quelques mois, c'est immanquablement la porte ouverte à des problèmes ostéo-articulaires, à des tendons qui lâchent. Et au dopage. J'affirme sans preuve mais fort de ma modeste compétence. L'observation des évolutions morphologiques me fait penser qu'elles ne peuvent passer que par la prise de stéroïdes et d'anabolisants. »

– Alexis Savigny (médecin du Stade Français depuis 2000) : « L'évolution normale d'un joueur, c'est dix, douze kilos, mais lissés sur toute sa carrière, voire sur trois, quatre ans de manière optimale. Des joueurs comme Imanol [Harinordoquy] qui disaient prendre sept ou huit kilos avec lui [Camborde] en trois mois, là, ça pose question. »

– Hubert Vidalin (médecin de l'ASM Clermont Auvergne de 1998 à 2006) : « Une prise de poids, avec musculation et accompagnants nutritionnels, ne peut pas être relevée après une année. Mon estimation personnelle est qu'elle ne sera d'ailleurs pas spectaculaire d'entrée, du genre trois à quatre kilos. Mais, lissée sur trois ou quatre ans, cette prise de masse peut atteindre douze kilos pour le joueur assidu.

On sait toutefois que les compléments alimentaires facilitent le développement de la masse musculaire s'ils sont associés à de la testostérone. »

Il n'est pas loin de 16 heures quand on prend congé d'Alain Camborde. S'il est sur le point de vendre les parts de sa salle de remise en forme, qu'il a montée en novembre 2013, à son associé, c'est pour mieux repartir, enfin. Des idées, il en a : « Reprendre et développer mon affaire Tegor, serrer des pinces, repartir voir les clubs de rugby, remettre sur pied des joueurs à la ramasse… » Même avec une telle réputation ? « Mais de quelle réputation parle-t-on ? » répond-il. « Les mecs que je connais, l'avis des joueurs que j'ai suivis, ça compte beaucoup, ça. »

Camborde parle d'ailleurs de cet entraîneur de Top 14 qui a pris récemment de ses nouvelles, de ces joueurs qui continuent de lui acheter ses compléments alimentaires, de ceux dont il aimerait bien s'occuper… « Toulon, qui n'a pas envie d'aller à Toulon ? Il n'y a que des machines de guerre ! » Et de s'y voir déjà : « Tenez, si j'avais Mathieu Bastareaud à préparer pendant un mois et demi, je lui ferais perdre dix, douze kilos et il irait à dix mille ! On est content de lui parce qu'il défonce tout, mais on ne va pas au-delà avec lui. Je peux paraître prétentieux mais je suis persuadé que je pourrais lui faire gagner 20 à 30 % d'efficacité. On lui a déjà parlé de moi mais il a répondu qu'il valait mieux que je ne vienne pas car il sait qu'il en baverait. Là, on le laisse bouffer ses KFC et ses McDo chez lui. Pareil pour Steffon Armitage, le troisième ligne, un Terminator, mais un peu trop "grassouillou". J'aimerais dire à Laporte : "File-les moi six semaines pour pas un rond et on va voir les résultats !" Il faudrait commencer par… »

Tel est Camborde, enthousiaste, empirique, qui va probablement revenir… plein pot dans le rugby. À supposer qu'il en soit jamais parti.

ÉPILOGUE

Carnage-débordements

Patrick Wolff, vice-président de la LNR, a joliment résumé l'évolution du rugby depuis le lancement du professionnalisme en France, en 1998 : « On a monté les escaliers en apnée quatre à quatre pendant dix ans sans jamais reprendre notre souffle. Et nous voici sur le palier à chercher de l'air[1]. »

En l'espace de quinze ans, le budget moyen des clubs pros a pris 830 % de masse financière[2] et les joueurs 20 % de masse musculaire. L'évolution d'un jeu qui pèse lourd désormais masque une autre réalité qui pointe son nez : après des années de croissance à deux chiffres à la mesure de l'économie chinoise des années 2000, l'envol du chiffre d'affaires du rugby français reflue progressivement. Le taux de croissance des clubs du Top 14 a progressé d'un famélique 0,73 % au terme de la saison 2012-2013[3]. Surtout, on découvre que les trente clubs professionnels dégagent depuis

1. Magazine *Au Fait*, février 2014.

2. De 1,5 million de francs (230 000 euros) à 19 millions d'euros début 2014.

3. Rapport de la Direction nationale d'aide et de contrôle de gestion, publié par la LNR en juillet 2014.

cinq ans une perte d'exploitation, chiffrée à 33 millions d'euros en 2013 (+ 17,8 %).

Le paradoxe se trouve là. Derrière l'opulence, l'attractivité des stars du jeu, les projets de Grand Stade, la bonne santé apparente, les bons mots et la bière qu'on décapsule, le rugby tousse, grimace et cache ses plaies. Ses valeurs sonnantes sont trébuchantes.

L'inquiétude est partout, pas seulement dans la salle des coffres. L'apparition des compléments alimentaires avait d'abord généré des réticences avant d'être adoptée par tous. Ou presque tous. « Quand je les vois se balader avec leur boîte de prot' sous le bras, même en vacances, ça me consterne », nous avait soufflé Lionel Nallet, le vétéran et valeureux capitaine du XV de France (soixante-quatorze sélections), qui finit en douceur, à 37 ans, sa carrière au Lyon OU.

Oui, les suppléments nutritionnels sont partout, les bons, les moins bons, les inutiles, les mauvais, les pires qui soient. Les instances du rugby ont réfléchi à deux fois avant de sauter le pas. « Nous avons été finalement favorables à ce que les clubs pilotent la régulation des compléments alimentaires, mais de manière sécurisée [1] », glisse Bernard Dusfour, le président de la commission médicale de la LNR. « Si on ne l'avait pas fait, ça aurait été du n'importe quoi. Il ne faut pas laisser arriver dans nos clubs des gens douteux. » « De ce que j'en sais pour en avoir discuté avec des Biarrots, le BO ne voulait pas entrer dans le jeu de la supplémentation »,

1. C'est-à-dire validés par le label ministériel Afnor et précédemment Wall Protect, son équivalent mondial.

renchérit le responsable du pôle scientifique de la FFR, Jean-Philippe Hager. « Ils étaient en manque de tout, d'un kiné, d'un nutritionniste… Alors, ils ont été le chercher ailleurs. » « Ces compléments protéinés vous sont imposés de fait », ajoute l'ancien capitaine et sélectionneur du XV de France Pierre Berbizier. « Au Racing [il en fut le manager de 2007 à 2012], ce contrôle a été mon choix. C'était, je pense, une réponse adaptée à la situation du moment pour éviter que ça aille plus loin. »

Une situation qui remonte au début des années 2000 : « Quand je suis arrivé au Stade Français, c'était déjà un sujet important entre les joueurs », explique le docteur Alexis Savigny. « Les gars du Sud, les internationaux, venaient avec leurs pots sous le bras. C'est une pratique très anglo-saxonne, ils pourraient ne manger que ça. Le repas, c'est chiant pour eux. Certains mettaient le tout dans un sandwich et ils se cassaient dans leurs chambres. J'avais beau lire la notice, leur dire que 15 à 20 % des pots étaient vérolés, ça ne changeait rien. Au début, le club ne voulait pas investir. Parce qu'il faut vous dire que ça coûte environ 50 000 euros par an avec les produits "pré-efforts", les boissons déclinées, les sels minéraux, tout ça… Je bosse avec une boîte française depuis sept ans, elle a toutes les normes et autorisations requises. »

Ce recours aux suppléments nutritionnels – dont les bienfaits restent encore à prouver, selon l'ancien médecin fédéral Gilles Garet[1] – s'est naturellement insinué jusqu'aux

1. « On n'a pas d'étude épidémiologique sur ceux qui en prennent par rapport à l'efficacité de ces apports. On ignore si c'est un leurre ou pas. »

salles de vie des équipes de France, à Marcoussis. « Nous avons effectivement eu cette réflexion », consent Jean-Philippe Hager, qui a été médecin des Bleus de 2008 à 2011. « Avec les joueurs, on en parlait sans problème. Le grand boom a été dans les années 2005-2009. Alors, on a bossé sur la nutrition avec eux parce que les gars n'en pouvaient plus de bouffer des poudres et des comprimés. Tenez, l'un d'eux est un jour arrivé avec des boîtes de protéines dans les mains. Il m'a d'abord expliqué que son club ne faisait pas ce qu'il fallait de ce côté-là, que des joueurs lui avaient conseillé d'aller voir untel. Je lui ai répondu ce que je savais : que la provenance était douteuse, qu'il y avait d'autres façons de faire, que je le fournirai en produits labellisés. À la fin de notre échange, il a jeté ses boîtes à la poubelle devant moi. »

Mais, pour un Thierry Dusautoir, combien d'autres ? À commencer par ceux qui promeuvent une marque extérieure : « Sébastien [Bruno] est l'ambassadeur d'une marque labellisée Wall Protect, donc pas de problème », poursuit Jean-Philippe Hager. » Quant à Dimitri [Szarzewski], il nous a amené lui-même ses produits provenant des États-Unis, la documentation qui allait avec, et il nous a mis en rapport avec les gens du labo. Ce fut la seule exception faite au label Wall Protect. » Une exception qui gêne aux entournures : « J'ai échangé avec des internationaux et ils sont mal à l'aise avec ça », contrebalance Christian Bagate, le Monsieur Intégrité de la FFR. « Ils sont inquiets. Désormais, ils soupçonnent tout. J'ai vu le XV de France avec des bidons [de protéines] ; on m'a répondu qu'il n'y avait rien de répréhensible dedans. Ok, très bien. Aujourd'hui, il y a un label [Afnor], mais avant ? Certains étaient dopés sans le savoir. »

« Un joueur qui se fait quelques ronds en ayant sa propre marque, qui prodigue des conseils, c'est délicat, non ? » résume l'ancien joueur du Stade Français Olivier Terryn. « On entre dans une problématique économique. »

Et une occasion de capillarité. Les programmes de compléments nutritionnels ont été adoptés dans les centres de formation… bien après leur entrée officieuse. « Tu avais beau dire aux jeunes qu'il fallait être carré, ils sont sous influence », détaille Olivier Terryn, qui a été parmi ceux qui ont lancé le centre de formation du Stade Français au début des années 2000. « Pour eux, la performance rugby passe par la gonflette. Je savais que des jeunes s'achetaient des compléments alimentaires par Internet en dehors de la politique nutritionnelle pilotée par l'Insep. C'est l'un des risques du rugby pro : que la dimension physique prenne le pas sur l'intelligence de jeu. Les cas de dopage les plus risqués sont parmi les jeunes. Ils veulent faire comme les grands. »

Et comme les autres. « On sait que les tout jeunes joueurs sud-africains encaissent des charges de musculation impressionnantes », lâche Jean-Claude Peyrin, le président de la commission médicale de la FFR. « Chez nous, pour des questions éthiques et sanitaires, on dit qu'avant 17 ans ça bouffe les cartilages de croissance. Là-bas, ils ont adapté leur nutrition à cette prise de masse. Mais ce qui nous emmerde, ce ne sont pas les conséquences à 25, mais à 40 ans. J'ai fait le tour des dix Pôles espoirs. Ce qu'on veut, c'est qu'après la séance de musculation ils aient un jour une tranche de jambon, un autre jour un morceau de blanc de poulet… Il faut leur apprendre la nutrition. On ne veut pas qu'ils aient de compléments nutritionnels. » Pour combien de temps encore ?

Les compléments alimentaires peuvent être aux années 2000 ce que fut la créatine aux années 1990 : une nouveauté, donc un sentiment de méfiance ; puis une frénésie, puis un raz-de-marée, et enfin une méprise. Considérée comme une aide à la gonflette et à la récupération par les uns, un bienfait largement surestimé pour les autres[1], une antichambre du dopage par certains car souvent associée à des stéroïdes anabolisants, cette poudre protéinique avait mauvaise réputation, mais le monde du rugby en raffolait d'autant plus qu'elle n'était pas inscrite sur la liste des produits prohibés.

Que les produits soient labellisés Wall Protect, Afnor ou… « Afsud », le pli est pris, la vitesse enclenchée[2]. Même quand le chat est là, la souris danse… « C'est pourtant le premier pas vers le dopage », avertit l'ancien cycliste Christophe Bassons, aujourd'hui responsable régional du ministère des Sports et correspondant de l'AFLD dans le Sud-Ouest.

1. Extraits de l'audition de Laurent Bénézech devant la commission d'enquête du Sénat, le 30 mai 2013 : « La créatine a été un parfait écran de fumée pour faire croire au grand public que l'éventuel problème du dopage était dû à une tromperie sur la marchandise. La créatine est […] censée favoriser la prise de masse musculaire. Mais, sur une prise exogène, elle n'a aucun effet : je le sais d'expérience, cela ne sert à rien, sinon à avoir une crampe au mollet au bout de quarante minutes de jeu… »

2. En mars 2012, deux cas « atypiques » de cancer ont été décelés chez de jeunes joueurs (20 et 21 ans) licenciés à Sarlat et à Brive. Un lien est établi avec les décès survenus quelques années plus tôt de deux joueurs du même âge et issus des deux mêmes clubs. Les quatre joueurs s'étaient procuré une préparation dopante (créatine + anabolisants) sur Internet, fabriquée à l'étranger.

Les compléments alimentaires sont motivés si un médecin observe des carences ; là, on justifie cette prise en croyant maîtriser les dérapages. C'est ce qui s'est produit il y a vingt ans avec l'équipe Festina quand Bruno Roussel [le directeur sportif] pensait juguler l'arrivée de l'EPO. Changer de produits se fait ensuite en douceur. » Au diable les rabat-joie.

Débordé par le tsunami de compléments alimentaires de toutes origines qui inondent les terrains, le rugby aimerait pouvoir éventuellement compter sur des arbitres pour se rassurer. Mais, là aussi, les resquilles sont en surnombre. « Le trafic frontalier touchant le monde du sport est en augmentation », constate le référent dopage des douanes régionales de Bordeaux, un poste créé il y a cinq ans dans chacune des dix unités quadrillant le territoire national. « Si l'on excepte les stupéfiants, les compléments alimentaires sont au premier rang des trafics, le second touche les stéroïdes anabolisants. Nous disposons de plusieurs enquêteurs qui pistent les importations des médicaments à des fins antisportives, que ce soit par fret, voie postale ou réseau routier. Nous contrôlons les livraisons transnationales, les chargements provenant d'Inde, de Chine, de Malaisie, de Grèce… C'est de plus en plus complexe, diversifié et sophistiqué. » Autant taper la transformation d'un essai dans le chas d'une aiguille.

Après la présentation générale, l'un de ses collègues des douanes judiciaires du Grand Sud concède que, « si le trafic à destination du monde sportif concernait principalement les culturistes, on se rend compte depuis peu qu'ils débordent sur les sports collectifs. Nos présomptions ont été confortées par la récente affaire d'un rugbyman dont les parents étaient dans la boucle[1]. Mais on a de tout». «Le secteur pro est touché», relance-t-il. «Et plus on "monte", plus ils sont précautionneux et malins. On a affaire à plusieurs logiques de réseaux et de pourvoyeurs.» Des enquêtes en cours concernant le rugby? «Joker!» pour toute réponse.

Les gendarmes du sport veillent eux aussi. Au siège parisien de l'AFLD, au vu des infos qui remontent, des récents contrôles inopinés à l'intersaison qui permettent d'affiner les profilages biologiques, des variations physiologiques décelées grâce notamment au passeport biologique, on s'est fait une idée plus précise de qui est adepte de quoi. Notre interlocuteur sait quel club est le «spécialiste des anabos», quel autre «de l'hormone de croissance», ou que celui-ci «croque encore beaucoup de corticos». Tout juste est-il intrigué par une info inattendue qui est arrivée sur son bureau début 2013: hors de toute procédure entérinée, un club rend régulièrement visite à un laboratoire d'analyses pour y effectuer des prélèvements sanguins...

Bref, entre une surveillance et des contrôles qui débouchent au mieux sur des soupçons, entre des molécules connues mais indétectables, d'autres inconnues qui arrivent sur le marché, le juteux business qui en découle, des pays qui n'ont pas de réglementation ou si peu, la lutte antidopage se

1. Il s'agit probablement du dossier d'un trafic de produits illicites révélé en 2011 et dont la plaque tournante était une salle de fitness de Perpignan. Deux espoirs de l'USA Perpignan étaient impliqués, dont le pilier Davy Galand (22 ans), suspendu quatre ans par la FFR après la découverte de stéroïdes à son domicile.

casse les dents sur un mur. « Avec la meilleure volonté, on ne trouvera rien », estime, un peu abattu, Christian Bagate. « Mon inquiétude vient du fait que les molécules sont de plus en plus performantes, accessibles, et on n'a pas les moyens de les trouver. On te demande d'aller traquer des gens qui partent sur la lune avec une épuisette. » Et ça épuise.

La base de la « pyramide ovale » est aujourd'hui infectée. « Le dopage n'est qu'une des facettes de l'éthique du rugby. C'est probablement bien plus grave dans les catégories inférieures que dans le Top 14 », s'inquiète l'ancien médecin de l'USA Perpignan Olivier Lambert. « Les boîtes de protéines de toutes origines se baladent maintenant dans beaucoup de vestiaires d'équipes de séries territoriales », constate Gilles Garet, qui sillonne le département du Gers. « C'est plus leur utilisation anarchique que le produit en tant que tel qui fait peur. Les jeunes font de la musculation et engloutissent des doses sans aucun contrôle. Ils sont persuadés que c'est comme ça que ça marche. » Pour Denis Hauw, président de SOS Dopage, « le rugby a développé une culture de l'excellence physique et musculaire. Est ancrée l'idée qu'on ne peut pas faire de la performance sans prendre de produits [...]. Aujourd'hui, 25 % des appels concernent les compléments alimentaires, c'est le sujet le plus important [...]. Les salles de musculation et les préparateurs physiques deviennent des acteurs essentiels, et tous ne sont pas honnêtes [1] ».

L'antichambre du secteur professionnel – les centres de formation notamment – n'est pas mieux lotie. Fin octobre 2014, le jour de notre venue au pôle flambant

1. nouvelobs.com, 17 avril 2012.

neuf du Racing Métro 92, Christophe Mombet, directeur du centre de formation des Ciel et Blanc, nous tendait d'un air pincé son smartphone : sur la photo, une dizaine de boîtes de compléments alimentaires empilées sur une table : « C'est ce qu'on a chopé dans leurs chambres il y a quelques jours. »

Mombet, qui vit et transpire le rugby depuis pratiquement cinquante ans, est aujourd'hui perplexe. « Une partie du jeu d'aujourd'hui ne me fait plus rêver », reconnaît-il. « Dès l'instant où il est devenu un débouché social, le rugby a changé les comportements. Désormais, les objectifs tournent autour de l'argent et de l'image. Sur la durée, nos valeurs vont avoir du mal à résister. » Son constat, il le forge en partie sur son activité actuelle, qui est de gérer le secteur non professionnel du club francilien : « Mon dada désormais, c'est la formation du joueur dans ses grandes largeurs. La problématique est complexe. Sur dix qui vont sortir du centre de formation, trois seront professionnels. Quant à leur recrutement, il est basé sur deux critères : le physique et l'agressivité. J'ai des jeunes dont les parents ne savent même pas ce qu'ils font. »

À propos des compléments alimentaires qui se baladent sur Internet et dans les chambres, Christophe Mombet n'est pas dupe : « On va mettre en place un programme nutritionnel mais on sait que ça déconne parfois, en dépit de nos réunions d'information préventive. Passe encore le centre de formation, mais on a aussi des Espoirs, des Crabos [moins de 19 ans] qui vont et viennent sans être hébergés. Ils ne rêvent que de prendre de la masse mais sans forcément passer par la case travail. Alors, on trouve des boîtes comme celles que je vous ai montrées, dont la composition est inconnue de nos médecins. »

Dans le hall blanc et fonctionnel, les portraits de Pierre de Coubertin, d'Yves du Manoir, de René Crabos, de Frantz Reichel, entre autres, rappellent la prestigieuse histoire du premier club champion de France en 1892.

Olivier Terryn a un bouquin à écrire sur le nivellement par le bas du système éducatif qui y est dispensé ; Jean-Pierre Elissalde tire aussi la sonnette d'alarme : « L'effort à fournir n'est pas de savoir comment les jeunes vont en sortir, mais comment ils vont y entrer. Ceux qui en ont la responsabilité ne doivent plus seulement avoir comme repère le seul potentiel physique. Il faut remettre au cœur les rugbymen, et non les préparateurs physiques. Mieux vaut former un éducateur qu'un joueur. » Pierre Berbizier constate pour sa part qu'« il y a plus de moments pendant lesquels on ne contrôle pas le gamin que de temps pour le contrôler. Le danger du rugby, ce sont ses centres de formation ». Un danger, mais aussi une victime, le 27 mai 2014 : ce jour-là, William Ebongue Sipamio, jeune pilier de 19 ans, a été retrouvé sans vie dans sa chambre du centre de formation du Racing Métro 92. Un « arrêt cardiaque brutal non lié à son activité sportive », avait annoncé tristement le président du club, Jacky Lorenzetti. Deux jours avant son décès, le jeune stagiaire célébrait avec son équipe le titre de championne de France Crabos.

Parce que Toulon

Quant au sommet de la pyramide, il n'est pas pour rassurer. « Ce n'est pas le professionnalisme qui triche, ce sont les gens qui l'utilisent », assène Pierre Berbizier. Certes, Pierre, mais, « quand l'entourage préparateur physique-médecin est déficient, il y a alors de la place pour un intrigant », dénonce Olivier Lambert. « La dérive, c'est effectivement de faire appel à des gens extérieurs qui, pour se démarquer, doivent amener une plus-value », renchérit Jean-Philippe Hager. « C'est alors la partie obscure. »

Tout là-haut, au faîte de l'édifice, on retrouve le RC Toulonnais, double champion de France et champion d'Europe en titre. Entre la jalousie que la réussite du club provoque, la détestation de son mégalo président, Mourad Boudjellal, au sein des instances fédérales du rugby, celle tout aussi nourrie envers l'entraîneur Bernard Laporte qui a l'ambition de devenir… président de la FFR en 2016, en dépit de son verbe tonitruant, et les vraies-fausses affaires de dopage ayant secoué le club[1], il y a de quoi alimenter des rumeurs comme des contre-offensives.

Pourtant, à la lecture de l'organigramme, un nom fait tiquer bien des observateurs : pas celui d'une star comme on

1. Deux joueurs de Toulon, le pilier Eifion Lewis-Roberts et le troisième ligne Steffon Armitage, ont été contrôlés positif à la morphine à l'issue de la finale du Top 14 en juin 2012, avant d'être blanchis. Ce puissant antalgique provenait de cachets de codéine autorisés et donnés par le médecin du club mais les deux joueurs n'avaient pas présenté d'ordonnance (autorisation d'usage à des fins thérapeutiques) le soir du match. La codéine se dégrade en morphine à son passage dans les urines. « Si quelqu'un prend de la codéine, explique Christian Bagate, on trouvera de la morphine dans ses urines dès le premier cachet. Après, c'est un problème de seuil. C'est ainsi qu'on fait la différence entre un sportif qui s'est chargé et un autre qui s'est soigné. Un médecin d'équipe doit savoir qu'il y a un risque de contrôle. Il faut que son geste soit justifié. Il rédige une ordonnance pour protéger le joueur. S'il ne le fait pas, soit il est ignare, soit il pense qu'il n'y aura pas de contrôle. »

aime les recruter à tour de bras au stade Mayol, mais celui de l'ostéopathe, Jean-Pierre Darnaud. « Des pognes exceptionnelles », assurent en préambule tous nos témoins. À tel point que l'entraîneur-manager des Bleus, Philippe Saint-André, a fait des pieds et des mains pour qu'il rejoigne le staff médical du XV de France au début de son mandat, fin 2011.

« PSA » et Jean-Pierre Darnaud se connaissent depuis longtemps. Le premier avait amené dans ses bagages le second quand il entraîna l'équipe anglaise de Gloucester, de 1998 à 2002. Les deux hommes se sont retrouvés sur la côte varoise en 2009, quand Saint-André a pris les rênes du RC Toulonnais. Dans l'intervalle, Jean-Pierre Darnaud s'était fait les doigts à Clermont-Ferrand. Mais pas que des amis.

Hubert Vidalin se souvient bien du personnage. Comme on l'a vu, médecin chef de l'ensemble du club de l'ASM omnisports (cinq mille licenciés) de 1976 à 2006 et de la structure pro de 1998 à 2006, membre de la commission médicale de la LNR depuis 2011, le praticien présente un gros défaut : son intégrité. « J'ai quitté le club quand Alain Hyardet est arrivé au poste de manager, accompagné de cet ostéopathe », commence-t-il. « Au départ, on a refusé qu'il fasse partie de l'équipe médicale parce qu'on n'avait pas pu avoir accès à ses diplômes, à son CV. Je ne savais rien de lui. Il voulait son indépendance, ce que je ne pouvais accepter. J'ai refusé son contrat. Alors, dans un premier temps, il a intégré le staff technique. Dans un second temps, on me l'a imposé. Et ils ont décidé de se séparer de moi. »

Hubert Vidalin, qui parle d'un « désaccord né de sa

conception des choses », ne fut pas le seul à redouter celui qui passe pour un gourou. « Oui, on le sait, mais tant que les gourous ne franchissent pas la ligne, on ne peut rien leur dire », regrette Christian Bagate. « Un type comme Darnaud va employer des termes que personne ne connaît », ajoute Jean-Philippe Hager. « Il va baver sur les autres, il assure qu'il soigne plus vite. Certains peuvent être hypnotisés. Dès l'instant où le sportif accepte de livrer son corps à un thérapeute, c'est gagné pour lui. On a eu vent d'un ostéo dans le football qui filait un doigt dans le rectum des joueurs en disant que c'était pour leur remettre le sacrum en place. Imaginez la symbolique et l'emprise qu'il peut avoir sur le joueur… »

Mais que reproche-t-on précisément à Jean-Pierre Darnaud, qui ne fait d'ailleurs plus partie de l'Ordre des kinésithérapeutes ? On écoute alors le franc-parler d'Alexis Savigny, le tôlier des staffs médicaux : « Darnaud ? Je n'ai jamais bossé avec lui. D'après ce que j'entends, c'est un très bon ostéo. Il se dit qu'il se vend super bien. En fait, il se dit pas mal de choses à son propos ; qu'il fait parfois des actes médicaux qu'il n'a pas le droit de faire. Tout ce qu'il voit passer, il fait. Il explose tous les médecins qui bossent avec lui. On m'a rapporté qu'à Clermont il gagnait deux à trois fois plus qu'un toubib. »

Pour l'avoir pratiqué, Hubert Vidalin va même plus loin : « Il n'épargne rien autour de lui pour faire sa place. Il remet systématiquement en cause ce que font les autres, que ce soit l'unité médicale, le nutritionniste, le psy, afin d'avoir une emprise sur le joueur… Il use de techniques médicales dans des conditions parfois acrobatiques avec des produits qu'il commandait sur Internet.» Des exemples? «J'ai eu des témoignages de joueurs qui me parlaient d'anesthésies, de mésothérapie, d'infiltrations de corticoïdes, de micro-injections de sang qu'on inocule dans une blessure pour accélérer la cicatrisation, ce qui se fait maintenant avec les plaquettes et la méthode dite PRP[1], mais c'était interdit à l'époque... Il organisait même des consultations privées dans le cadre du club. J'ai demandé des attestations à ces gens mais, sous son emprise, ils n'ont jamais voulu. Les joueurs ne parlent jamais de leurs médicaments, des traitements reçus. C'est l'*omertà* totale.»

L'auteur, quant à lui, peut rapporter la fin d'une conversation avec l'intéressé alors qu'il était sur place début mai 2013 pour un reportage sur le club voisin du Mourillon. Une conversation animée, portant sur le dopage dans le rugby. À la sortie de table, Jean-Pierre Darnaud chuchota sans précaution à l'oreille d'un autre convive: «Je crois qu'il va falloir qu'on arrête avec les corticoïdes...»

Mais Alexis Savigny nous donne quelques indications complémentaires: «Jean-Baptiste Grisoli est [l'actuel] médecin du XV de France parce que je pense que Philippe

1. Cette technique (*platelet-rich plasma*, «plasma enrichi en plaquettes») a pour but d'accélérer le processus de cicatrisation des lésions musculaires ou des ruptures tendineuses. Le protocole consiste à prélever généralement quarante centimètres cubes du sang du patient. Une fois centrifugés, les facteurs de croissance surnageant dans le sérum sont prélevés puis injectés dans la zone de la lésion quelques jours après la blessure, après ponction de l'hématome intramusculaire. Une deuxième injection, toujours en milieu chirurgical stérile, peut être réalisée quelques semaines plus tard. Les résultats sont impressionnants: la cicatrisation est environ 20 à 30 % plus rapide selon la gravité de la lésion.

Saint-André voulait que Darnaud soit dans son staff. » Explication de texte : si « Grisoli n'a pas la réputation d'être super compétent », avoue François Genet, ancien médecin du Racing (2009-2013), en revanche, « les deux années passées ensemble à Toulon ont montré à PSA que Grisoli était l'un des rares médecins à pouvoir s'accorder avec Darnaud », pense Alexis Savigny. « Je ne dirai pas de mal de Grisoli : parce que je respecte tous mes pairs et que ce boulot est spécial et compliqué. C'est mon "cousin", corse comme moi. On a juste des conduites différentes. Il y a des choses que je ne ferais pas comme lui, je le lui ai dit. Et puis, mine de rien, il est jeune dans le métier : quelques mois à l'Olympique de Marseille, quelques autres à Bastia, deux ans à Toulon par demi-journées. Au final, Saint-André s'est retrouvé avec Grisoli, mais sans Darnaud. »

Pourquoi ? « Quand il a été envisagé que ce personnage intègre le staff du XV de France, les instances médicales de la fédération se sont rebellées », soutient un de ses membres, à l'instar de plusieurs autres. *A contrario*, Jean-Pierre Darnaud laissa entendre en décembre 2011 qu'il avait décidé de son propre chef de ne pas rejoindre le staff des Bleus. Mais le manager-entraîneur du XV de France n'a pas lâché l'affaire à l'automne 2014, une réunion du staff hors cellule médicale a évoqué le recrutement de Jean-Pierre Darnaud dans la perspective de la préparation des Bleus à la prochaine Coupe du monde, qui débute en septembre 2015 en Angleterre…

Au regard des éléments précédents, nous étions dès lors impatients de connaître la réaction de Jean-Pierre Darnaud. Après plusieurs relances, Jean-Pierre Darnaud nous a signifié par texto qu'il ne souhaitait pas nous répondre. « Bonjour Monsieur Ballester, je suis désolé mais je ne parle plus aux journalistes ni aux écrivains. Bien à vous. jpd. »

Le rugby tourne vinaigre, mais les huiles surnagent, ce principe des fluides est connu. En attendant que le nombre si symbolique en Ovalie de quinze joueurs régulièrement blessés par club résonne aux oreilles des instances du rugby, que le passage de l'âge de bière à celui du titane alerte ses défenseurs, que les profils stéroïdiens, endocriniens et hématologiques constituent la première ligne de la lutte antidopage, les inquiétudes se bousculent au raz de la mêlée. « Ça va péter, j'en suis convaincu, mais par un biais inattendu, comme ce fut le cas dans le cyclisme avec l'arrestation du soigneur de Festina Willy Voet », nous ont confié presque d'une même voix trois observateurs différents.

En attendant, « le risque pend au-dessus de chaque joueur, de chaque club, car il relève de facteurs individuels, collectifs, financiers et politiques », fait écho un quatrième.

En attendant, il y a tous ceux qui portent sur leur dos les valeurs du rugby. Et ceux qui dansent sur leur ventre.

Postface

Castaignède, côté fermé…

On l'avait quitté au début de l'été 2007 lorsqu'il avait tiré sa révérence de la scène internationale du rugby, à l'orée de la Coupe du monde disputée en France. Une sortie frustrante, en catimini, si loin de ses Landes natales[1], si loin des éloges qui avaient jalonné son parcours d'enfant roi[2]. On le retrouve sept ans plus tard, le 4 novembre 2014 à Toulouse, au café Authié, le plus vieux bistrot de la ville rose, où il a ses habitudes.

À bientôt 40 ans, le visage de Thomas Castaignède reste étonnamment poupin. Ce sourire en coin, cette malice dans les yeux, ce ton posé, ce discours structuré. Castaignède, c'était « le petit prince », son surnom de lutin un brin poétique dans un univers de brutes. Désormais plongé dans le monde des assurances après avoir été *broker* à la City de Londres, consultant pour la banque espagnole Santander

1. Deux lourdes défaites en Nouvelle-Zélande contre les All Blacks en juin 2007 (42-11 puis 61-10).
2. Cinquante sélections entre 1995 et 2007, dix-sept essais inscrits.

ou bien encore pour Canal Plus jusqu'à la fin de la saison 2014, le natif de Mont-de-Marsan est un boulimique de travail. « La peur du vide depuis tout petit », sourit-il.

À cette peur s'est ajoutée un temps une autre angoisse, celle du joueur de haut niveau qui se dit livré à lui-même quand la blessure sape la trajectoire d'une formidable carrière. « J'ai connu cette solitude », acquiesce l'ancien ouvreur ou arrière des Bleus, « comme j'ai connu celle de l'après-carrière ; ces sentiments qu'on ne peut pas divulguer aux autres. » Il fait référence à cette rupture du tendon d'Achille survenue lors de l'échauffement précédant le test-match France-Australie du 4 novembre 2000, qui l'avait mis un an et demi sur le flanc. « Des complications », évacue-t-il. Complications qui ont débouché sur un contentieux financier entre son club anglais d'alors, les Saracens, et le staff médical du XV de France, qui soupçonnait un geste médical en amont répété et malheureux – injection locale de corticoïdes – pour soigner une tendinite, signe précurseur de sa grave lésion. Au terme de ses douze ans de carrière, Thomas Castaignède n'en aura effectivement joué que sept...

En arrivant, Thomas Castaignède venait de finir une partie de trinquet. Un autre jeu s'engage. Qui n'aurait pu s'engager qu'avec lui. Car peu de joueurs de cette envergure, qui ont traversé autant d'époques, n'ont suscité autant de questions. Au terme de deux heures d'échanges, le Montois a reconnu qu'il n'aurait jamais dû accepter pareil entretien. Et nous sommes restés avec le sentiment qu'il n'y avait pas que le petit prince de Saint-Exupéry qui vivait sur une autre planète.

– Sur sa vision du rugby d'aujourd'hui : « Je me régale. Dernièrement, je suis allé assister à Londres au match Barbarians-Australie. J'ai vécu un grand moment. Même pendant les matches de championnat où il ne se passe pas grand-chose, je prends du plaisir. D'abord parce qu'on est amoureux de ce sport. Ensuite, il y a trop de gens qui ne se souviennent pas de la médiocrité du jeu qu'on proposait dans le passé. Ils retiennent des grands moments mais souvent, quand j'étais enfant, je regardais le Tournoi des V Nations et je m'emmerdais. Alors, je prenais mon ballon et j'allais taper dans le jardin. Ça ne m'empêchait pas de suivre le match suivant parce qu'avec mon père il s'était créé une habitude, une relation forte avec lui, puis une passion commune. Le rugby a changé par ses règles, sa préparation, et je n'ai pas de nostalgie. Ça ne me dérange pas aujourd'hui de regarder quatre matches à la télévision le temps d'un week-end. [...] Plus largement, je pense que l'erreur du rugby touche à l'épanouissement des jeunes, avec une politique de formation centrée sur les clubs et non au cœur du système scolaire, comme c'est le cas en Angleterre ou en Nouvelle-Zélande notamment. »

– Sur sa rupture du tendon d'Achille : « Le rugby est ce qui a changé ma vie et, en même temps, ce qui m'a fait le plus souffrir. Ma rupture du tendon d'Achille, suivie d'autres blessures plus psychologiques, m'a profondément marqué. Chez d'autres joueurs, cette lésion dure cinq, six mois. Chez moi, elle m'a cloué dix-huit mois. Il y a eu un enchaînement de catastrophes, de complications. J'ai vécu des souffrances terribles. À ne pas supporter le poids du drap sur les tendons. Je passais d'une période où je me sentais en pleine possession de mes moyens à une autre où je me suis retrouvé au fond du gouffre. J'ai été opéré à plusieurs reprises, et je n'ai pas subi plusieurs infiltrations de corticoïdes comme vous le dites. J'ai eu un anesthésiant pour jouer un match et c'est tout [...]. J'avais mal mais je me disais que ça allait passer. Depuis tout petit, je suis sujet à des tendinites. Je suis parti en Argentine avec l'équipe de France [en juin 2003] avec une épaule fracassée. On a essayé de la faire tenir avec des anti-inflammatoires mais le corps a dit stop à un moment donné. Parallèlement aux problèmes d'assurance entre la FFR et mon club des Saracens, j'ai été pris dans un tourbillon qui m'a foudroyé. La question se posait même de savoir si j'allais pouvoir marcher à nouveau correctement. Après deux ans d'arrêt et de galères, j'ai senti que mon corps était fragile, qu'il fallait que je le préserve. J'entrais sur un terrain en me disant non pas que je devais être bon mais en me demandant si j'allais finir le match [...]. D'un autre côté, ça m'a permis de suivre des formations, celle d'ingénieur, puis, à la Société Générale, de travailler dans une banque d'investissement, de rebondir à Londres, et ainsi de suite. Professionnellement, je suis épanoui. Physiquement, quand je cours, on dirait un petit vieux. »

– Sur le dopage dans le rugby : « J'ai entendu Laurent Bénézech et tout ce qui s'est dit autour du dopage [...]. À mon avis, il s'est trompé ou il a tout mélangé. Ce qu'il a pu proférer a été démenti par d'autres, il me semble. Il a juste eu raison de faire de la prévention. J'ai intégré l'équipe de France après lui et ce n'est pas du tout ce que j'ai vécu. Moi, en vingt ans de carrière, je n'ai jamais vu quoi que ce soit et je n'ai jamais eu de doute sur qui que ce soit. J'ai joué dans plein d'équipes différentes, j'ai fait chambre commune avec des centaines de joueurs : jamais je n'ai été confronté au dopage ; jamais on ne m'a proposé quoi que ce soit. Entre nous, on n'en parlait pas, même en déconnant [...]. Des rumeurs sur Brive ? Non, je n'en ai jamais entendu parler. Vous me l'apprenez. On se base sur quoi pour dire ça ? [...] Les rumeurs sur les Sud-Africains de 1995 ? Oui, j'ai appris ça, mais est-ce qu'on peut dire qu'il y a un lien avec le dopage ? J'ai joué avec des Sud-Africains aux Saracens, notamment avec Kobu Wiese, qui avait été pris pour dopage dans son pays. Mais, tout le temps de son passage en Angleterre, je n'ai jamais eu le moindre doute sur lui. Qu'il se soit passé des trucs dans le rugby jusqu'en 2006-2007, alors, là, je pense qu'on fait fausse route [...]. Le rugby a grandi avec l'évolution des règles. Aujourd'hui, on voit des physiques qui sont beaucoup plus appropriés à ce qu'est le sport de haut niveau. Là où j'ai des doutes, ce sont sur les compléments alimentaires. Pour moi, ça devrait être totalement interdit dans la pratique sportive. C'est une dérive parce qu'on ne sait pas où ça s'arrête. Un sportif peut très bien s'en sortir sans et je ne suis pas persuadé qu'ils contribuent à améliorer la performance [...]. Les équipes pros y souscrivent depuis dix, quinze ans ? Ça ne les fait pas mieux jouer [...]. Temps de jeu, fréquence des matches, calendrier démentiel, impacts... il est probable que, sur le long terme, les joueurs pâtissent de séquelles comme ce qui se produit dans le football américain. »

– Sur François Pienaar et les Saracens : « On nous parle aujourd'hui de François Pienaar, qui a été mon entraîneur en Angleterre. J'ai vu en lui un monstre de rigueur et de volonté ; mais je ne l'ai jamais vu proposer quoi que ce soit [...]. Je suis surpris qu'il ait pu dire des trucs comme ça. S'ils ont fait ça, c'est malheureux parce qu'on aurait peut-être pu être champions du monde à leur place. Aux Saracens, on n'était pas du tout suivis sur un plan nutritionnel. Un jour, on est allés jouer à Gloucester : on a mangé un sandwich dans le bus deux heures avant le coup d'envoi. Là-bas ou en équipe de France, je n'ai jamais pris de compléments alimentaires. Les mecs devraient plus penser à leur bien-être, à leur hygiène de vie, qu'à s'imposer des contraintes. »

– Sur Alain Camborde : « Qui ? [...] Ah, j'en ai entendu parler, c'est vrai. Il n'a pas l'air d'avoir une très bonne réputation [...]. Il a dit qu'il avait été hébergé chez moi ? Ah... peut-être. Franchement, je ne m'en souviens même pas [...]. Maintenant que vous m'en parlez... il devait passer faire un truc... Si ça se trouve, j'ai dû l'héberger pour faire plaisir à quelqu'un. Des mecs, j'en ai hébergé cent cinquante mille ; on me le mettrait devant moi... je ne sais même pas à quoi il ressemble. S'il a fait des conneries avec d'autres mecs, ce n'est pas mon problème. Je ne veux être associé en aucune manière à ce type. »

– Sur les rumeurs à son sujet : « S'il y a des gens qui pensent ça, ça m'attriste. Ils n'évaluent pas la montagne de travail que j'ai pu accomplir. Je pesais 80 kilos, je suis arrivé à 84 kilos maximum, voilà tout. Je me suis réfugié dans la muscu, notamment quand j'ai été victime d'unc blessure de longue durée [le tendon d'Achille]. »

– Sur les risques de dopage à l'avenir : « Le jour où on m'amènera un international français confondu pour dopage, là, je tirerai le signal d'alarme. Aujourd'hui, je crois que le rugby est préservé. Je pense qu'il faudra faire attention parce que l'argent est là, que le rugby n'offre aucune plage de repos, qu'il y a ce rapport aux compléments alimentaires qui mérite réflexion. Des brebis galeuses, il y en aura toujours, mais mettre sur pied un programme organisé, c'est impossible. Le meilleur dopage pour un sportif, c'est de ne pas aller se bourrer la gueule le samedi soir. Pour moi, tout devrait être interdit et il ne devrait pas y avoir de seconde chance. À la moindre erreur, le fautif devrait être banni à vie parce qu'il va à l'encontre des principes du sport. »

… Laharrague, côté ouvert

On rit beaucoup quand on échange avec les gens de rugby. C'est l'une des marques de fabrique d'un sport qui reste encore un jeu. Pour avoir passé dix ans auprès de ceux qui ont eu le privilège d'intégrer le XV de France, pour s'être livré à des entretiens en face-à-face avec une soixantaine d'entre eux, on peut certifier que les joueurs professionnels sont accessibles, avenants pour la plupart, habités par les valeurs qu'ils incarnent, jamais à court d'ingéniosité quand il s'agit de faire les quatre cents coups.

C'est là aussi un des sens de leur besoin de partage, pas

seulement des « pignes » mais aussi des situations burlesques, des vannes, des mots, des émotions. Ils lisent la profondeur du terrain, ils témoignent d'une profondeur de champ. Oui, on rit beaucoup, mais avec Julien Laharrague, on se marre franchement. Passer une soirée avec l'énergumène, de la Suze-cassis de l'apéro à la dernière bière posée sur le zinc du dernier bar (belge) ouvert dans le centre de Toulouse, c'est oublier que la télévision a été inventée.

Quand on l'a sollicité, le gaillard a sauté dans sa voiture. Julien Laharrague habite dans un minuscule patelin du Tarn-et-Garonne et consacre sa deuxième vie professionnelle à l'immobilier. L'idée n'était pourtant pas de monter un coup pendable mais de parler rugby. Du rugby dont on ne parle pas. C'est pourquoi nous avons préféré dissocier son témoignage de l'ensemble du livre et lui donner le mot de la fin. Parce que, d'une certaine façon, le Tarbais synthétise ici toutes les questions, les intuitions, les certitudes que tous les acteurs du rugby ont distillées au fil des pages qui précèdent.

Julien Laharrague a été international à douze reprises entre 2005 et 2007 ; il a roulé sa bosse dans dix clubs différents de 1997 à 2013 ; il a traversé les générations, les pays, avec cette gouaille de titi tarbais, quand l'argot devient rocailleux. Le garçon avait une réputation de noceur, de chambreur, mais aussi de joueur d'instinct, que ce soit à l'aile ou à l'arrière. Ce petit quelque chose qui vous anime un jeu, une action, un ballon. Du talent, quoi.

« Juju » a donc accepté de parler de l'envers du décor. Pas pour choquer, pour faire comprendre. À 36 ans, il a raccroché pour de bon. Mais avec un fil à la patte dont on ne se débarrasse pas comme ça. Il entraîne chaque semaine les moins de 12 ans au RC Montalbanais. Les minots doivent se régaler.

« Le rugby est ma passion, mais j'avoue que j'ai un peu décroché car je ne m'y retrouve plus totalement », concède-t-il. « Il est devenu si exigeant au plus haut niveau que le corps n'est pas suffisamment prêt en termes d'intensité et de durée, d'autant qu'on te demande aussi des qualités de vitesse et d'explosivité qui sont presque antinomiques.

« Moi, je n'étais pas un monstre mais, quoi qu'on puisse penser, j'ai bossé. C'est vrai que j'étais un peu "branleur" à l'entraînement parce que, dès que c'est collectif, tu as envie de faire marrer les autres, de mettre de la bonne humeur dans les séances d'entraînement ; que j'étais une plaie pour les nutritionnistes car je picorais des Twix ou des M & M's. En attendant, tous les jeudis, j'allais m'entraîner seul. Je savais ce que j'avais à faire, les points spécifiques que je devais travailler.

« J'ai eu la chance d'avoir rencontré des types bien depuis tout minot jusqu'au plus haut niveau, à savoir l'équipe de France. Des éducateurs, des tuteurs qui m'ont aidé, aiguillé. On ne m'a jamais rien proposé d'illicite au sein d'un club et, si certains médecins avec qui j'ai travaillé n'étaient pas forcément ultra-compétents, ils respectaient tous l'éthique du sport.

« Pour autant, être professionnel de rugby, ce n'est pas toujours ce qu'on croit. De l'extérieur, on pense qu'on est bien encadrés, qu'on dispose de tout, qu'on est en permanence aux petits soins pour nous. Mais il faut savoir que les joueurs professionnels sont dans l'ensemble livrés à eux-mêmes. La plupart sont dans la demande et frustrés de ce qui leur est prodigué au regard de ce que les staffs réclament en termes de résultats sur le terrain. En fait, les clubs se fichent un peu de savoir comment tu vas progresser. Moi, je n'étais pas costaud du haut [du corps] mais costaud du bas. Je suivais des séances spécifiques de muscu pour prendre de la masse, mais on ne me disait rien de plus. En gros, démerde-toi, je ne veux pas savoir.

« De toute façon, un mec qui se charge ne te le dira jamais de toute sa vie. Jamais, jamais. Un jour que je déjeunais chez un équipier, j'ai ouvert un tiroir pour prendre les couverts et je suis tombé sur une boîte de créatine. C'est autorisé, la créatine. Eh bien, même là-dessus, il n'a rien voulu me dire. Ça veut dire que le mec peut se pourrir de l'intérieur sans qu'on s'en aperçoive. Il est seul, le mec. Seul avec son Internet ou son prépa.

« Quand un type file un truc à un joueur, c'est de l'ordre du confidentiel. La démarche dopante est très étanche, individualisée. Le mec cherche le petit plus qui le fera devenir ou rester titulaire.

« Parce que, lorsque tu as des doutes, tu vas à la pêche aux infos. J'étais comme les autres joueurs, je m'informais, je voulais savoir. Quand tu vois débarquer des mecs gonflés à l'hélium, tu t'interroges. Tu tchatches avec tes collègues, tu te renseignes sur Internet en fonction de ce que tu cherches à obtenir. C'est quand même ton métier, ton corps est ton outil de travail et tu cherches à le bonifier. Mais tu es seul dans ton coin.

« Un jour, j'ai commandé un truc sur Internet. Des compléments alimentaires dont l'origine était toutefois incertaine. Je l'ai montré à Olivier Lambert, le médecin de l'USA Perpignan. Il m'a fait non de la tête, alors je l'ai jeté. Une fois, j'ai même appelé Alain Camborde parce que j'avais un collègue qui le consultait. Les types qui bossaient avec lui n'étaient pas contrôlés positifs. Finalement, ça ne s'est pas fait. Pau était trop loin de l'endroit où j'habitais.

« Mais, dans notre contexte, je comprends que d'autres joueurs, avec d'autres nécessités familiales ou sociales, des joueurs plus besogneux ou moins talentueux, puissent prendre le raccourci du dopage. Certains vont voir ceux qu'on appelle des gourous, des préparateurs hors des clubs. Certains sont bons, d'autres moins, et d'autres encore vont te faire prendre des produits. Le joueur qui tombe dans cette facilité va effectuer des entraînements personnels supplémentaires et va vite réaliser qu'il est moins fatigué, plus performant. Le préparateur privé devient une vérité.

« Pour y avoir joué, je sais aussi qu'il y avait un gourou à Béziers. Des joueurs y allaient pour, disaient-ils, se faire traiter le foie. Ils me disaient qu'il leur filait des produits, mais rien de plus. Si tu récupères le mode d'emploi sur Internet, il faut bien un mec qui te guide sinon tu pars dans l'inconnu. Par exemple, savoir mettre les choses dans l'ordre : tu as d'abord les hormones de croissance pour faire grossir les cellules, puis les stéroïdes qui les multiplient. Mais, attention, il ne faut pas non plus tout jeter dans le même sac : il y a des joueurs, les Îliens notamment, qui sont naturellement monstrueux.

« En fait, les joueurs savent d'eux-mêmes qui se chargent ou pas au sein d'un même club. On avait des gros doutes quand on remarquait un type avec, par exemple, d'énormes boutons placardés dans le dos. Plus largement, sur le terrain, tout se voit, tout se sent sur la durée : des mecs qui ne connaissent pas la moindre baisse de régime tout au long de la saison, ceux qui explosent tout alors qu'ils sortent de nulle part, ou ceux qui se pètent les tendons, qui reviennent quelques semaines plus tard avec des corps surdimensionnés. Tu tires tes propres conclusions. Tu n'es sûr de rien et, en même temps, tu doutes pas mal, surtout quand on te rapporte des potins. Par exemple, il y a une dizaine d'années, il se disait qu'il y avait eu un contrôle inopiné à Grenoble et que des joueurs s'étaient tirés par la fenêtre.

« On sait aussi que Brive a mauvaise réputation sur le sujet mais, du temps où j'y ai joué, je n'ai rien vu de répréhensible. J'ai juste eu un équipier à qui on avait proposé de prendre les mêmes médocs que ma grand-mère…

« Les noms des toubibs ou des préparateurs s'échangeaient sous le manteau dans les conversations entre joueurs dans les soirées. Le rééquilibrage hormonal chez Stoïcheff par exemple, on en parlait. Tous les joueurs écoutaient mais beaucoup d'entre nous ne voulaient pas tomber là-dedans. Je pense même que le dopage dans le rugby des années 1970 à la fin des années 1990 était plus dangereux car il était anarchique, incontrôlable et incontrôlé. Quand je vois les anciens Springboks qui tombent comme des mouches en raison de soi-disant vitamines B12…

« Le pot belge, j'en ai entendu parler. Cocaïne-corticoïdes en phase de récupération. Ce sont des conversations qui tournaient dans les clubs après l'affaire Pieter de Villiers, qui a été l'arbre qui cachait la forêt. D'autres roulaient à ça sans se faire choper. Un proche a vu les dégâts que ça pouvait causer : son équipe partageait le même hôtel que les cyclistes d'une équipe professionnelle. Les mecs passaient de chambre en chambre, d'un balcon à l'autre, à dix mètres au-dessus du sol ! Nous, on fumait de temps en temps du shit en fin de saison. J'ai eu un équipier à Perpignan qui s'est fait gauler pour ça : pour se marrer, il avait pris des corticos tout en les mélangeant à une dose d'amphétamines qu'il avait avec lui depuis des mois sans y avoir touché. Au contrôle, on ne l'a pas loupé. Ils l'ont même pris pour un toxicomane alors que c'était la seule fois de sa vie.

« Dans tous les clubs où j'ai joué, tu trimballes des questions, mais c'est surtout en Angleterre que ça m'a turlupiné, surtout les jeunes qui débarquaient. Les plus jeunes sont prêts à tout. Au fond du fond, c'est là, le problème. Dans les centres de formation, je sais que c'est la piste aux étoiles. Ils sont imprégnés de mauvaises habitudes au vu de ce que la société leur propose, et ça induit le rôle des entraîneurs, des éducateurs qui doivent encadrer. Pour être bon, un entraîneur doit aussi être une aide sociale, un copain, une nounou parfois. Comme un chef d'entreprise, il doit tout maîtriser pour que ses employés vivent bien leur activité.

« Dans l'état actuel des choses, je ne crois pas à l'efficacité et à la qualité de la politique antidopage qui est menée. On te dit qu'après trois contrôles non réalisés tu passes à la trappe. Mais les contrôles, ils se font en quelle année, cong ? Moi, en seize ans, je me suis fait contrôler deux fois. En

Afrique du Sud et au terme d'un match Dax-Toulouse[1]. On s'est retrouvés à quatre joueurs avec le médecin-préleveur. Le toubib a constaté qu'un joueur toulousain prenait des corticos. "C'est parce que je suis asthmatique", a répondu le joueur. "Mais vous savez que c'est un médicament, qu'il est stipulé sur l'ordonnance que c'est pour une durée de quinze jours et que ça fait six mois que vous le prenez ?" a enchaîné le médecin. « Oui, mais ce n'est pas moi, c'est le médecin [du club] », a rétorqué le joueur… C'est compliqué, un contrôle antidopage efficace. Ça demande un investissement financier colossal pour qu'il le soit.

« Quand j'étais en équipe de France, j'avais été briefé par un gars du staff. Je l'avais questionné sur le problème et il m'avait bien renseigné sur les dangers que ça pouvait engendrer. Pour autant, le sujet de la prise de masse pouvait partir en délire ! Un jour, devant plusieurs autres joueurs, Laporte me dit que je dois passer un cap. Je ne sais pas quoi répondre à ça. Alors, il enchaîne : "Il faut que tu achètes un lit médicalisé." Un lit médicalisé ? "Oui, comme ça, quand tu as des cauchemars la nuit et que tu te réveilles en sursaut, tu pousses de partout, cong !" Les mecs étaient pliés de rire ! N'empêche que le message subliminal est passé avec la gaudriole.

« Au final, je crois beaucoup au travail. Le joueur qui bosse, qui est sérieux, qui ne commet pas d'excès, qui mange ce qu'il faut, peut y arriver. Parce que la technique, le mental, la diététique, sont aussi importants que le physique. Le dopage est un isolement, un leurre, un mensonge. »

1. Soit entre 1999 et 2001.

Remerciements

L'auteur tient à remercier chaleureusement celles et ceux qui ont bien voulu répondre à ses questions, qui n'étaient pas toujours faciles à entendre, et ainsi apporter leur pièce à un puzzle qui n'est éloquent que lorsque l'assemblage est achevé. Des médecins aux joueurs en passant par tous les acteurs du monde du sport, leur expérience comme leur expertise ont été un bien précieux :

Jean Arhancet, Michel Audran, Christian Bagate, Nicolas Barizien, Christophe Bassons, Thierry Bellegarde, Laurent Bénézech, Pierre Berbizier, Marc Bichon, Xavier Bigard, Alain Camborde, Thomas Castaignède, Vincent Cavelier, John Daniell, Jean-Pierre Darnaud, Gilles Daubinet, Christian Daulouède, Jean-Pierre de Mondenard, Gérard Dine, Bernard Dusfour, Jean-Pierre Elissalde, Bernard Faure, Henri Garcia, Gilles Garet, François Genet, Marc Geneste, Denis Gutierrez, Bruno Genevois, Gérard Guillaume, Jean-Philippe Hager, Paul Kimmage, Julien Laharrague, Olivier Lambert, Marc Lièvremont, Jean-Jacques Lozach, Patrick Magaloff, Armand Mégret, Christian Mombet, Jacques Mombet, Pierre Montlaur, Raphaël Poulain, Jean-Claude Peyrin, Damien Ressiot, Michel Rieu, Véronique

Rousseau, Didier Rubio, Alexis Savigny, Hervé Stoïcheff, Olivier Terryn, Cyril Troussard, Jean-Yves van den Steen, Hubert Vidalin.

L'auteur remercie également celles et ceux qui ont accepté de le rencontrer ou de lui parler par téléphone sous couvert d'anonymat, alors qu'ils occupent des postes sensibles dans diverses administrations ou institutions. Leur concours a permis d'élargir la compréhension globale du sujet traité.

Parallèlement, l'auteur est très reconnaissant envers une dizaine de ses confrères journalistes, dont les carnets d'adresses et la connaissance du milieu étaient indispensables pour mener ce travail à bien. Il est toutefois symptomatique de recevoir des informations de ceux qui pourraient les exploiter s'ils n'étaient eux-mêmes muselés par les médias qui les emploient.

Enfin, l'auteur témoigne sa gratitude à Marc Grinsztajn pour sa pertinence, à maître Thibault de Montbrial pour son expertise, à l'ensemble de l'équipe éditoriale des éditions de La Martinière qui a suivi l'élaboration de cet ouvrage, tout particulièrement Marie Leroy, Nadia Butaud et Benoît Bénard. Sans oublier bien sûr Hervé de La Martinière qui lui fait confiance depuis plus de dix ans maintenant. Merci Hervé de supporter mes convictions comme mes coups de gueule.

Table

Introduction. **XV ans après** 9

I. L'effet papillon 19
Commotions cérébrales au Sénat 26

II. Moteurs à injections… et explosions 39
Prends l'hostie et tire-toi........................ 49

III. Brive les gaillards............................ 57
Bénézech ouvre la brèche 60
Bagate persiste et signe.......................... 62
Ventoline, stéroïde, cortisone..................... 65
Un témoin se souvient 69
« Sa chambre était une véritable pharmacie »....... 71
Bernard Faure (s')explique........................ 75
Stoïcheff de meute............................. 80
Stoïcheff répond 83

IV. Les confessions d'un médecin des Bleus 91
Le XV de France sous amphétamines pendant quinze ans ! 93
Une liasse d'ordonnances pour les Springboks 99
Injections de corticos à gogo ! 101

Et l'EPO est apparu.... 105
Tiens, messieurs Conconi et Ferrari ! 108

V. Crash-tests 115
Toubib *or not* toubib ? 117
Cinq ans au club ? Vous pouvez être son médecin !.. 119
Le casse-tête du casse-pipe 122
Valider des invalides ! 125
On n'est jamais trop prud'hommes 127
Quand les managers tirent sur l'ambulance... 132
Préparer ou soigner, il faut choisir 137
Ça casse ou ça casse ! 143
Un quart des effectifs pros à l'infirmerie ! 152

VI. Tube à essais 157
L'effet Obélix 159
Suivi, passeport et passoire 163
L'Afrique du Sud, hors normes en hormones 169
De Villiers en première ligne... de coke 178
Les folles soirées parisiennes 181
Pluie de stéroïdes sur la planète ovale 199
La loi du poids 203

VII. Peut-on croire Alain Camborde ? 211
Vice-champion du monde de body-building 213
Les bras de serpent d'Imanol 216
Hébergé à Londres par Castaignède 219
Le cas Tillous-Borde 222
Entre cent et cent cinquante joueurs entre ses mains ! 226
Son Tour de France des stades 228
La descente aux enfers 231
Boîtes de nuit, alcool, joints... 238

« Ferme-le, ferme-le ! » 241
Tegor, ça va fort ! 243
Deux spécialistes en contrepoids... 248
... et neuf autres en contrepoint 256

***Épilogue*. Carnage-débordements** 261
Parce que Toulon 271

Postface 279
Castaignède, côté fermé... 279
... Laharrague, côté ouvert 285

Remerciements 293

RÉALISATION : PAO ÉDITIONS DU SEUIL
IMPRESSION : NORMANDIE ROTO S.A.S. À LONRAI (ORNE)
DÉPÔT LÉGAL : MARS 2015. N° 118986 (1500714)
Imprimé en France